Winston Churchill

THE TIDE OF VICTORY

胜利的浪潮

〔英国〕温斯顿·丘吉尔 著
张师竹等 译 许崇信 林纪焘 陈加洛 郭舜平 校译

译林出版社

著作权合同登记号 图字：10-2012-247号

本书的铭言

战争时：坚决刚毅

失败时：顽强不屈

胜利时：宽容敦厚

和平时：友好亲善

致 谢

我应再次向协助我完成前几卷的各位好友致谢，他们是：陆军中将亨利·波纳尔爵士、艾伦海军准将、迪金上校、已故的爱德华·马什爵士、丹尼斯·凯利先生和伍德先生。对审阅过原稿并提出意见的许多其他人士，我也表示谢意。

我很感激空军上将盖伊·加罗德爵士在提供有关空军方面的资料所给我的帮助。

伊斯梅勋爵以及我的其他朋友曾继续给予我帮助。

承蒙女王陛下政府准予复制某些官方文件的本文，此类文件的王家版权法定属于女王陛下政府文书局局长所有，特此致谢。遵照女王陛下政府的要求，为了保密起见，本卷中所刊载的某些电文，曾由我根据原意加以改写。这些更动，并未改变其原有的含义或实质。

罗斯福财物保管理事会允许在本卷中引用总统的一些电文，还有其他好友同意发表其私人信件，均一并致谢。

温斯顿·斯潘塞·丘吉尔

序 言

本书结束了这部我独自对第二次世界大战进行叙述的著作。1944 年 6 月 6 日,英美部队登陆诺曼底,十四个月后我们的全部敌人投降,在此期间,一些重大事件震撼了文明世界。纳粹德国被击溃了并遭到瓜分和占领;苏俄打进西欧的心脏;日本也被击败;两颗原子弹投了下来。

在本书里,也像在前数卷一样,我以大不列颠首相和国防大臣的身份,就我所知和切身经历过的事件,加以叙述。同以往一样,我的著作所依据的是当年在时刻受到严酷考验的条件下写成的文件和发表的讲稿。因为我相信,它们所描绘出来的当时发生的事件,较诸事后追忆的任何都更为逼真,本书原稿大约两年前就脱稿了。从那时起,其他公务缠身,使我只能泛泛地对本卷中所述事实,作一般查证,同时,并取得发表各种原始文件的必要同意。

我之所以把本卷称为“胜利与悲剧”[1],是因为我们的伟大盟国势如破竹的胜利,迄未给我们这个忧心忡忡的世界带来普遍的和平。

温斯顿 · 斯潘塞 · 丘吉尔

于肯特郡,韦斯特汉,

恰特韦尔庄园

1953 年 9 月 30 日

注释:

[1] 英文版原卷名——编者注。

序言

目　录

目　录

各个伟大的民主国家取得胜利了，
因此又可以再去做那些蠢事了，
须知这类蠢事几乎断送掉他们自己的生命。

第一章　D 日 [1] 3

诺曼底登陆——6 月 6 日我向下院提出报告——来自斯大林的重要消息——6 月 11 日他的来电——敌方在“大西洋壁垒”上的部署——德国的警报系统陷于瘫痪——龙德施泰特的错误——6 月 10 日我巡视海滩并与蒙哥马利同进午餐——乘英国军舰“克尔文”号巡视——马歇尔将军的贺电——6 月 14 日我分别致电斯大林和罗斯福

我们为了历史上最大一次两栖作战所进行的长年累月的准备和计划，终于在进攻发起日——1944 年 6 月 6 日——告成。登陆前夕，庞大的舰队和护航船舰趁敌人不觉，由怀特岛沿着已扫过雷的海峡水道 [2] 驶达诺曼底海岸。皇家空军的重型轰炸机袭击了敌人构筑在混凝土掩体内的海防大炮，投下了炸弹五千二百吨。美国空军于破晓时紧接着以中型轰炸机和战斗轰炸机飞临战场，轰炸岸上的其他防御工事。在 6 月 6 日的二十四小时内，盟国空军出动了一万四千六百架次。我们的空中优势如此之大，以至白天敌人出动来对付我方进攻滩头阵地的飞机只有一百架次左右。三个空降师从午夜开始降落，英国第六空降师在卡昂城东北降落，夺取处于该城与海之间的那条河流上面的桥
头堡。同时，两个美国空降师在卡朗坦北面降落，协助海上登陆部队 4
对海滩进攻，并堵截敌人后备军进入科汤坦半岛。虽然在有些地点这些空降师比原计划散布得广了一些，但是，各项目标都达到了。

拂晓时分，大小船只开始陆续进入预定阵地，准备进攻，当时的场面俨然是一个检阅式。敌人的直接抵抗仅限于一些鱼雷艇的攻击，击沉了一艘挪威驱逐舰。甚至当我方海军开始炮击的时候，从敌方海防炮台发出的反击也是盲目的、无效的。毫无疑问，我方已经完成了一次战术上的奇袭。登陆艇和支援舰艇载着步兵、坦克、自动推进火炮以及各式各样的武器和清除海滩上障碍物的工兵爆破队等等，都编组向海滩推进，其中也有D．D．坦克（两栖坦克），这种坦克还是初次在战斗中大规模地出现。由于前一天的气候不好，海面仍然是汹涌澎湃，所以，有好多两栖坦克中途沉没了。

驱逐舰和登陆艇上安装着的大炮与火箭炮对滩头防御工事连续不断地猛轰。同时，在海中较远处的那些战列舰和巡洋舰压住了敌方海防炮台的炮火。地面上的抵抗是微弱的，直到首批登陆艇距离海岸只有一英里远的时候，敌人迫击炮和机关枪的火力才增强起来。拍岸的浪潮以及半露出水面的障碍物和水雷使登陆艇冒很大的危险，有许多登陆艇在卸下所载的军队以后就毁坏了，但是，部队继续前进。

最前面的步兵刚一登岸，就向他们的目标猛冲，除有一处外，各方面都取得很大的进展。在贝叶西北的“奥马哈”海滩，美国第五军遭遇到激烈的抵抗。由于不幸的巧合，这一防区最近才由一个满员的德国师接防戒备。我们的盟军激战终日，一直没有能够取得任何立足点；直到7日，损失了几千兵力之后，才能向内地挺进。虽然我们未得到我们原来所谋取的一切，特别是卡昂城仍牢固地掌握在敌人手中，但是，在开头两天的突击中获得的进展，大家认为是很令人满意的。

来自比斯开湾各港的一批德国潜艇冒着一切危险，露在海面上高速行驶，力图阻碍我们这次的进攻。对此，我们已作了充分的准备。英吉利海峡的西岸入口处有大批飞机保卫着，构成了我们的第一道防线。海军舰队则在它们后面掩护登陆。这些德国潜艇受到了我方防御
5 部队的猛烈炮火的轰击，遭到了惨败。在具有决定性的头四天中，六

艘潜艇被我空军击沉，六艘受到损伤。它们丝毫未能影响进攻的护航船舰，那些船舰继续朝着目标前进，损失极为轻微。之后，德国的潜艇就比较谨慎了，但并不比过去有更大的成就。

* * *

6月6日中午时分，我请求下院“正式听取有关亚历山大将军指挥下的盟军部队业已解放罗马的报告”，这条新闻前一天晚上已经发布了。下院对在法国登陆一事情绪极为兴奋，人人都知道当时登陆战正在进行中。但是，我却花了十分钟的工夫谈意大利境内的战事，赞扬那里的盟军部队。就这样，让议员们处于焦急不安的片刻之后，我才接着说：

我也得对本院宣布：在昨晚和今天大清早的时候，我们已在欧洲大陆开始了一系列大规模登陆行动中的第一个行动。这次解放性的进攻系以法国海岸为目标。一支拥有四千艘以上船舰、连同几千艘较小的船只的庞大的舰队，渡过了海峡。密集的空降着陆行动已经在敌人战线的后面成功地实现了。此时，正在各个地点进行海滩登陆行动。沿岸炮台的炮火大多已被压住了。敌人在沿海建筑的一些障碍物并不如想象中的那样难以摧毁。英美盟军有大约一万一千架第一线飞机的支援，视作战需要可以随时予以调用。当然，我无法深涉细节。战地报告正迅速地源源不断送到。到目前为止，参与作战的司令官们报告称：一切都在按照计划进行中。好一个伟大的计划啊！这个大规模的军事行动无疑是空前困难和复杂的。从海、空作战的观点来看，它牵涉到潮汛、风向、浪潮和能见度等问题，而且还涉及海陆空三军在过去和现在都不能完全预见的情况下，高度密切配合的联合运用。

一次真正的战术突袭，已完全胜利在望，我们还希望在战斗进程中，继续给敌人以接二连三的出其不意的袭击。现在已经开始的这个战役在今后好几个星期内，其规模和激烈的程度都会不断地与日俱增。我不想就它的发展作任何揣测。但是，我却不妨说这样一句话：盟军部队是完全团结一致的。在我们和我们的美国朋友之间存在着战友情谊。对最高统帅艾森豪威尔将军和他的
6 副手们，对远征军司令蒙哥马利将军都是完全信任的。最近几天登船出发的军队，就我自己亲眼所见，其热情和士气是非常高的。在装备、专门技术或事先筹划等各方面所能做的事没有一项曾被遗漏忽略，而且司令官们以及他们所服务的美、英两国政府都以最大的决心来从事开辟这个伟大的新战场的全部工作。

到了下午，我认为应该把情况告知斯大林。

1944 年 6 月 6 日

一切开始进行得都很顺利。水雷、障碍物和地面的炮台大多已被克服。空降很成功，而且规模很大。步兵登陆进展迅速，许多坦克和自动推进火炮已运上岸。天气预报中常转佳。

他立即回电，其中包含一条值得欢迎的非常重要的消息。

斯大林元帅致首相 1944 年 6 月 6 日

接奉来电，得悉“霸王”作战行动业已开始，并获成功。我们同感欢欣，并祝获得更大的成就。

按照德黑兰会议协议所组织的苏军夏季攻势，将于 6 月中旬以前，在前线某一重要地段开始。

苏军的总攻将随着部队陆续转入进攻而逐步展开。从 6 月底到 7 月间，各项进攻行动将汇成苏军的总攻势。

攻势行动的进展情况，当随时奉告。

当斯大林的电报到达时，我正发给他一封关于我们进展情况的比较全面的电报。

首相致斯大林元帅　　1944年6月7日

1. 截至今天(7日)中午为止，我对局势是很满意的。只有一
处美军登陆的海滩遇到了严重的困难，但现在已克服了。两万人 7
的空降部队已在敌人战线的两翼后方安全着陆，并已分别同美、英两国的海上登陆部队取得了联络。我方横渡时仅遭轻微损失。我们原来估计要损失约一万人。到今晚，我方二十五万人部队中的绝大部分，包括相当数量的装甲部队(坦克)在内，可望一并登陆，或由特种舰艇运送或自行泅渡上岸。自行泅渡上岸的坦克部队的损失很大，特别是在美军战线方面，因海浪掀翻了好些两栖坦克。现在，我们必须估计到会有强大的反攻，但是，我们期望在装甲部队力量方面能较敌人为强，只要云雾一消散，我们当然可望在空中占压倒的优势。

2. 昨天深夜，在靠近卡昂城的地方，我们刚登陆的装甲部队和隶属于敌方第二十一装甲步兵师的五十辆坦克交战，结果敌人败退。英国第七装甲师现在源源不断开入战场，这一定能使我们在几天之内占据优势。当前的问题是：在下周之内，敌方究竟能拿出多少辆坦克来同我们周旋？海峡上的天气预报，看来不会对我们继续登陆造成任何阻碍。的确，天气似乎比以前更加有希望了。所有司令官都确信，在这一次实际登陆行动中，各种情况均较我们所预料的为好。

3. 绝密。我们正计划在塞纳河口宽广多沙的海湾沙滩上，很快地建造两个大型人造港。像这样的海港以前是从来没有见过的。大型远洋轮船能在这种港口利用许多码头卸货，来为战斗部队输送给养。这一定是敌人始料不及的，并且可使盟军的集结照常进行，

而不受天气变化的影响。我们希望在这些行动中能及早拿下瑟堡。

4．另一方面，敌方将迅速集结重兵，战斗将继续进行，而且规模也将日益扩大。尽管如此，我们希望到了进攻发起日后的第三十天，将有约二十五个师连同其军直属部队能摆开阵势，使第二战线的两翼都靠海，并至少有三个良港——瑟堡和两个人造港。这条战线将不断得到补充和扩展，我们希望以后把布雷斯特半岛也包括进去。但是，这一切都得视战争的风险有多大而定，关于这一点，斯大林元帅，你是熟知的。

5．我们希望这次成功的登陆以及在罗马取得的胜利——这些胜利果实还有待于从已被截断去路的德寇手中摘取下来——将会给你们那些曾经不得不承担敌军全部压力的英勇战士们以鼓舞。对于这种重担，在贵国以外，谁也没有比我知道得更清楚了。

6．在我口授电文到这里时，接奉你祝贺“霸王”作战行动
8 顺利开始的来电。你在电报中谈到苏军的夏季攻势。为此，我向你表示衷心的感谢。我想你一定会注意到：我们从来没有向你提过任何一个问题，因为我们对你、你的国家和你的军队是完全信任的。

斯大林回电说：

1944 年 6 月 9 日

接奉6月7日来电，承蒙告以“霸王”作战行动顺利展开的情形。我们大家向你和英勇的英美军队致敬，并且热烈预祝你们取得进一步的成就。

苏联军队夏季攻势的准备即将结束。明天——6 月 10 日——我们的夏季攻势中的第一阶段即将在列宁格勒战线展开。

我马上向罗斯福转告了这一消息。

斯大林又在 6 月 11 日来电说：

> 显然，原定计划中这次规模庞大的登陆行动，已经全部成功了。我的同事们和我不能不承认：就其规模，就其宏大的布局，以及杰出地执行计划的情况来讲，战争史上从来也没有过足以和它类比的事业。如所周知，拿破仑当年打算强渡海峡遭到可耻的失败。歇斯底里的希特勒吹了两年牛皮，说要强渡海峡，但是，就连作一个企图进行威胁的暗示，也下不了决心。只有我们的盟军才光荣地胜利实现了强渡海峡的庞大计划。历史将把这一业绩当做一项最高的成就而记载下来。

“庞大”（grandiose）一词是根据送给我的那份俄文电报的原文译出的。我想斯大林的原意大概是想说“宏伟”（majestic）。无论如何，气氛是完全融洽的。

* * *

让我们就现在所知道的敌方的部署和计划来研究一下。龙德施泰特元帅正以六十个师的兵力，指挥着整个“大西洋壁垒”的海防，从低地国家直到比斯开湾，以及从马赛起的法国南部的海岸。在他的手下，隆美尔扼守着从荷兰到卢瓦尔河一线的海岸。他的第十五集团军所属的十九个师扼守加来和布洛涅[3]周围的一段地带。第七集团军有九个步兵师和一个装甲师驻在诺曼底。在整个西线，共有十个装甲师像老鹰展翼似的散布在比利时到波尔多之间。德国人当时采取守势，竟然 9
重蹈了法国人在1940年的覆辙，把他们反攻的最有力的武器分散开来，真是怪事！

当隆美尔在1月下旬接掌指挥权时，他对他所见到的防御部署颇为不满；经过他的努力，情况大有改进。沿着海岸建有一条混凝土工事构成的环形防御线，布有许许多多的水雷和各式各样难以克服的障碍物——特别是在深水水位标以下的。固定的大炮对准了海面，野战炮兵控制着海滩。他们虽然没有一条完整的第二道防线，但在后方村落都设置了坚固的防御工事。隆美尔对所取得的这样的进展并未认为满意，倘使他能有更多一些时间，我们的任务可能要更艰巨些。我们在开始时，无论是海上的炮击或空中的轰炸都没有摧毁很多混凝土工事。但是驻守工事的士兵被我们打昏了，所以削弱了他们的火力，并且摧毁了他们的雷达。

德国的警报系统已经全部瘫痪了。从加来到格恩济岛，德方原有用以侦察我方护航队并指挥他们沿岸炮台的炮火的主要雷达设备，不下一百二十套之多。这些雷达设备编成四十七个站。它们全部被我们发现了；我们用发射火箭的飞机成功地进行了袭击，以致到了进攻发起日的前夕，能发挥作用的雷达站还不到总数的六分之一。那些还能使用的，却被我们用了一种叫作“窗户”[4]的以锡箔条乱真的办法骗过，它使敌人误认为是一支驶往费康以东的护航队，因而未能侦察出真正的登陆行动。在卡昂城附近，一套雷达设备还能勉强继续使用，它发现了英国军队的进迫，但是，由于它的报告没有被其他任何一个雷达站所证实，所以，雷达绘测中心未予置理。当然，这并不是我们已经克服了的唯一威胁。敌人由于两年前掩护“沙恩霍斯特号”和“格奈森诺号”两艘巨舰成功驶过海峡而受到了鼓舞，于是，建造了更多的无线电扰乱站，想来阻挠我们的指挥夜间战斗机的舰只，以及我们许多空降部队赖以测定正确着陆方位的雷达信号。但是，这些扰乱站也被发现了，轰炸机指挥部进行了几次高度集中的空袭。
10 它们全部被消灭了，而我们的无线电和雷达设备却安然无恙。这里不妨提一下，盟军为了进攻发起日而在无线电战上所作的一切努力全都属于英国的。

这个规模巨大、经过长期计划的攻击，在时间和地点上都使敌人大大出乎意料，的确是了不起的。德国最高统帅部得到的报告说那天天气过于恶劣，不宜两栖作战，而且他们新近也没有从空军方面收到沿英国海岸有几千艘船舰集结的报告。6月5日一早，隆美尔离开了他的司令部，到贝希特斯加登晋谒希特勒，进攻开始时，他还在德国。关于盟军会在哪一线发动攻击一节，他们之间各执一词。龙德施泰特一直认为我方的主要攻势将从渡过多佛海峡开始，因为那里是最短的海路，而且是刺入德国腹地的一条最好不过的捷径。隆美尔与龙德施泰特的意见早已一致，然而，希特勒和他的幕僚们似乎已经得到关于诺曼底可能成为主要战场的情报。[5]甚至在我方已经登陆以后，他们仍然半信半疑。希特勒为了考虑应否抽调驻扎在最靠近诺曼底半岛的两个装甲师增援前线，而坐失时机浪费掉那安危所系的整整一天。德国情报部严重地高估了英国本土上可以运用的师的数目以及可用的航运力量。根据他们自己的估计，盟军方面有充分的力量来搞第二次大规模登陆，因而，诺曼底可能只是一个序幕和辅助性的登陆行动。6月19日，隆美尔向冯·龙德施泰特报告说："……预料海峡前线上，在格里内灰鼻角的两边，亦即在松姆河与勒阿弗尔之间，将有一次大规模的登陆行动。"[6]一星期之后，他又重复了这一警告。就这样，一直到7月的第三个星期——即进攻发起日后的六个星期——敌人才将第十五集团军的后备部队从加来海峡南调去参加战斗。我方在进攻发起日以前和以后采取的种种迷惑敌人的措施，其目的就在于制造这种混乱的想法。这些措施的成就是惊人的，并且在战争中具有影响深远的结果。

*　　*　　*

6月10日，蒙哥马利将军报告称：他在岸上已经完全站稳脚跟，可以接待访问了。所以，我就偕同史末资、布鲁克、马歇尔将军和金海军上将搭乘我的专车前往朴次茅斯。美国的三军参谋长全都在6月8日飞到联合王国，以便在紧急情况下作出重大的军事决定。一艘英国驱逐舰和一艘美国驱逐舰在等候我们。史末资、布鲁克和我登上前一艘驱逐舰，马歇尔将军和金海军上将率同他们的幕僚搭乘后一艘驱

11 逐舰。我们渡过海峡，安然到达我们各自原定要去的前线各地。当我们从登陆艇上纷纷攀缘而出时，蒙哥马利满怀信心地带着一脸笑容在海滩上相迎。他的军队已经深入内陆七八英里了。当时炮火和活动都极稀少。天气晴朗，我们驱车经过我们在诺曼底境内那点有限的，但是肥沃的领域，看到了乡间的那一派富庶景象，确实令人愉快。田野里满目是正在晒太阳或游荡着的可爱的黄白色母牛。居民们看来十分轻松愉快，营养也很不错，并且热情地向我们招手。蒙哥马利的司令部设在内陆约五英里处的一座别墅内，有草坪和湖水环绕着。我们在一座面向敌方的帐篷里共进午餐。这位将军一直兴高采烈。我问他真正的火线距离我们有多远。他回答说大约有三英里。我又问他是否有一条接连不断的防线。他说："没有。""那么，有什么办法来阻止德国装甲兵突然闯进来把我们的午餐打散呢？"他说他认为他们不会来。参谋告诉我，那座别墅在头一天晚上还遭到猛烈的轰炸，而且就在它的周围确实有着好几个弹坑。我对这位将军说：如果他老是这样做，那未免冒险太大。在战争中，任何事可偶一为之，或搞一个短期，而在可能的情况下，总是避免习以为常、重复出现或拖延的情况才好。事实上，他在两天之后就迁移了，不过还是在他和他的幕僚又吃了一次苦头以后，才搬走的。

天气依然晴朗，并且除了偶尔有空袭警报和高射炮火外，那里似乎没有什么战争。我们就我们有限的桥头阵地着实地作了一番视察。我特别关注地视察了波尔－安－贝散、库尔塞尔和伍伊斯特朗等当地港口。在我们为了这次宏伟的海上进攻所作的计划中，并没有重视这些小港。但是它们却证明是一种最有价值的收获，并且很快就做到了每天卸货两千吨左右。当时我们乘车或徒步走过这一块有趣的但又范围很狭窄的收复地时，我细细体味着这些可喜的事实。

史末资、布鲁克和我搭乘"克尔文"号驱逐舰驶回本土。当时统
12 率着保卫阿罗芒什港的所有小舰队和轻型船舰的维安海军上将也在舰
上。他提议我们应当去看一下掩护英军左翼的战列舰和巡洋舰怎样炮

轰德国阵地的情况。于是，我们行驶在两艘战列舰之间，它们就在距岸两万码处对敌开炮；我们又驶过一列巡洋舰队，它们也在距岸约一万四千码处对敌开炮。顷刻之间，我们已到了离布满森林的岸上只有七八千码处。炮轰是从容而连续不断的，但敌方并未还炮。当我们快要掉头回驶时，我对维安说："我们既然已如此之近，为什么不在回家之前，我们自己也来对着敌人开上几炮？"他说："对！"在一二分钟之内，我们所有的大炮就朝着沉寂的海岸开火了。当然我们已经深入敌方大炮射程以内，所以，当我们开火之后，维安就立刻把驱逐舰掉过头去，以最高的速度驶离了。我们就很快地脱离了险境而驶过巡洋舰和战列舰的列队。置身于"炮火怒吼"——如果可以这样说的话——的战舰上，这在我一生中还是唯一的一次。我钦佩这位上将的冒险精神。史末资也感到高兴。在驶回朴次茅斯的四小时海程中，我酣睡了一觉。总之，那是最有趣味最令人愉快的一天。

* * *

在火车上，我们碰见了美国三军参谋长。他们对在美军滩头阵地上所见到的一切感到十分高兴，并且对我们筹划已久的计划的执行，满怀信心。在愉快的心情下，我们共同进餐。进餐时，我注意到马歇尔将军在不停顿地写着。顷刻间，他把写给蒙巴顿海军上将的一封信递给我看，并建议我们全体签字。

1944年6月10日

今天我们巡视了在法国土地上的英、美部队。我们驶过大批的舰队，那里多种类型的登陆艇把越来越多的人员、车辆和物资输送上岸。我们清楚地看到了正在迅速展开中的军事调遣。我们互通了共同的机密，并且尽可能相互帮助。当你正在指挥一场艰巨的战役的这个时刻，我们想要告诉你：我们深知这一惊人的技术措施，因而也就是这个事业的成功，追源溯流，是出于你和你的联合作战部的全体人员过去所取得的各方面的进展的。

阿诺德、布鲁克、丘吉尔

马歇尔、史末资

13 蒙巴顿肯定会珍视这种赞扬的。如果没有三军联合作战部全体人员的忠实努力，这种有着一切新颖巧妙设计的既巨大，又错综复杂的作战行动，就不可能成功。联合作战部是 1940 年在凯斯海军上将领导下创建的机构，并由他的后任者作出了丰功伟绩。

* * *

我一有功夫，又同我那两位伟大的伙伴通信。

首相致斯大林元帅　　1944 年 6 月 14 日

我于星期一访问了前线的英军战区，谅你已在报上看到了。战斗在继续进行中，当时我们有十四个师在一条约七十英里长的前线上作战。敌方以十三个师应战，力量远不及我们。敌方正赶由后方增援，但我们认为我方由海上增援要比对方快得多。这座舰艇之城沿海岸伸延几达五十英里，显然不会受到空中和近在咫尺的潜艇的威胁，一眼望去，蔚为奇观！我们希望把卡昂城包围起来，而且可能在那里掳获到战俘。两天之前，战俘数目达一万三千名，这比我们到当时为止的伤亡总数还大。所以，可以说敌方的损失约一倍于我方，虽然我们是继续不断地在采取攻势。昨天，各方进展都十分良好，虽然敌人的抵抗由于战略后备部队的参与而加强起来。我料想我们很可能要准备一场双方各有一百万军队参加的大战，时间要持续整个 6 月和 7 月份。我们的计划是到了8月中旬，那里的兵力将达二百万人左右。

祝你在卡累利阿取得成功！

同日，我写了一封信给总统，谈及各项问题，包括戴高乐到法国视察一事在内，这事我事先未同罗斯福商量就安排了。我还说：

在星期一那天，我在海滩和内陆度过了愉快的一天。那里船舰云集，沿着海岸延伸摆开达五十英里以上。人造港愈来愈可保障它们不受天气的影响，这些港口的每一组成部分几乎全是成功的；不久，这些船舰就将得到有效的躲避恶劣天气的庇护所了。我方空中力量和反潜艇力量看起来已经能够保证给予这些船舰以很大程度的保护。在完成了很艰辛的任务之后，我们就从我们所乘的驱逐舰上向德寇开了几炮，尽管射程仅六千码，他们却没有回敬一炮。

马歇尔和金乘我的专车回来，他们亲眼看到了美军方面的一
切，感到非常放心，马歇尔还给蒙巴顿去了一封动人的电报，谈
到这么多新船舰是他的机构做出的成果，对整个战役有很大的作
用。在你以前给我的一份电报中，你曾用过“了不起”这个字眼。 14
我必须承认，我这次所看到的一切只能用这个词来形容，而且我
相信你的军官们也一定同意这种说法。运输效率之高实在惊人，
自有战事以来不曾有过。应做的事还多得很，我认为我们还需要
更多的军队。我们正在准备双方各有百万大军参战的一场战役。
参谋长们正在就地中海和“霸王”作战行动之间，设法寻求一个
最好的方案来解决这些问题。

我是多么希望你也在这儿啊！

注释:

[1] 进攻发起日。——译者

[2] 指英吉利海峡。——译者

[3] 又译布伦。——译者

[4] 见第四卷,第257—259页;第五卷,第459页。(原书页码,下同。——译者)

[5] 见布卢门特里特著《冯·龙德施泰特》,第218—219页。

[6] 见切斯特·威尔莫特著《争夺欧洲》一书,第318页。

第二章　从诺曼底到巴黎 15

卡昂城的争夺战——我方空中攻势对敌人交通所造成的后果——盟军结成一条连绵不断的战线——飞弹开始袭击伦敦——6 月 17 日希特勒在苏瓦松附近召开会议——我方越过海滩的集结——“桑葚”人造港与“冥王星”海底输油管——与斯大林通信——7 月 8 日英军对卡昂城的攻击——攻陷卡昂城——史末资和斯大林的贺电——隆美尔受伤，龙德施泰特被撤职——7 月 18 日蒙哥马利发动的总攻势——7 月 20 日我飞往瑟堡——奇异的水陆两用车——访问蒙哥马利——又一次谋杀希特勒——7 月 25 日美军的攻击——加拿大军沿法莱兹公路追击——占领维尔——与蒙哥马利通信——再访蒙哥马利——艾森豪威尔抵达法国——巴顿长驱越过布列塔尼——9 月 19 日攻陷布雷斯特——法莱兹袋形地区——八个德国师被歼——8 月 25 日巴黎解放

盟军登陆后，第一个要求就是巩固各滩头阵地附近的防御工事，并扩展这些工事，以构成一条连绵不断的战线。敌方顽抗，不易击败。在美军战区内，卡朗坦附近和维尔河口的沼泽地带对我方行动大有妨碍。这一带乡野处处都适合步兵防御。掩盖着诺曼底大部分土地的矮树丛林地区内，有许许多多被土坡隔开的小块田地，其中有沟渠，还有很高的篱笆。因此，支援进攻的炮队由于观测不清而受到妨碍，使用坦克也极度困难。一路上尽是步兵战，每一小块田地都具有变为支

撑点的可能。尽管如此，除了未能拿下卡昂城以外，我们还是取得了良好的进展。

16 这个小而闻名的城镇将要成为双方好多天的激烈争夺之地。对我方来说，这个地方是重要的，因为不仅它的东面有一良好地段可供建筑小型飞机场之用，而且也是我们整个计划的枢纽所在。蒙哥马利的打算是以卡昂城作为左枢轴，由美国部队围绕着它作旋转运动。对德国方面来说，这个城镇也是同样重要的。如果敌方战线在这个地方被突破，他们的整个第七集团军就会被迫移向东南方面的卢瓦尔河，使第七集团军与北方的第十五集团军之间打开一个缺口，那时，到巴黎去的路就敞开了。因此，在后来的几星期中，卡昂城变成了我方不断攻击和敌方抵抗最顽强的战场，吸引来大部分的德国师，特别是装甲部队。这情况对我方是一种帮助，但同时也是一种障碍。

德军第十五集团军的几个预备师虽然在塞纳河以北仍旧驻守原地不动，当然还是得到了另外一些地方抽调来的部队的增援，到了6月12日，投入战斗的有十二个师，其中四个是装甲师。这数字比我们所预料的要小。我方巨大的空军攻势阻碍了敌人的一切交通。巴黎下游横跨塞纳河的每座桥，以及横跨卢瓦尔河的几座主要桥梁此时都已被炸毁。敌方大部分的增援部队不得不使用通过巴黎与奥尔良之间空隙地带的几条公路和铁路，日夜遭受我空军持续不断的、具有破坏性的攻击。7月8日，德方的一个报告称："从巴黎往西和西南去的一切铁路交通都遭到破坏。"敌方不仅不能迅速增援，而且各师都是七零八落地到达的，装备短缺，由于长夜徒步行军而疲惫不堪，他们都是随到随即被送往前线。德军指挥部当时没有机会在后方组成一支突击部队来进行有力的、十分协调的反攻。

到了6月11日，盟军已在内陆结成一条连绵不断的战线，我方战斗机则从六个前方小型机场出动作战。下一个任务是要为这一具有决定性的突破找一个面积大小足以容纳充足的队伍的驻留地点。美军穿过瑟堡半岛,向西朝着位于西海岸的巴恩维尔挺进,6月17日到达该地。

他们同时还向北推进，经过一阵激烈战斗之后，22 日到达了敌方在瑟堡的外围防线。敌人顽强抵抗直到 26 日，为的是实施破坏工作。这些工作的确做得极其彻底，以致一直到了 8 月底我们才能够利用这个港口，把重载物资运进去。

* * *

在战场之外，其他事件也影响到未来的局势。6 月 12—13 日的夜 17
间，第一批飞弹落到伦敦。它们是从法国北部远离我方登陆部队的一些地方发射出来的。早日攻克这些地点能解除我方重遭轰炸的居民所受的痛苦。我方战略空军的一部分于是恢复对这些场地的轰炸；但是，当然并不因此发生扭转陆地战役的问题。就像我在议会里所说的，国内人民能因此而感到他们正和他们的士兵们共患难。

6 月 17 日，希特勒和龙德施泰特与隆美尔在苏瓦松附近的马吉瓦尔举行了一次会议。这两位将领向他力陈让德国陆军在诺曼底流血送死的不智。他们力劝把第七军有秩序地向塞纳河方面撤退，以免被我方歼灭，而在塞纳河一带会同第十五军打一场虽属防御，但却是机动性的战斗，至少会有一些成功的希望；但是，希特勒却不同意。在这里，和在俄国及意大利一样，他都要求他的部下不得放弃寸土，一律要就地坚持作战。这两位将领当然是对的。希特勒要求所有战线同时拼死作战的方法缺乏机动选择这一重要因素。

在沿海的作战地区，我方的巩固工作不断有所进展。各种类型的轰击舰艇，包括战列舰在内，继续支援岸上的陆军队伍，特别是那些在东部战区的队伍，敌方在那里集中了大批装甲部队，他们的炮台使我们极伤脑筋。他们的潜艇和轻型水上舰只也企图袭击我方，不过成就极微。可是，大多数利用飞机投下的那些水雷，却使盟军船运受到严重损失，并且使我方军队的集结推迟了。从敌人据点向东方的攻击，特别是来自勒阿弗尔方面的攻击，被我们挡住了；在西面，盟军的一支海军炮轰分舰队后来与美军合作，攻下瑟堡。越过海滩的进展良好。在头六天中，登陆的共计有三十二万六千人、五万四千部车辆和十万
18 零四千吨军用物资。尽管登陆艇损失严重，一个大规模的补给机构正在迅速组成。每天平均有二百多艘各种类型的船舰载运各种补给品源源驶到。处理规模如此巨大的航运量的大问题，由于天气恶劣而更加困难了。尽管如此，我们还是取得了非同小可的进展。商船队发挥了出色的作用。海员们愉快地承担了战争和天气变化的风险，他们的坚韧不拔，忠心耿耿在这一宏伟的事业中所起的作用，给人留下难以磨灭的印象。

到了6月19日，两个“桑葚”港的工程——一个在阿罗芒什，另一个在迤西十英里的美军战区内——都有良好的进展。海底输油管(代号叫“冥王星”)稍晚一些时候就要开始使用了。就在这时,波尔－安－贝散也正在发展成为我方主要的汽油供应口岸。[1]可是，当时刮起了一阵历时四天的风暴，使我方士兵和物资的上岸几乎完全受阻，并且严重地损坏了新筑的防波堤。许多漂浮着的“喇叭”，设计时没有类此的这种条件，都从沉埋处断开了，碰撞到其他一些防波堤和抛了锚的船只上。美军战区内的人造港被摧毁，它的一些可以使用的部分设备都被移作修理阿罗芒什人造港之用。像这样的风暴发生在6月份还是四十年来所仅见的，真是极端的不幸。我们卸货的进程推后了。开始进攻也同样顺延了。6月23日那天，我方只据有原来规定我们在11日所要到达的战线。

这时，苏军的攻势已经开始了。我经常把我们遭遇的情况告知斯大林。

首相致斯大林元帅　　　　1944年6月25日

1. 欣悉你方大规模作战行动旗开得胜。我们当不停顿地尽人力所及，扩大与敌交战的各战线，并使战斗始终在最激烈的程度下进行不解。

2．美军希望在数日之内攻下瑟堡。攻下该地之后，不久当可腾出美军三个师，以增援我方向南进攻。在瑟堡可能俘获战俘二万五千名。

3．此间遭遇到三四天的暴风——这在6月里是极其罕见的——使我们的集结工作推迟了，并且使我方尚未完工的两个人造港受到了很大的损害。我们已在设法修复和加强这两个海港。从这两个人造港通到内地的几条道路，时下正用压路机和摊开的钢网络高速地筑造着。因而，连瑟堡在内，就将有一个巨大的基 19
地建成了。以后不管天气怎样，都能从这一基地调度大量的军队参加作战。

4．英军战线已经有过激烈的战斗，敌方的五个装甲师中，有四个在该处和我方交战。英军在那边原拟发动新的进攻，由于天气恶劣，而延迟了几天，几个师兵力的调集也因而耽搁了。进攻将于明日开始。

5．在意大利境内，我方高速向前推进，希望在6月间攻占佛罗伦萨，并于7月中旬或7月底，与比萨—里米尼线接上。关于在这一地区内可能采取的各种战略，我将另电奉告。我认为，我们所应遵循的最高原则是：在一些最广泛而又最有效的战线上，把尽可能多的希特勒军队不断地拖入战斗。我们只有奋力作战，才能减轻你们所承受的压力。

6．对德方散布的有关飞弹成绩的胡言乱语，你尽可泰然置之不理。它对伦敦的生产或生活并没有多大影响。在敌方使用飞弹的七天中，我方伤亡人数在一万到一万一千人之间。在下工或下班后，马路上和公园里依然挤满着出来享受阳光的人群。在整个空袭警报期间，议会里的辩论继续进行，未尝中断。火箭的发展到达高级阶段时，可能要较为厉害些。英国人民为自己能同本国士兵以及他们深为敬佩的贵国士兵，略为分担战争的风险而感到自豪。祝你在新发动的进攻中一切成功。

瑟堡攻下来时，斯大林向我致贺，并以有关他自己大规模作战行动的近况见告。

斯大林元帅致首相 1944年6月27日

盟军已经解放了瑟堡，这是他们在诺曼底取得的又一次伟大胜利，对在法国北部和意大利展开军事行动的英勇的英美军队所
20 取得的节节胜利，我谨致以祝贺。

如果说法国北部的军事行动的规模使希特勒感到越来越厉害和危险，那么，盟军在意大利攻势的顺利进展，也是值得重视和赞扬的，我们祝你们取得新的成就。

关于我方的攻势，可以说，我们是不会给德国人以喘息之机的，我们将增强猛攻德军的力量，藉以不断扩展我方进攻的战线。谅你必会同意，为了我们的共同事业，是非这样做不可的。

至于希特勒使用了飞弹，显然这个办法无论对诺曼底的作战行动，或对人所共知的英勇的伦敦市民都不会有任何严重的影响。

我复称：

首相致斯大林元帅 1944年7月1日

我应当及时地奉告：俄国军队的辉煌进展，给了我们极为深刻的印象；随着挺进气势日益增强，看来要把处在苏军同华沙以及尔后同柏林之间的德军全粉碎了。此间以殷切关注的心情，注视着你们所获得的每一个胜利。我清楚地知道，这一切都是自从德黑兰会议以来，你们所从事的第二轮战役，在第一轮战役中，你们收复了塞瓦斯托波尔、敖德萨和克里米亚，从而你们的先头部队得以推进到了喀尔巴阡山、塞勒特河和普鲁特河一带。

诺曼底的战斗正在激烈进行。6月的天气很讨厌。我们不仅

在海滩遇见了多年来夏季从未有过的暴风，而且还遇上了天空老是阴云密布。这就使我们无法充分利用我们的空中压倒优势，却有助于飞弹飞入伦敦。不过，我希望 7 月份的天气会变得好些。同时，在激烈的战斗中我们继续占上风，尽管八个德国装甲师在英军战区之内进行对抗，可我们的坦克仍占很大的优势。我方现已有七十五万人以上的部队登陆，英美军各占一半。敌人在每条战线上都被打得焦头烂额、血肉横飞。我同意你说这场战争必须进行到底。

*　　*　　*

6 月最后一周，英军越过卡昂城南面的奥东河，建立了一个桥头
阵地。我们企图从这个桥头阵地向东南两方伸展而越过奥恩河的努力，
遭到了敌方抗击。英军战线南部战区两度受到德军几个装甲师的攻击。
在激烈的交战中，由于我方空中轰炸和炮火的猛烈攻击，德军损失重大，
遭到惨败。[2] 现在到了我们出击的时候了，所以，在 7 月 8 日，我方
由北方和西北方朝卡昂城发动了一次猛烈的进攻。盟军重轰炸机的第
一次战术轰炸为这次进攻准备了条件，从这次以后，战术轰炸就成了 21
我方作战的一个显著特色。皇家空军重轰炸机在德军防御工事上投下
炸弹两千吨以上。拂晓时分，英军步兵，虽然无可避免地因到处是弹
坑以及建筑物倒塌后遍地是瓦砾，而受到阻碍，却仍取得了良好的进展。
到了 7 月 10 日，我们攻占了位于奥东河我们这边的整个卡昂城，因此，
我向蒙哥马利说："热烈祝贺你攻占了卡昂城。"他复称：

蒙哥马利致首相　　1944 年 7 月 11 日

感谢你的贺电。我们非常需要卡昂城。为了保证迅速成功，我们使用了极大分量的空中力量，朝卡昂城推进，沿途整个战场是一片严重破坏的景象。卡昂城本身也遭受了严重破坏。今天一

整天，敌方第九和第十装甲师一直在进行疯狂反扑，企图夺回在厄夫雷谢东北方的第一一二号据点，另外还有一个师向圣洛西北方的美军第三十师不断猛扑。敌人的这三个师，都受到严重损失。他们愈是这样向我们攻击，对我们愈加好，一切都进展得很好。

史末资这时已返抵南非，发来一份有远见而又发人深思的电报。

1944 年 7月 10 日

鉴于俄国人惊人的进展，以及卡昂城的攻占——这形成了一个值得我们欢迎的、令德国人权衡轻重的局面，照目前的形势发展，德军是无法对付两条战线的。他们不久就得决定究竟是把主力用于抵御来自东方的攻击，还是去抵御来自西方的攻击。他们知道，遭到俄国人的入侵，会发生什么情况，因此，他们很可能会决定把力量集中在俄国战线上。这将有助于减轻我们西线的任务。[3]

卡昂城一线既已突破，我方应继续不断掌握主动，采取攻势，而且应该尽快地推进到德国飞弹基地的后方。

对影响亚历山大的部队向前推进的决定，我必须表示遗憾。[4]然而，考虑到你过去曾几次成功地排除类似的障碍，我仍然希望，你的战略具有种种可靠的军事上和政治上的理由作为根据，终将再度顺利实现。

斯大林每日关切地注视着我们的命运；他也在这时发来电报，“祝贺英军解放卡昂城，取得辉煌的新胜利”。

到了 7 月中旬，登陆的盟军有三十个师，其中半数是美国的部队，还有一半是英国同加拿大的。与我方对抗的德军集结了二十七个师。但是，他们伤亡人数已达十六万人，据艾森豪威尔将军估计，敌方的战斗力量不会在十六个师以上。

就在这时，发生了一桩重要事件。7 月 17 日，隆美尔身受重伤。他所乘的汽车被我方低飞的战斗机击中，在据认为是垂危的情况下，他被送入医院。他出奇地恢复了健康，可是，后来希特勒一道命令，到时候还是难免一死。7 月初，冯 · 克卢格接替龙德施泰特，担任敌方西线的总司令，这位将军曾在俄国前线出过风头。

*　*　*

蒙哥马利计划在 7 月 18 日发动的总攻势，这时已迫在眉睫了。我向他说："愿上帝保佑你。"他复称：

22

1944 年 7 月 17 日

感谢你的来电。明日将进行的大规模攻击，总的情况都很有利，因为敌军主力按照我们的打算，已经移到奥恩河以西，去抵抗我在厄夫雷谢地区的攻击，而这些攻击从今天到今晚一直要继续进行下去。

明天的行动要得到全部成功，主要得看天气是否宜于飞行。我已下定决心，只要有可能，明天就放手让装甲师上阵；在必要时，将把进攻发起时刻推迟到午后三时。

英国军队用三个军进攻，目标在于扩大他们的各个桥头堡，并使队伍越过奥恩河。在作战行动开始之前，先由盟国空军进行一番规模更大的轰炸。德国空军完全无法出来阻挡。卡昂城以东进展良好，直到后来天空乌云密布，我方飞机才受阻，并且使从美军战区出发的攻击也推迟了一个星期。当时我想这是去访问瑟堡的机会，又可在"桑葚"人造港内住上几天。20 日，我搭乘一架美军达科塔型飞机，直接飞到瑟堡半岛上美军的降落场，并由美军司令官陪同到人造港周围巡视。在这里，我第一次看到了一个飞弹发射点。这是一桩经过苦心经

北海
荷兰
英国
德国
阿姆斯特丹
海牙
乌得勒支
阿纳姆
伦敦
伐耳赫伦岛
蒂尔堡
鲁尔
奥斯坦德
敦刻尔克
根特
安特卫普
科隆
南安普顿
加来
比利时
布鲁塞尔
亚琛
布洛涅（布伦）
利尔
列日
莱茵河
那慕尔
默兹河
普利茅斯
阿拉斯
松姆河
法兰克福
英吉利海峡
迪埃普
亚眠
圣昆廷
摩泽尔河
瑟堡
勒阿弗尔
鲁尔
塞纳河
兰斯
凡尔登
卡昂
诺曼底
巴黎
马恩河
夏龙
梅斯
阿尔萨斯
斯特拉斯堡
阿弗郎什
阿尔让当
南锡
布雷斯特
布列塔尼
夏特勒
孚日山脉
雷恩
勒芒
埃皮纳尔
科耳马尔
洛里昂
奥尔良
贝尔福
基贝龙
圣纳泽尔
图尔
卢瓦尔河
迪戎
贝桑松
巴塞尔
南特
索恩河
博恩
法国
瑞士
日内瓦
罗什福尔
里昂
利摩日
纪龙德河
意大利
米兰
多尔多涅河
比斯开湾
波尔多
瓦朗斯
格勒诺布尔
都灵
罗讷河
热那亚
加龙河
锡斯特龙
阿维尼翁
尼斯
图卢兹
巴荣纳
塞特
马赛
戛纳
土伦
西班牙
地中海
科西嘉
0 50 100 150 200 英里

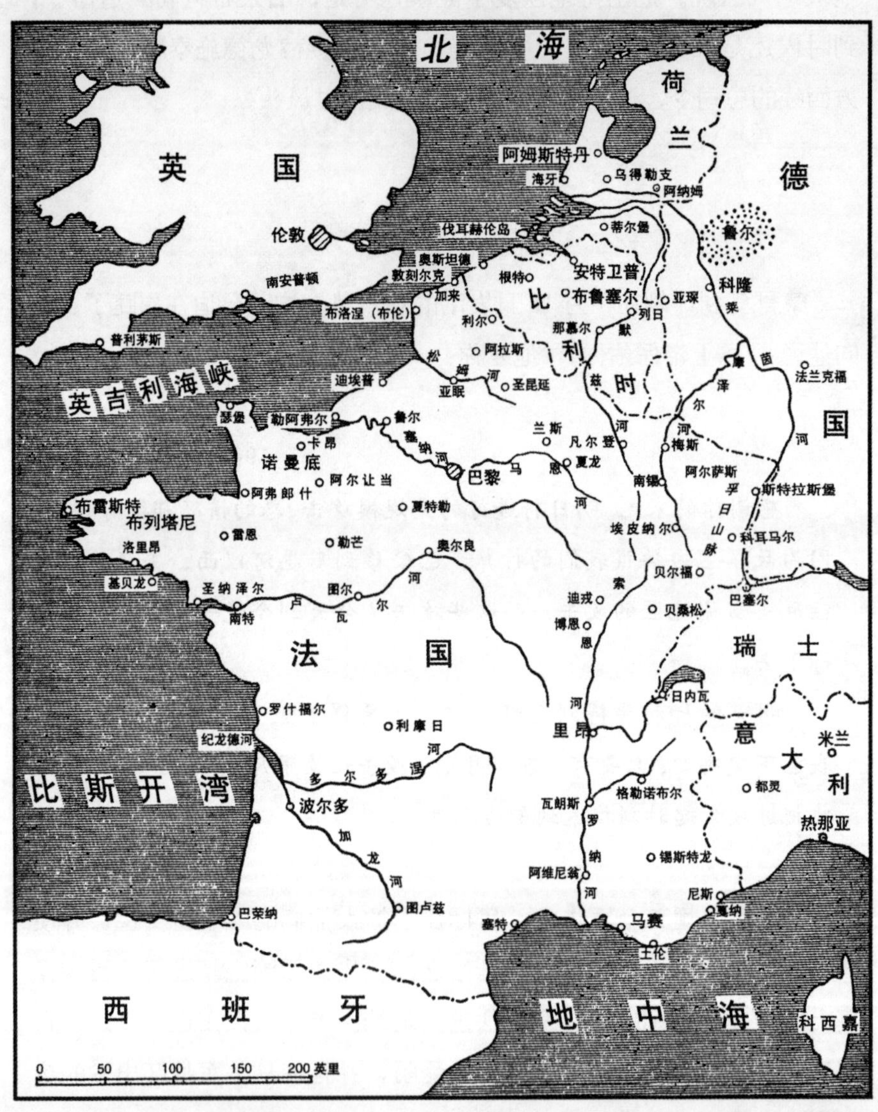

西北欧 （照原图译制）

营的事。德军对该城的破坏使我感到震惊。参谋人员因不可避免地推迟港口的使用而感到失望，我也有同感。港口内湾遍布触发水雷。几个忠于职守的英国潜水员冒着生命危险，日夜从事解脱这些水雷的工作，受到他们的美国战友们的热烈赞扬。我们驱车经过一段漫长而危险的路程后，到达了被称作“犹他滩”的美国滩头阵地。我登上一艘英国的鱼雷快艇，从那里经历了一段波涛汹涌的航程，而到达阿罗芒什。一个人上了一些年纪,反而不容易患晕船病。我没有因晕船而难受，而是酣睡，到该艇驶入我们那个人工浅湖里宁静的湖面，才一觉醒来。我登上“企业”号巡洋舰，在舰上驻留了三天，亲身彻底了解了这个港口全面运用的情况，目前全军几乎完全依靠这个港口，同时，我还处理一些伦敦方面的事务。

夜间声音极为嘈杂，当时屡有敌方单架飞机的侵袭，警报更为频繁。日间，我对在早已使我感兴趣的码头上以及在海滩上起运补给品和队伍登陆的全过程，作了研究。有一次，六艘坦克登陆艇鱼贯驶抵海滩。艇的船首刚一靠岸，它的吊桥马上向前翻下，坦克跟着就驶了出来；一艘艇内装有三四辆坦克，溅着水登陆。照我的计秒表看，不消八分钟，那些坦克已在公路上排成前进纵队，准备投入战斗了。这种操作过程予人深刻印象，而且是我们业已做到的卸 23
货率的典型例子。看到水陆两用车简直叫我着迷了，这些车辆泅渡过港口，摇摇摆摆地驶上陆地，随即急忙地驶往山上的大型补给品临时堆集所，许多卡车正在那里等候着把补给品装运到各个部队去。这种一种运输体系目前做出的成绩，远较我们曾经计划的一切为大，我们所盼望的迅速而胜利的行动就要依靠这种运输体系所具有的惊人的效率。

第一天晚上，当我去参观舰上军官室的时候，军官们正在唱歌。末了，还合唱了“不列颠统治颂”。我问他们这首歌的歌词是什么。没有一个人知道。所以，我就背诵了几段汤姆森写的壮丽短诗；为了便利读者（如果需要的话），兹重引如下：

许多国家不如你幸福富强，
他们仍在暴君专制下遭殃；
你以伟大和自由而繁荣昌盛，
它们却只有恐惧与羡慕。
缪斯诸神与自由同在，
将常常降临你们幸福的海疆；
幸运之岛呵，明媚无双，
英雄的心在守卫着这美丽之乡。

* * *

在阿罗芒什驻留的最后一天，我访问了设于内陆几英里的蒙哥马利总部。这位总司令在他那最大规模作战行动的前夕情绪极为高昂，他把这次行动的所有细节都向我解说了一番。他领着我去卡昂城的废
24 墟，并渡过了河。我们也访问了英军战线的其他部分。之后，他把掳获的一架施托希型敌机交我使用，由空军司令官亲自驾驶，飞过所有英军阵地的上空。这架飞机遇危急时，几乎能在任何地点降落，因而可以作离地面几百英尺的低空飞行，这比使用其他方法能更仔细地视察和了解现场。我还访问了几个空军站，并在几次军官和士兵们的集会上讲了话。最后，访问了战地医院，那天虽然是平静无事，可是还有零零星星的伤兵陆续不断地前来住院。当时有一个不幸的士兵就要动大手术，实际上，已经躺在手术台上，准备施用麻醉剂了。当我正要悄悄地走开的时候，这位士兵说要我到他身旁。他脸上浮现一丝微弱的笑容，吻了一下我的手，我深为感动，后来，高兴地听到他的手术十分顺利。

7月23日黄昏，我飞回去，于日落天黑之前抵达国内。我给了管理阿罗芒什的海军军官——希克林上校以应有的表彰。

首相致希克林上校　　1944 年 7 月 25 日

对你和在你指挥下的全体官兵在阿罗芒什所做的光辉工作，我谨致最热诚的祝贺。在欧洲的解放中，这个奇迹般的港口已经发挥了，而且还要继续发挥最重要的作用。我希望在不久之后，再到你处作一次访问。

上面这节电报，应在不被敌方获悉的情况下，向所有有关的官兵们公布，敌方到现在还不知道阿罗芒什的吐纳量和潜在力量。

他们要把这个人造港命名为“丘吉尔港”，但是，由于种种理由，我未予许可。

*　　*　　*

就在这时，德军撤销了原来把第十五集团军留驻在塞纳河后面的命令，同时，派遣了几个师的生力军，去增援处于困境中的第七集团军。他们利用铁路、公路或用摆渡代替被毁桥梁而渡过塞纳河的转移行动，因受到我方空袭而耽搁了，并受到重创。这支受阻遏时间较长的援军开到战场已为时太晚，以致无法挽回局势。

7 月 20 日，正当诺曼底方面的战事停歇一下的时候，又发生了一
次谋杀希特勒的未遂事件。根据一项最可靠的报道，施陶芬贝格上校 25
在一次参谋会议上，把一只藏有一枚定时炸弹的皮包放在希特勒的桌子下面。由于桌面很厚实，桌下又有一些横档，此外，还由于建筑物本身的结构很单薄，因而马上就把压力分散了，所以，希特勒没有受到爆炸的全部威力的影响，侥幸保住了性命。在场有几个军官被炸死。当时这位元首虽然受到极大的震惊并受了伤，却站了起来，叫嚷说：“谁说我没有上帝的格外保佑？”这一密谋事件激发了他整个穷凶极恶的

本性，他对与该案有关的一干嫌疑人犯所施的报复，说来是一桩令人毛骨悚然的故事。

* * *

在奥马尔·布雷德利将军的指挥下，美军大规模突击的时刻终于到来了。7月25日，美军第七军从圣洛向南攻，翌日，在该军右侧的第八军也加入作战。美国空军的轰炸极尽摧毁之能事，因而步兵进攻获得成功。之后，装甲部队疾驰冲锋，扫荡了关键据点——库汤斯。德军逃往诺曼底海岸去的退路被切断了，而在维尔河以西的德军整个防线陷入危急和混乱状态。退却中的军队在各条公路上挤得水泄不通，盟军轰炸机和战斗轰炸机使敌方士兵和车辆伤亡损失惨重。先头部队长驱直入。7月31日攻克阿弗朗什，之后不久，就拐过了通到布列塔尼半岛的海角。克里勒将军指挥下的加拿大部队从卡昂城出发，沿法莱兹公路下行，同时发动攻击。这一出击受到了德军四个装甲师有力的抵抗。当时还在负责指挥全线的蒙哥马利于是将英军进攻的重心移到其他战线去，并下令邓普西将军手下的英国第二集团军从科蒙向维尔方面作一次新的冲击。于7月30日开始行动，事先也进行了猛烈的空中轰炸，数日后，到达了维尔。

当美军主力攻势开始，而加拿大军被阻于法莱兹公路的时候，有些人作了一些令人不快的对比，来挖苦我们。

首相致蒙哥马利将军　　1944年7月27日

1. 据盟军远征军最高总部昨晚宣称：英军受到了“颇为严重的挫折”。我并未发觉有任何事实足以证实这种说法。依我看来，
26 在你最近发动的攻势中，好像只是在右翼方面作了一点点无关重
要的后撤，比方说，后撤那么一英里，因而，用这样一种措辞是
没有正当理由的。这种说法自然而然地引起了此间不少的议论。

我亟愿知道这个情况的究竟，俾使高高在上的一些动摇不定的人士和评论家不致丧失信心。

2. 为我自己掌握最机密的情报起见，亟愿得知，你以前和我谈到的那些进攻计划，或经修改后的计划，是否即将付诸实施。英军必须用力猛战，以取得胜利，这的确是很重要的；否则，就会在两国军队之间作比较，从而导致有危险性的相互指责，影响到这个盟国组织的战斗力。你当然知道，我对你是充分信任的，你尽管放心好了。

蒙哥马利复称：

蒙哥马利将军致首相　　1944 年 7 月 27 日

我不知道有什么“严重的挫折”。敌人在卡昂城以南地区集结重兵，抵御我军在该地区推进。前昨两日有过激战，结果是，加拿大的军队被迫从最远的阵地上后撤了一千码……

我的战略自始就是要把敌方主要的装甲力量引到我的东侧面，我在那儿和它作战，这样，在我西侧的战事就可比较易于进行。我的这一策略已经成功；敌方的主要装甲力量现在我的东侧翼，即奥东河以东的地方，展开阵势，而我在西面的战事正比较顺利地进行，美军也正打得很好。

讲到我的进一步计划。敌方在卡昂城以南跨过法莱兹公路展开的兵力，目前是很强大的，比在盟军整个战线上任何地段的兵力都强大。所以，我不打算在那里向他们进攻，而是正计划着将敌方兵力牵制在那个地区，同时，从敌方兵力较弱的科蒙地区，用六个师给敌方来一个狠狠的打击。这个打击将会帮助美军取得较快的进展。

事实证明，蒙哥马利的乐观态度是有根据的。我于 8 月 3 日又去一电：

首相致蒙哥马利将军　　1944 年 8 月 3 日

你对我说明的计划，展开之后进行如此顺利，至为快慰。很明显，敌人将拼命力守他们的东面侧翼和枢纽。我倒认为，扫荡布雷斯特半岛不会是太费事的。闻悉我方装甲部队和先锋部队已占领维尔，至为欣慰。照地图上看来，似乎你应已经扎扎实实赢了几个回合。自然，我亟愿看到第二集团军的装甲部队（其装甲
27 车数目不能远远低于二千五百辆）驰骋在广阔的平原上。在这次战争中，迂回战术已经成为陆地和海上作战的新鲜事。下周内我于前往意大利之前，可能到你处呆上一天。祝你诸事成功。

蒙哥马利将军致首相　　1944 年 8 月 4 日

1. 感谢你的来电。

2. 我料想在东侧翼即将有一些激烈战斗，特别是在从维莱博卡日到面对正东的维尔那一部分地区。敌方已从卡昂城以南和东南地区调拨相当雄厚的兵力到那方面去了。

3. 因此，我正计划着用五个师从卡昂城地区向法莱兹发动一次猛烈的进攻。现正设法于 8 月 7 日发动这个行动。

4. 我只命令一个美国军向西转入布列塔尼，因为我觉得这就够了。

美军第三集团军所属的其他各个军将直奔拉瓦尔和昂热。美军第一集团军的全部力量将回旋于第二集团军[5]的南侧，而向东夫隆和阿朗松进行攻击。

5. 我对你下星期或任何时候驾临此间，极表欢迎。

首相致蒙哥马利将军　　1944 年 8 月 6 日

昨日未能到达你处，很抱歉！如果可能，当于明日（星期一）

> 前来。希勿为我作任何特殊安排，或使你感到任何不便。昨日午后，我同艾森豪威尔消磨了半天工夫，他建议我也应到布雷德利的总部去访问。如果你不反对，我想在当天下午去一趟。我们一行仅仅包括我本人、霍利斯将军和汤米。

于是，我于7日再度飞往蒙哥马利的总部，在他用一些地图来向我作了一番生动的说明以后，一位美国上校就来接我到布雷德利将军那里去了。他们已经仔细地安排好我们一行要经过的路线，让我看一看美国军队一路作战所经各城镇和村落遭受惊人破坏的情况，所有的建筑物都被空军轰炸得粉碎。四时左右，我们抵达布雷德利的总部。这位将军热诚地欢迎我，但我却感觉到那里极为紧张，因为当时战斗正酣，每隔几分钟就有战讯送到。所以，我就缩短了访问的时间，乘汽车向等候我的飞机驶去。正当我要搭上飞机的时候，艾森豪威尔赶 28
到了，这是出乎我意料之外的。他从伦敦飞抵他的高级指挥部，闻悉我的行动之后，赶来拦截我。当时他还未从蒙哥马利手里把对战地军队的实际指挥权接过去，但是，他以警觉的眼光监视着一切；对处理重大的事件，如何做到既密切注意，又不妨碍他所授予别人的职权这方面，真是没有一个比他更为高明的人了。

*　　*　　*

巴顿将军指挥下的美国第三集团军现已编成，并开始作战了。他调遣了两个装甲师和三个步兵师，朝西面和南面迅速推进，以肃清布列塔尼半岛。被截断去路的敌军立刻朝着设防的几个港口撤退。法国抵抗运动在该处有三万人，发挥了值得注意的作用。这个半岛很快就被占领了。到了八月的第一个周末，德军驻防部队和四个师的残部约计四万五千人被迫撤入他们在圣马洛、布雷斯特、洛里昂和圣纳泽尔的周边防线。我们可以把这些敌军都围困在这一地带，任其自行萎缩消亡，从而避免立即向敌人采取进攻时所必不可免的无谓损失。瑟堡受到的破坏真是大极了。布列塔尼各港口在被我方攻占以后，也要花上很长的时间才能修复，这是肯定的。在阿罗芒什的“桑葚”人造港的巨大吐纳量、一些隐蔽的停泊处，以及诺曼底海岸上几个小港出其不意的发展，都使夺取布列塔尼各港口的紧迫性降低了，而在我们早先的一些计划中，夺取这些港口曾经是很突出的问题。况且战事既然进展得如此顺利，我们大可指望不久就会占领从勒阿弗尔至北方的几个远为优良的法国港口。不过，布雷斯特驻有一支庞大的防守军队，又是在一位积极的司令官指挥之下，所以是一个有危险性的地区，必须予以消灭。该处敌军于9月19日在美军三个师的猛烈攻击之下，投
29 降了。

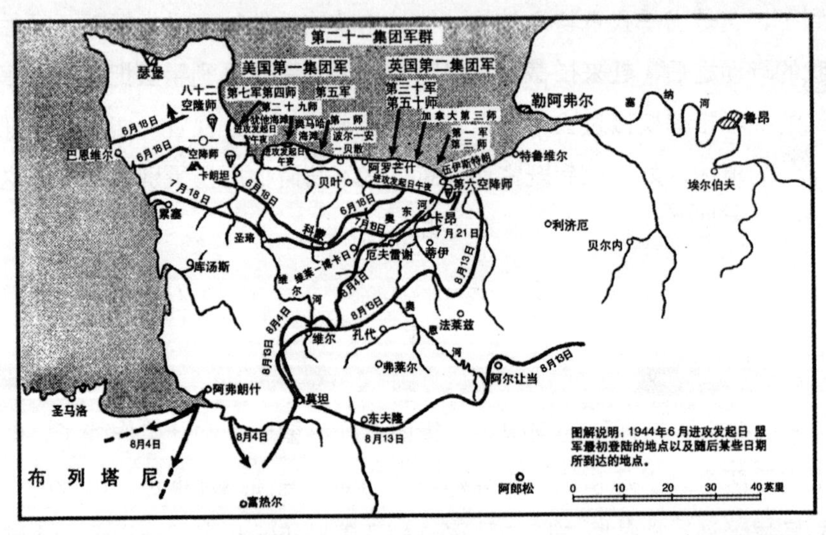

诺曼底　（照原图译制）

*　*　*

正当我方这样肃清或围困布列塔尼半岛的时候，巴顿领导的第三集团军的其余部队朝东作“大转弯”式推进，直奔卢瓦尔河和巴黎之间的空隙地带，并沿塞纳河下行到鲁昂。8 月 6 日攻入拉瓦尔城，8 月
9 日又占领了勒芒。在这整个宽广的地区内，只发现少数德军，在这 30
些漫长而又日见延伸的路程上，向前进中的美军给养，成了我方的主要困难。除了有限的空运之外，一切东西都仍然要经由原来登陆时的几个海滩运进来，从诺曼底西边经阿弗朗什传送到前线。因此，阿弗朗什就变成一个像瓶颈似的交通频繁的短狭地段，因而为德军提供了从法莱兹附近朝西对我方攻击的一个吸引人的机会。这个主意正投合希特勒的幻想，所以他下令用最大可能的兵力攻袭莫坦，然后，急窜到阿弗朗什，从而切断巴顿的交通线。德国的司令官们对这个计划一致认为不妥。他们了解到诺曼底之战已经失败了，因此，希望利用刚从北方第十五集团军中调遣到的四个师，以执行有秩序地向塞纳河方面退却。他们认为把生力军投入到西面去，简直是“伸长了自己的脖子”,总有一天要被人家割断。希特勒坚持按照自己的意旨行事。于是，德军五个装甲师和两个步兵师于 8 月 7 日从东面发动了对莫坦的一次猛烈攻击。

敌方向一个单独的美国师发动攻击，但是，该师却坚守住了，随后又得到了另外开来的三个师的增援。经过五天激烈的战斗和空军集中轰炸之后，敌方这一大胆的袭击就被我方打得溃不成军了，而且，就像敌人的将领们所预料的那样，从法莱兹到莫坦的整个凸出地带，挤满了德军队伍，在我方三面夹攻之下，只好听凭摆布了。在这个地区的南面，美军第三集团军所属的一个军转而北进，经过阿朗松于 8 月 13 日抵达阿尔让当。霍奇斯将军指挥下的美军第一集团军从维尔向南推进，同时，英军第二集团军则向孔代推进。加拿大集团军再度在

重型轰炸机的支援下，由卡昂城沿公路下行，继续进迫法莱兹，这次取得的成就较大，因为他们在 8 月 17 日就到达了目的地。盟国空军对于麇集在这一狭长地带的德军进行扫射，大炮轰击也造成了严重的杀
31 伤。德军顽强固守法莱兹与阿尔让当之间空隙地带的咽喉，并想尽一切方法要尽先撤出装甲部队。可是，在 8 月 17 日，他们的指挥和控制就完蛋了，战场成了一个死亡枕藉的所在。我方于 8 月 20 日堵塞了这个咽喉，尽管在此之前有相当大的一部分敌军得以向东夺路逃脱，但被歼灭的还是不下八个师之多。昔日的法莱兹袋形地区成了他们今日的坟墓！克卢格向希特勒报告称：“敌人空军优势极大，把我们的一切行动几乎都给遏制住了。而敌人每有行动，却都以空军先为开路并予以保护。我方在人力和物力上损失异常惨重。在敌方炮火继续不断的猛烈轰击下，我军士气深受打击。”

* * *

美军第三集团军除肃清布列塔尼半岛，并用“小拐弯”的侧袭，而在法莱兹大获全胜外，又从勒芒用三个军向东及东北方挺进。8 月 17 日，到达奥尔良、夏特勒和德勒，再从那里向西北方沿河的左岸前进，与向鲁昂方面挺进的英军会合。我第二集团军当时遇到一些滞阻，因为法莱兹一战之后，这支队伍需加整编，而敌方却乘机临时搞起一个后卫阵地。然而，经我方穷追猛打之后，塞纳河以南所有的德军不久就拼命逃窜，在毁灭性的空袭下，企图渡河后退。以前空中轰炸下被毁的那些桥梁，没有一座是修好了的，不过，还有几座浮桥和充足的船舶摆渡。敌方所能保全的车辆为数极其有限。在鲁昂以南，有大量的运输工具被丢弃了。那些逃窜的队伍已不具备在河的对岸继续抵抗的条件了。

当时已经接掌最高指挥权的艾森豪威尔，决心避免为争夺巴黎而战。斯大林格勒和华沙两地之战都证明了正面攻击和爱国者起义的可

怕情景，因此，他决定包围这个首都，迫使驻防军队投降或逃遁。8月20日，行动的时刻到了。当时，巴顿已在芒特附近渡过了塞纳河，他的右翼部队也到达了枫丹白露。法国的地下武装起义了。警察也罢工了。警察总局已为爱国分子所占领。法国抵抗运动的一名军官带了一些关系重大的报告，来到巴顿的总部，星期三（8月23日）早晨，这些报告就已送到了勒芒，递交艾森豪威尔。

勒克莱尔将军率领的法国第二装甲师隶属于巴顿麾下，于8月1
日在诺曼底登陆，并在进攻中发挥了重要的作用。[6]戴高乐于同日抵达， 32
盟军最高统帅向他作了保证，说只要时候到了——就像早已协商的那样——勒克莱尔的部队就首先开进巴黎。当天傍晚，首都内发生巷战的消息，促使艾森豪威尔决定行动，勒克莱尔也奉命进军。布雷德利于晚间7时15分将这些指示交给这位法国司令官，当时，他这一师人驻扎在阿尔让当。8月23日发出的这些作战命令开门见山地用了这几个字："任务(1)攻占巴黎……"

勒克莱尔致戴高乐的报告称："我得到了这样的印象，即……1940年的局面正在倒过来重演着——敌方情况十分混乱，各部队无不惊慌失措。"这位将军决定大胆行动，与其征战德军的集中力量，毋宁避开它。第一批几个分遣队于8月24日从朗布依埃出发，向巴黎推进，这批队伍是前一天从诺曼底开到朗布依埃的。由比约特上校（1940年5月间阵亡的法国第一集团军群司令官的儿子）领导的主攻从奥尔良出发。当晚，一支坦克先头部队就到达奥尔良门了，9时22分整，开进市政府前面的广场。这个师的主力队伍准备在次日开入首都。第二天一早，比约特率领的几个装甲纵队占领了巴黎城对面的塞纳河两岸。到了下午，德国司令官冯·肖利茨设在默里斯大厦的总部就被包围了，肖利茨向一位法国中尉投降后，经解交比约特。正在此时，勒克莱尔也赶到了，并在蒙特巴那斯车站建立指挥部，当日下午，又移至警察总局的所在地。四时左右，肖利茨被解到他的面前。这就是从敦刻尔克到乍得湖又回到老家所走的一条道路的尽头！勒克莱尔以低沉的语调说出了他的思想，他说："这回可行啦！"之后，他用德语向这个手下败将揭示了自己的身份。经过一段简短、不客气的谈话之后，就签订了驻防军投降书，接着由抵抗运动所属部队和正规部队逐一占领了敌方
33 其余一些支撑点。

巴黎城到处沉浸在狂欢的示威游行之中，人们向德国战俘啐唾沫，把通敌的奸细拖着游街，而解放队伍则备受款待。戴高乐将军就在这时出现在这一个推延已久的胜利场面上。他于下午五时抵达圣多米尼克道，并在陆军部旧址设立了总部。两小时之后，他在抵抗运动的一些主要人物暨勒克莱尔将军和朱安将军陪同下，以自由法国领导人的身份在市政府首次出现于兴高采烈的群众面前。到处充满着自发的狂热。翌日下午(8月26日)，戴高乐举行了正式入城仪式，徒步从爱丽舍田园大街走到协和广场，之后，又在一长列汽车随从下，到了圣母院。那时，有一些暗藏的通敌奸细从教堂的内外两面开枪射击，人群当即走散，但慌乱仅仅持续片刻就过去了，庄严的巴黎解放奉献仪式一直进行到底。

* * *

到了8月30日，我军就分头从许多地点渡过了塞纳河。敌人损失极为惨重：士兵四十万人，其中一半做了俘虏，坦克一千三百部，车辆两万部，野战炮一千五百门。德军第七集团军以及所有奉调前往支援的几个师全部被我方打得溃不成军。盟军从滩头阵地出击，曾经由于天气恶劣和希特勒的错误决定而有所迟延。然而，那次战役一结束，诸事进行得就都非常顺利了，而且我们到达塞纳河的时间也比原计划提前了六天。有人批评说英军在诺曼底战线上行动迟缓，而以后的几个阶段，美军进展迅速，这也似乎说明了他们的成就比我们的大。因此，有必要再度强调指出：这个战役的全盘计划是以英军战线作为枢纽，而将敌方后备力量引到这方面去，藉以帮助美军的迂回运动。英军第

二集团军在它的原定作战计划中，把自己的目标规定为："保卫美军的侧翼，而由美军部队攻取瑟堡、昂热、南特，以及布列塔尼各港口。"凭着坚忍不拔的精神，经过艰苦的战斗，这一目标终于达到了。艾森豪威尔将军完全了解他的英国战友们的工作；他在正式报告中写道："如果没有英、加军队在争夺卡昂城和法莱兹两地的残酷凶猛的战斗中，作出重大牺牲，那么，盟国军队也就永远不可能在其他地区取得惊人的进展。"

注释：

[1] "冥王星"规划包括：先在袭击地区埋设输油管，以便海运油船通过这些油管将汽油直接输送到岸上。之后，再埋设从怀特岛至瑟堡，以及从邓杰内斯到布洛涅的横贯英吉利海峡的海底输油管。

[2] 这几次攻击都是希特勒在苏瓦松会议上所下命令的结果。7 月 1 日凯特尔打电话问龙德施泰特："我们该怎么办？"龙德施泰特答称："议和吆，你们这些白痴！除此之外，还能有什么办法呢？"

[3] 着重点是作者加的。

[4] 即在法国南部实行登陆的决定。

[5] 按指英军第二集团军。——译者

[6] 见第五卷，第 544—546 页。

34 第三章 无人驾驶武器的轰炸

6月13日开始对伦敦袭击——飞弹的结构与性能——6月18日警备队队部的礼拜堂被毁——损害与伤亡情况——盟军的反措施——6月22日我指派一个小型委员会——7月6日我对下院的讲话——轰炸机指挥部发现新目标——沿海重新布署高射炮队——飞弹受到制服——大家的功绩——远程火箭——关于火箭大小的争论——瑞典的火箭——8月26日的一份科学情报报告——一个予人深刻印象的技术性成就——9月8日第一批火箭落于伦敦——施佩尔的意见——V3式武器的失败——比利时的灾难——邓肯·桑兹就导弹问题向战时内阁提出的报告

敌方经过长期研究，利用无人操纵的飞弹对英国进行袭击，现在开始了。他们的目标是大伦敦。对这种袭击的性质和规模，我们自己内部已经争论了一年多，而且曾绞尽脑汁并在资源力量许可的情况下，及时地做好了种种准备。

6月13日清晨，恰好是进攻发起后一星期，四架无人驾驶的飞机窜过我国海岸。这是德军为要对我方在诺曼底登陆成功作出反应，而于进攻发起日紧急发出命令，以致造成时机未成熟的后果。其中一架飞到内思诺耳·格林，炸死六人，伤九人；其余三架未造成伤亡事故。直到6月15日，别无其他情况发生，可是，从这天晚间起，德军就认真地开始了他们的“报复”战役。在二十四小时内，有二百个以上的飞弹袭击我们，接着在其后五个星期内，又飞来了三千多个。

希特勒把我们后来称之为飞弹的这个东西命名为 V_1 号，因为他希 35
望——是有些理由的——这只不过是德国研究工作所能提供的一系列恐怖武器中的第一种。这种飞弹的发动机是一个设计新颖而精巧的喷气机，由于它的发动机发出尖叫声，所以，不久之后，伦敦人就称之为“无线电操纵无人轰炸机”，或“喷射推进式炸弹”。它的飞行时速达四百英里，高度约三千英尺，携带炸药重约一吨；弹身凭一个磁性指南针校正方向，而射程则用一具小型推进器加以控制，弹体在空中飞行，就使推进器转动起来。当推进器转动次数相当于自发射场到伦敦的距离时，飞弹的操纵装置即告松开，使弹体向地面俯冲。其爆炸所造成的损害尤属严重，因为弹体总是在钻入地面之前即已爆炸。

这种新的袭击方式给伦敦市民造成的困难，甚至远较 1940 年和 1941 年间空袭时为甚。人们更是长期感到焦虑不安和紧张。天亮了固然不能解除他们的痛苦，阴云天气也不见得能使他们稍感安逸。晚间回家，一个人总不知道他会发现家里发生什么事情；而他的妻子整日在家独守，或同子女们一起，也无从肯定他是否会安返家门。飞弹的这种盲目而不具人格的性质，使得地面上的人感到束手无策。他几乎无力应付这个局面，根本就看不到他能够击中的敌人。

*　　*　　*

我的女儿玛丽当时仍在海德公园高射炮兵连内服役。6 月 18 日，星期日，早晨，我在契克斯，丘吉尔夫人告诉我，她要去访问这个高射炮连。她刚好碰上该连在作战。一枚飞弹飞经该处，炸毁了贝斯瓦特尔路上的一所房屋。当我的妻子和女儿一起站在草地上的时候，她们瞥见一个小而黑的物体从云间直冲下来，看上去好像会落在离唐宁街很近的地方。我的汽车那时曾开出来收取信件，司机惊讶地看到了议会广场内，过路行人个个都脸朝下，趴在地上。就在该处附近发生了一次声音低沉的爆炸，随后，人们就又各办各的事了。这颗飞弹落在惠灵顿营房的警卫队部的礼拜堂上面。当时，警卫旅中有一大批现
36 役和退伍官兵们聚集在那里，举行特别礼拜。飞弹直接命中。刹那间，整个建筑物就被摧毁了，近二百名警卫兵，包括许多优秀的军官在内，连同他们的亲友等都给炸死在那儿，或压在瓦砾底下，身受重伤。这是一桩悲惨的事件。我的妻子回来时，我还在床上看公事。“高射炮兵连还在射击，”她说，“可是，警卫队的礼拜堂却被敌人炸毁了。”

我立刻发出指示将下院再度迁入教堂大楼，该处建筑是现代化钢骨结构，较威斯敏斯特宫更为安全些。这事牵涉到不少的公文往返和重作部署。我们在举行秘密会议时，有这样一段简短的插曲。一位议员气愤地质问道：“为什么现在我们又回来了？”我没有来得及回答他，另一位议员就插嘴说：“如果我们这位可敬的先生愿意走上几百码，到伯德凯治道看一看，就明白为什么了。”当时大家默然良久，这事也就不谈了。

随着时光的流逝，伦敦市内每个区都遭受了袭击。损害最严重的是从斯特普尼和波普勒往西南去，直到旺兹沃思和米切姆一带。就个别地区而言，克罗伊登区受创最剧。有一次，单是一天之内，就有八枚飞弹落入该区，其次是旺兹沃思、刘易斯欣、坎伯韦尔、伍尔威治和格林威治，贝肯汉、兰布思、奥尔平顿、库尔斯登和珀利、西哈姆、奇泽尔赫斯特和米切姆。[1]大约有七十五万所房屋遭到损坏，其中有二万三千所已损坏至不能修复的程度，但是，伦敦受害虽最严重，而死伤和损失的情况却远远扩展到它的范围以外。苏塞克斯郡和肯特郡的部分地区，由于处在飞弹经过的路线上，而被通称为“炸弹之巷”，受创极重；所有的飞弹虽然都以塔桥为目标，但却远远地落在从汉普郡到萨福克之间的乡野。一枚落于韦斯特汉我家附近，当时有二十二个无家可归的儿童和五个成年人，同住在一个树丛中为他们搭盖的避难所内，惨遭不幸，全部被炸身亡。

*　　*　　*

早在六个月前，我方军事情报已准确地预测到这种飞弹的性能怎
样，可是，当时我们觉得，作好具有适当质量的战斗机和高射炮防卫
方面的准备，是不容易的。事实上，希特勒根据亲眼所见的用截获的
我方“喷火”式战斗机来抵御飞弹的试验后，深信我们的战斗机是没 37
有什么作用的。我方的及时警戒能使他失望，不过也是很有限的。我
方速度最快的战斗机经特别减轻装备并加大马力后，才能勉强追上那
些飞行最快的飞弹。固然许多飞弹飞行得不尽如制造者预计的那样快，
可是我方战斗机要及时地截获它们，还是时常有困难的。更坏的是，
敌人采取齐射飞弹的办法，希图对我方的防御工事实行饱和轰炸，我
方通常使用的“紧急起飞”办法是过于迟缓了，因此，只好命令战斗
机经常在空中飞行巡逻，同时依靠地面上各雷达站和对空观测岗哨所
作的指示，以及对情况作不断的说明通告的帮助，来寻觅和追击他们
的目标。飞弹弹体比一般飞机小得多，所以，既难为人们所发现，更
难于击中。超过三百码以上的距离太多时，“歼灭”它们的机会就很少，
然而，在不到二百码的距离以内，向它们开火，又是危险之至，因为
爆炸开来的飞弹可能就会把攻击它的战斗机摧毁。

飞弹排气管冒出的红色火焰，使飞弹在夜色中较易发现，所以，在头两夜里，我们设在伦敦的高射炮向它们开了火，并宣称：已把其中许多都击落了。这倒帮助敌方达到了目的，因为，不然的话，有些飞弹也许就落到了首都以外的乡间旷野，因此，我们停止在首都区域内发射高射炮，并于 6 月 21 日以前把高射炮移到了北当兹的前卫战线去了。许多飞弹飞行的高度使我们在初见之下，感到用高射炮颇难对付，用重型炮来射击吧，又嫌它太低；而使用其他类型的炮，又嫌它太高；幸而事实证明，重型炮可用以对付飞行高度较我们原先设想为低的那些目标。当然，我们早已料到，有一些飞弹是会成为我方战斗机和高

射炮的漏网之鱼的，为此，我们在伦敦的南方和东南方展开一个庞大的气球阻塞网，试图阻挡这些漏网的飞弹。事实上，在这次战斗的过程中，这种阻塞网截获了二百三十二个飞弹，其中每一枚几乎本来都必然会落到伦敦地区以内某些地点。

38 对这些防御措施，我们并未感到心满意足。原设在法国境内的九十六个发射飞弹的“滑雪场”，从 1943 年 12 月起，就遭到我轰炸机的猛烈轰炸，而且大体上被消灭了。[2] 然而，尽管我们作了种种努力，敌方还是做到了从一些新的而又不太惹人注意的地点发动这种袭击，飞弹窜过我方防线的数目尽管远比敌方原来希望的少得多，却给我方提出了许多问题。这种轰炸开始后的第一个星期，我亲自掌握一切，到了 6 月 20 日，移交给邓肯·桑兹主持下的各军种联合事务委员会，该组织的代号为“石弓”。

首相致内政大臣爱德华·布里奇斯爵士和
伊斯梅将军转参谋长委员会　　1944 年 6 月 22 日

由于我们已比较明确该怎么办，经与参谋长委员会商酌后，我已决定：截至目前，由我担任主席的“石弓”委员会应由为数较少的几个人组成，使之对有关飞弹和飞行火箭的效果，以及我方所采取的反措施和预防办法的进展等事项，负责作出报告。军需部联合政务次官（邓肯·桑兹先生）将任该委员会主席，委员人数应尽可能规定得少些……

该委员会应逐日，或遇必要时随时向我本人、内政大臣、空军大臣及参谋长委员会提出报告。

遇必要时，我本人当会同内政大臣、空军大臣一起参加会议。

委员会的委员有：空军副参谋长博顿利空军中将，指挥大不列颠防空的空军地面联络官希尔空军中将和防空司令部将级司令官派尔将军。

*　*　*

7月6日，我向下院说明了政府早自1943年初以来，在这方面所作的准备和采取的行动，下院许多议员的选区当时正因飞弹的袭击而感到紧张。无论如何，没有一个人能够说，我们是由于未作准备，而受到突然袭击。大家都没有怨言。人人都明白，我们必须得忍耐一下，好在由于我们对诺曼底的顺利进展抱着种种希望，这一严酷的考验也就变得好受了一些。我作了一次详细的报告。

> 到目前为止，我方对法、德两国境内，包括佩内明德在内的飞弹和火箭目标的所在地，掷下的炸弹重量，总数已接近五万吨，侦察飞行的次数，总计数千次。为了这个目的而拍摄到的几万张空中照片，光是加以检视和判断，就已经是一项了不起的任务，
> 这项任务是由皇家空军的几个空中侦察和摄影判读小组来担任的。 39
> 在敌我双方来讲，这都是一些艰巨的工作。过去几个月来，我们从其他各项攻势活动中调拨过来相当大的一部分空军力量。而在德国方面却是牺牲了很大的工业制造力，这些力量原可用以加强他们的战斗机和轰炸机的力量，以便同他们在各条战线上陷于困境的地面部队配合作战。在这一过程中，究竟哪一方已经蒙受了损失而将来还要蒙受最严重的损失，现在还无法断言。双方都倾注了巨大物质力量的一场看不见的战役，在过去一年内实际上是一直在进行中。这场无形的战役现在已经突然闪现在光天化日之下了，我们将能够，而且的确也不得不，在相当接近的距离内注视它的进展情况……
>
> 我们对此既不应低估，也不应夸大。截止到今晨六时，从法国沿岸各发射场发射的飞弹总计约达两千七百五十枚。这些飞弹中有很大的一部分，不是未能飞过英吉利海峡，就是被我方使用

各种方法击落或击毁了……但在6月里，气候对我们来说，一直是对诸事不宜的。在诺曼底，它使我们丧失了所能运用的巨大优势的很大一部分……在不列颠，它使我们的高射炮和飞机在作战和配合上更加困难了。它也使我方利用一切有利机会向海峡对面各火箭发射场及可疑地点加以袭击的锐势，有所减弱。然而，我想下院将会感到赞赏和惊奇的是：按敌方各发射场发射的飞弹总数计算，刚好是每一枚飞弹炸死了一个人……事实上，截止到今晨六时，最近的统计数字为：敌方发射了飞弹两千七百五十四个，我方受重伤死亡的数目为两千七百五十二名……伤亡事件不尽是严重或有致命之虞的，很大一部分（约计一万件左右）发生在伦敦，它的宽十八英里、长二十英里以上的一块地方成了敌方目标。所以，对于使用这样一种经证明是毫无准确性的武器来说，伦敦却是举世无双的一个目标了。就它的性质、目的和效果而论，飞弹简直是，而且实质上也是，一种不分青红皂白的武器。德方开始使用这一武器，显而易见地引起一些严重的问题，这些问题我不建议在今天谈论。

* * *

撤退妇孺以及开放那些至今尚留备使用的地下深处的掩蔽所的安排，都已做好了。我并解释说：我们会尽人力所及，来击败这一新式的袭击；但是，我在结束报告时，用了似乎和当时一般人的情绪相称的语调。

40 我们既不容许诺曼底的战斗行动，也不容许我们正在进行的对德国境内的一些特别目标的攻击受到损害。这些都是头等重要的事，我们必须使自己国内事务的安排适应作战行动的总计划。我们绝不允许，为了减轻损害的程度，而对作战有哪怕丝毫的削弱，

> 这些损害虽然可能会给许多人带来严重的痛苦，并多少会影响到伦敦的工业和正常的、有规律的生活，但不应妨碍不列颠民族负起作为一个胜利和雪耻的世界先锋的义务。有些人一想到，他们正在不小的程度上分担着我们海外士兵所承受的危险，又想到落在他们身上的打击，将会减轻可能通过其他方向对我们的作战士兵以及他们的盟友们所施加的严重打击，未始不是一种安慰。但是，有一桩事我是肯定的，那就是，伦敦永远不会被征服，也永远不会失败，而且她那胜利地经过了一切严重考验的声誉，会长远地在人世间发出灿烂的光辉。

现在我们知道，希特勒原以为，在形成他自己那个想入非非的和平方案时，这种新式武器是会起“决定性”作用的。甚至他的军事顾问们，虽然在狂想的程度上，比他们的主子要差一些，也在希望：伦敦的痛苦遭遇会促使我们把一些军队调到加来海峡，从事灾难性的登陆，以图攻占那些飞弹发射场所。但是，不管伦敦也好，英国政府也好，都未尝畏缩不前，所以在 6 月 18 日，我已能够向艾森豪威尔将军保证说，我们是能够经受严重考验并坚持到底的，不要求他对法国境内的战略作任何变更。

*　　*　　*

我方对这些飞弹发射地点继续轰炸了一个时期，可是，在六月底之前，就已经很明显，这些地点在目前已不是至关重要的目标了。轰炸机司令部急于想在解救伦敦方面，更有效地分担工作，所以，四处搜索更好的目标；这些目标很快就被发现了。法国境内若干主要的飞弹储存库，当时位于巴黎周围几个大型天然的山洞里，这些山洞都是由法国的蘑菇种植商们长期经营开拓的。其中有个山洞位于瓦兹河流域的圣·吕德斯朗，据德方估计可存飞弹两千个，并曾供应敌方在六月间发射全部飞弹的百分之七十。七月初，这个山洞已被轰炸机司令部用一些最重型的炸弹炸穿顶层，而大部分摧毁了。另外一处，估计可存飞弹一千个，被美军轰炸机炸得粉碎。我们知道，在这个山洞里，至少有三百个飞弹被无可挽救地埋掉了。伦敦因而
41 免于遭到所有这些飞弹的祸害，而德国人却不得不改用他们以前鉴定为不合用的一种炸弹。

我方轰炸机取得这些成就并不是没有损失的。在我们所有的军队中，他们是首先从事对付飞弹的力量。他们对德国境内的各研究中心和工厂，以及法国境内的飞弹发射场和供应库，进行了轰炸。到这场战役终了时，近两千名英国和盟军轰炸机的飞行人员在保卫伦敦中牺牲了。

* * *

在大不列颠防空总部里，人们曾多方考虑到战斗机和高射炮所负担的任务。我们的部署似乎已经十分切合实际：战斗机飞到海上，并飞临肯特郡和苏塞克斯郡大部分地区的上空巡逻，飞弹在这些地方是分散的；而高射炮则集中在更接近伦敦的地带，飞弹到了这里，在逼近目标时，就结成了比较密集的一片。这样的部署似乎使各种防卫方法都得到了发挥作用的最好机会，所以，在战役开头几个星期内，的确和以前其他所有战役一样，是不出所料的，战斗机比高射炮取得的成就更大。可是，到了七月的第二个星期，派尔将军和几位有见识的专家得出了这样一个结论：如果把各个高射炮台移至海岸方面去，高射炮就能发挥好得多的作用，而不会过分损害战斗机的成就。高射炮的射击指挥雷达就会有更广的瞄测范围，并且在使用此刻正由美国源源运到的、装有近发引信的那些炮弹时，也会更为安全一些。[3]由于存在着敌方无线电干扰的危险，我们对海岸的高射炮能否使用雷达一向没有把握。然而，我方的情报是如此得力，轰炸又是如此准确，所

以，到了进攻发起日那天，就把德方所有的无线电干扰站都摧毁得失去作用了。可是，要把这个规模巨大的高射炮组织，从北当兹整个迁走，重新部署到海岸上，而且明知这种做法可能会把战斗机的成就搞糟，则需要审慎定夺，这毕竟是一个极其严重的决定。

7月17日，力主作这项变更的邓肯·桑兹向战时内阁报告称：

> 根据过去数星期所得出的结果，我们已对抵抗飞弹的防御计 42
> 划重新检查过了。经验证明：在原来的计划下，战斗机和高射炮不时地相互干扰，而且，被摧毁的飞弹中，很大的一部分是不必要地被击落到陆地上的。因此，现经决定，将我方防御分四个不同的地带，重新部署如下：
>
> （一）海上战斗机地带：
>
> 战斗机应在短程无线电控制下，于离岸不少于一万码的距离处作战。
>
> （二）沿海岸高射炮地带：
>
> 分配用于防御飞弹的高射炮，应全部调拨到自比契角至圣·玛格丽特湾、宽度为五千码的一个狭长地带内。这些高射炮朝海面发炮以不出一万码为限。
>
> （三）内陆战斗机地带：
>
> 在沿海岸高射炮地带和气球阻塞网之间的内陆地带是第二战斗机地带。飞机在该地带内应根据无线电发出连续不断的情况分析的指挥而行动。在高射炮地带内，高射炮弹的爆破对驾驶员观测正在飞近的飞弹所采取的飞行路线应大有帮助。入夜，驾驶员们在整个内陆战斗机地带的上空还可获得探照灯的格外帮助。
>
> （四）气球地带：
>
> 气球阻塞网的界限，将无重大变更。
>
> 在沿岸各新地点重新部署高射炮的工作，上周末已执行完毕，而这项新的防御计划则在今晨六时付诸实施。

新的部署是一项规模巨大的工作，以极堪赞扬的速度付诸实施。当时，要把近四百门重型大炮和六百门双筒自动高射炮移至新地点，重新架设。敷设的电话线长达三千英里。迁移的人数有两万三千人，防空司令部所有的车辆在一星期中共行驶了二百七十五万英里。在四天内就完成了这一迁移到海岸的工作。

整个行动是由空军中将希尔和派尔将军在取得邓肯·桑兹同意的情况下，主动作出决定并负责执行的。经过重新部署之后，头几天，我方联合防卫部队摧毁的飞弹，数量较以前大为减少，这主要是由于
43 战斗机在行动上受了新的限制，因而颇感掣肘。但是，没过多久，这一退步现象就不存在了。高射炮不久也有把握了，成效迅速提高。有了我们在六个月前就已向美国要求支援的一切新式雷达和预测设备，尤其是那种新式的近发引信，高射炮手们所取得的成绩，出乎我们的意料之外。到了八月底，漏网进入伦敦的飞弹不超过总数的七分之一。打破纪录的“猎获”出现在 8 月 28 日，那天一共有九十四个飞弹飞近我方海岸，可是，除了四个以外，全部被我方摧毁了。其中，气球截获的有两个，战斗机截获的有二十三个，高射炮击中的多达六十五个。V_1 型飞弹已经被我方控制住了。

德国人从海峡对岸敏锐注视着我方高射炮射击，他们被我们炮队的成就弄得完全手足无措。在 9 月的第一周内，当他们的发射场被从诺曼底乘胜迅速向安特卫普挺进的英、加军队所摧毁的时候，他们依然解答不了这其中的奥妙。这些军队的成就，把伦敦及其保卫部队从以前三个月所处的紧张状态中，解脱出来，所以，在 9 月 6 日，内政大臣兼国内安全大臣赫伯特·莫里森先生已能宣布：“伦敦之役已获胜了。”德军在此之后，虽仍不时使用由飞机发射的飞弹，以及由荷兰境内发射的少数远程飞弹，对我方进行骚扰，但自从那时起，其威胁程度已是无足轻重了。对伦敦发射的飞弹总计约八千个，其中窜过防卫线的有两千四百个左右。我国市民死伤总数为：死亡六千一百八十四人，

重伤一万七千九百八十一人。这些数字并不能说明全面的情况。许多人虽受创伤，却未住医院进行治疗，因此，他们的伤亡也就没有加以登记。

我方情报部门发挥了重大的作用。这种武器的大小和性能，以及敌方准备袭击的规模，都非常及时地被我方获悉了。这就使我方战斗机得以随时作好准备。敌方发射场和储存飞弹的山洞被发现，使我方的轰炸机能推迟敌方的攻击，并减轻其猛烈的程度。我方运用了一切搜集情报的方法，又以卓越的技巧将它们凑集起来。为我们提供情报的人们，有许多是在有致命危险的情况下工作的，还有一些人究竟姓甚名谁，是我们永远不得而知的，对所有这些人，我谨致以敬意！ 44

但是，单靠得力的情报是无效的。战斗机、轰炸机、高射炮、气球、科学家、民间防空组织，以及所有能为这一切作后盾的种种组织，都各自对全局发挥了充分的作用。这项伟大而又互相协调配合的防御工作，由于我方军队在法国境内的胜利，而臻于无懈可击之境。

*　　*　　*

第二种威胁又相逼而来了。那就是：在十二个月以前，我们就已极为关注的远程火箭，又称 V_2 武器。不过德国人要把这项武器做到完善，却遭遇困难，而那时，飞弹却领先制造成功了。然而，几乎就在飞弹开始向我方袭击的同时，出现了火箭即将开展袭击的迹象。火箭及其所载弹头的重量成为争议纷纭的题目。某些早期的、但是颇为可疑的情报提示说：弹头重量为五至十吨。在我们的专家中，有些人根据其他理由，认为这样的重量是合理可信的，于是就相信了这些情报。另外一些专家则以为火箭可能有八十吨重，载有十吨重的弹头。彻韦尔勋爵，现已充分证明他在 1943 年 6 月间对飞弹的意见是正确的，[5] 他甚至在情报部门还未就火箭作任何提示之前，就很怀疑究竟这一武器有无实际运用的一天，当然，更不要说一个八十吨重的庞然大物了。

在这两个趋于极端的意见之间，有几个情报暗示，火箭重量要远比八十吨为轻，但是，尽管存在着长期的争论，我们仍然十分焦虑。

我们获悉敌方在佩内明德的工作还在持续进行中，而且，来自大陆方面的稀稀落落的报告，又使我方不得不重新顾虑到这种袭击的规模及其急迫性。7 月 18 日，琼斯博士通知石弓委员会称：敌方可能已备就一千支火箭。7 月 24 日，桑兹向内阁报告说：“虽然我方迄今尚未获得从德国向西发射火箭的可靠消息，但如仅凭这一反面证据，而认为敌方不会很快使用火箭，那是不明智的。”第二天，三军参谋长委员会在给我的一份备忘录中，写道：“空军参谋部同意这种说法，参谋长
45 委员会认为应即请战时内阁注意及此。”7 月 27 日，内阁就这一情况作了讨论，并考虑了赫伯特·莫里森先生的提议。那个提议牵涉到从伦敦撤出约一百万人的问题。

我国所掌握的有关火箭的大小、功能和特性等情况，还有疏漏之处，所以，就千方百计把它们加以充实。从多方面搜集的片断证据，经我国情报部门汇集后，送交石弓委员会。根据这些情报，得出的结论是：火箭重量计十二吨，携有一吨重的弹头。它的分量之轻说明了那许多曾经使我们感到迷惑不解的问题，例如，认为它没有缜密精致的发射装置。等到皇家航空研究所有机会检查了一枚真正的火箭残骸时，这些估计就得到了证实。这支火箭落入我方手中，是 6 月 13 日敌方在佩内明德作试验时，出了一个值得庆幸和珍贵的差错。以下是根据一个战俘的供词所得到的说明：德国人用滑翔炸弹袭击我方航运，已经有一段时期了。这类炸弹是在飞机上发射，而以无线电导引目标。当时敌方又决定试一试，是否也可以用同一方法来导引一枚火箭的去向。他们找到了一位专家操纵员，把他安置在一个有利的地点，去观察导弹体从发射开始的一切情况。佩内明德从事试验工作的人员虽然善于观察火箭的上升，却没有料到这位滑翔炸弹专家会对这个场面感到惊慌失措。他可真是着了慌，竟然把他自己在这程序中所负的责任都忘了。在惊惧之下，他把操纵杆向左推得太远，并且就此按住不动。因

而，火箭就很顺从地一个劲儿朝左转去，等到这位操纵员心神安定了下来，火箭已经越出控制射程之外，朝着瑞典方面飞去。它就在该国境内坠落下来了。不久，我国得悉此事，经过一番交涉之后，其残骸即被送至法恩巴勒，由我国专家把已被打碎的碎片，分门别类地拣了出来，取得了可观的成绩。

在 8 月底之前，我们就确悉要来的是一些什么东西。这可凭以下两表来说明，这两个表对 8 月 26 日科学情报部门所作的报告记载的数字，和战后在德国的记录中所发现的数字作了比较。

	1944年8月26日 英国的估计	德国的数字
总 重 量	11.5～14吨 也可能是12～13吨	12.65吨
弹头重量即炸药份量	1吨	1吨 （有的为0.97吨）
射 程	200～210英里	207英里

库存总数及每月产量

	1944年8月26日 英国的估计	德国的数字
库存总数	可能为2,000枚	1,800枚
每月生产量	约500枚	1944年5月时为300枚，自1944年9月至1945年3月，平均每月为618枚

46

火箭是给人印象深刻的一项技术上的成就。它的推力是由酒精和液态氧在喷射器内燃烧而发出的，每分钟内可消耗酒精几达四吨，液态氧约五吨。把这些燃料按所需程度压入喷射器内，要有一具近一千匹马力的特制泵。而泵本身则是凭一具利用过氧化氢所推动的涡轮机来运转的。火箭的控制，是通过回旋器，或者通过喷射口后面的大型石墨瞄准板上的无线电信号来调整排气的方向，从而起到导航的作用。

它先直线上升约六英里，然后，自动控制器把它掉转角度，在四十五度的斜度内，用逐渐增加的速度使之向上飞升。当速度加快至足以达到所需的射程时，进一步的控制是将注入喷射器内的燃料截断，于是弹体即循一高度抛物线向前飞进，可达到的高度约五十英里，而在距离发射地点约二百英里之处落下。其最高速度为每小时约四千英里，所以，整个飞程所需时间是不会超过三四分钟的。

* * *

在 8 月底时，我方军队似乎可能把距离伦敦二百英里的火箭射程以内各地区的敌军全部击退，但敌方却设法守住了伐耳赫伦和海牙两地。9 月 8 日，即在主要的 V_1 轰炸停止以后，经过一星期，德方向伦敦发射了第一批的两支火箭。[6] 第一支 V_2 于晚间六时四十三分
47 落在契济克；另一支则在十六秒钟以后落在埃平。在我方军队解放海牙（大部分火箭都是在此发射的）之前的七个月中，敌方向英国发射的火箭约一千三百支[7]，其中有许多未达到目标，但有五百支击中了伦敦。V_2 武器在英国造成的死伤，计死亡两千七百二十四人，重伤六千四百七十六人。平均而言，一支火箭所造成的伤亡情况，约一倍于一枚飞弹。飞弹与火箭的弹头尽管大小不相上下，但飞弹发动机的尖锐啸声，却预先促使人们掩蔽起来，而火箭的来临却是毫无声息的。

我方曾经试过许多反措施，而且还在作更多的探索和研究。一年多以前，对佩内明德进行的空袭，在减轻这种威胁上，比用任何其他办法更为有效。不然的话，V_2 武器袭击的开始，至少会和 V_1 武器的开始袭击同样早，而且可能会从一个比较短的距离内发射出来，因此，在 6 月份内，其准确性也就可能比在 9 月间及其以后的时期内更高。美国空军在 7、8 两月内，继续轰炸佩内明德，并与轰炸机司令部联合攻击了制造火箭组成部件的一些工厂。我们感谢我方军队在德军准备就绪发射之前，就已经把火箭逐回到它的射程极限的地点。我方战斗

机和战术轰炸机持续不断地骚扰海牙附近的敌方发射场。我方还准备好，如果德方使用无线电控制火箭的话，我们就对他们的无线电控制加以干扰，并且甚至考虑到，在火箭降落时，设法用炮火进行空中截击，使之爆炸。

我们的努力，使得敌人对伦敦和大陆的袭击总数不超出每月四五百支的火箭，而不是他们原定的九百支。因此，尽管在火箭一旦发射之后，我们无力进行抵抗，但是，我们却推迟了，并且大大减轻了敌方袭击的猛势。敌方每月有二百支左右的火箭，是以伦敦为目标的，其余大部分袭击安特卫普，还有少数则以大陆上其他地方为目标。敌方在 11 月 8 日以前，始终未提起他们这种新式的火箭，我也觉得在 11 月 10 日之前，没有作任何公开声明的必要。在 11 月 10 日，我已能向下院保证说：这种袭击的规模和效果直到目前为止并不严重。在战争的其余几个月中，这句话幸而是一直与事实相符的。 48

尽管火箭是技术上的一项重大成就，施佩尔，那位具有卓越才干的德国军火部长，却为他们费了这么大的力量去制造它而表示遗憾。他说：每生产一支火箭所需的时间，可制造比火箭更有用得多的战斗机六七架，而一支火箭的成本要抵到二十枚飞弹。这项战后的资料证实了彻韦尔勋爵事前常表示的见解。

幸亏德国人在火箭上，而不是在轰炸机上花了这么多力气。我们的“蚊式”飞机每架成本虽不见得比火箭昂贵，可是，在使用年限中，在距离目标一英里以内，每架却平均可以投掷炸弹一百二十五吨，而一支火箭投掷的炸弹只有一吨，其平均误差又达十五英里之巨。

*　*　*

希特勒还曾希望拥有另一种“V”型武器。这就是原来准备埋设于加来海峡省米莫耶克村附近的一项多管远射程大炮的装置。它有五十个滑膛炮管，每个炮管长约四百英尺，准备发射的炮弹，其直径约为六英寸，炮弹的稳定不是靠陀螺，而是靠一支像飞镖那样的尾翼来保持的。炮身上每隔一点距离就有一个侧射管，里面装着炸药，随着炮弹运行逐渐加速而依次点燃。设计者的打算是：炮弹从炮管射出的时候，它至少具有每秒钟五千英尺的速度，他们还希望利用这许多的炮管，而每隔几分钟就向伦敦发射炮弹一枚。然而，这次希特勒的希望完全落了空：试射的炮弹全部都在飞行中来了个“倒栽葱”，所以，这种炮弹的射程和准确性都是很差的。1944 年 5 月 4 日，一百名科学家、技术人员和管理火箭的军官在柏林集会，作出了一项不愉快的结论，认为必须把这项失败告知元首。我方直到后来方才得悉此事，并且作为一种预防措施，我方的轰炸机曾一再对米莫耶克的混凝土结构，进行猛袭狂炸，而敌方的五千名工人则一再进行抢修。

* * *

当我写下希特勒对英国发动的“报复”战役的经过时，我们不应忘记，比利时境内各已解放的城市，因德方试图用同样报复性的武
49 器袭击而遭受了同样的灾难。当然，我们不容敌人肆无忌惮地狂轰滥炸。我方对敌人的生产中心和其他目标所施的轰炸，使他们攻击比利时的规模就像攻击我们的规模一样可喜地缩小了，但是，要把有精密控制设备的战斗机和大炮防御工事，在新近收复的地区内重新部署，并非容易。根据德方的记录，迄战事结束时为止，以安特卫普为目标，曾经发射了八千六百九十六个飞弹和一千六百一十支火箭。总计有五千九百六十支落在市中心方圆八英里以内的地区，两种武器共炸死比利时市民三千四百七十人和盟军六百八十二人。另有三千一百四十一枚飞弹是以列日为目标，一百五十一枚火箭则是向布鲁塞尔发射的。比利时人民以与我们同样的精神，顶住了这种毫无人性的轰炸。

*　*　*

德军的“V”型武器虽终未见成功，但我方对这些新方法的潜力却不能无动于衷。邓肯·桑兹在向内阁所作的报告中，强调说明了导弹在未来战争中所可能具有的决定性的重要作用，并且指出了以大量资源专供发展这项武器的必要性。下列摘录是具有特殊意义的：

> 这种远程的、无线电控制的、喷气推进的射弹的出现，在军事作战行动上开辟了广大的、新的可能性。在未来的岁月中，远程火箭炮所具有的优越性，将与海军或空军的威力所具有的优越性同等重要。我们应该保持一批高级的科学和工程人员，连同广泛的研究设备，作为我们和平时期军事组织的一个永久性的部分。

我们已开始设计我们自己的导弹，到战争终了时，我们已经为达到这一目的而成立了一个永久性的机构。

*　*　*

这就是希特勒多少个月以来，顽固地寄予厚望的新式武器，以及这些武器为英国当局凭其先见之明、各军兵种的技术，以及人民坚忍不拔的精神予以挫败的故事经过；英国人民在这次战争中，再度用自己的行动，给“大伦敦”增添上一层更大的自豪感。

注释：

[1] 照飞弹密集程度的次序而言，即照每一百英里内落下炸弹枚数而言，次序就不同了：第一是伦敦市区，依次排下来是彭季、伯蒙齐、德特福、格林威治、坎伯韦尔、刘易斯欣、斯特普尼、波普勒、兰布思、巴特西、米切姆和旺兹沃思。

[2] 见《战胜意大利》第十三章。

[3] 这种炮弹的设计，是要在射近目标时开始爆炸，在陆地上使用是有危险性的。因为，如果炮弹错过目标过远，那么，就会等到落到了地面上之后才爆炸。

[4] 从法国境内发射场向伦敦发射的飞弹，据准确的德方数字为八千五百六十四个，其中一千零六个在发射之后不久即坠毁。

[5] 见第五卷第206、212—213页。

[6] 在战争中，敌方第一枚远程火箭的顺利发射，比这一次还早十小时，是向巴黎发射的，但结果证明其后果并不重要。

[7] 德国记录表明，在一千三百五十九次的发射袭击中，向伦敦发射成功的，有一千一百九十支火箭。

第四章　法国南部的进攻？ 50

德黑兰会议关于战略上的决议——在法国南部登陆的计划——攻取罗马的延迟——马歇尔将军到英国和地中海的访问——“霸王”作战行动需要在法国南部或西部有更多的港口——6 月 23 日史末资将军发来的一份电报——英国和美国参谋长们两相对立的看法——和罗斯福总统的通信——威尔逊将军受命攻击法国里维埃拉——我的在大西洋海岸登陆的计划——8 月 7 日访问艾森豪威尔和在朴次茅斯的一次会议——罗斯福先生表示反对意见的一封电报

在 1944 年的欧洲战役中，解放诺曼底是最主要的一件事，但也只是对纳粹德国的几次集中打击之一而已。俄国人正在东面涌入波兰和巴尔干国家，同时，在南面，意大利境内，亚历山大的部队正向波河进逼中。对我方在地中海方面的下一个行动，现在得作出一些决定了。为了这些问题，我们同美国朋友之间在最高战略问题上，发生了第一次重大的分歧，应当说这是一件憾事。

1943 年 11 间，在德黑兰会议上进行的冗长讨论中，对在欧洲方面最后胜利的规划，已拟定了一个要点。我们的种种计划仍然受当时这些决定的支配，所以，追述一下这些决定，也是应该的。首先，我们已经答应了执行“霸王”作战行动计划。这是一个压倒一切的任务，而且这就是我们首要的责任所在，这一点是谁也不会有异议的。

但是，在地中海方面，我们还拥有一些强有力的部队，所以，他们
51 该怎么办？这一问题犹未解决。我们决心要他们去攻取罗马，该地附近的一些飞机场是轰炸德国南部所必需的。一旦完成了这一任务，我们还计划沿这个半岛北进，远达比萨－里米尼一线，在那里可以把尽可能多的敌师牵制在意大利北部。然而，事情不是那么简单。当时大家还同意了第三个作战行动，那就是，在法国南部作两栖登陆，而就是在这一项计划上，将要引起一番争论。这个计划原意是想以之作为对敌方的一次佯攻或威胁行动，借以把德军拖住在里维埃拉，从而拦阻他们去参加诺曼底的战役；但是，在开罗会议上，美方坚持主张用十个师进行真正的攻击，而在德黑兰会议时，斯大林支持了他们。尽管我打算采用其他方法来利用意大利境内的成就，可是，我接受了这项变更，主要是想避免对缅甸方面作不相宜的变动。这项行动计划的代号叫“铁砧”。

有一件事是明显的：除非时机恰当，我们在法国南部登陆是没有用的。单是有突袭的威胁存在，就足以把德国军队牵制在这一带地区；真正地攻入这一地带，可能引起敌方加强驻军的力量；然而，一旦我们在诺曼底交战，“铁砧”的价值就会大为减低，因为希特勒不见得会为了固守普罗旺斯，而把军队从北方主要的战场调开。如果我们真的要攻入里维埃拉的话，我们就必须在诺曼底登陆的同时，或在刚要登陆之前进行，而这就是我们在德黑兰制订计划时的打算。

“铁砧”要起作用，还受到第二个条件的制约。这项作战行动——就是说，全面进攻，而不是一项牵制或威胁行动——所需要的许多兵力势必从我方在意大利境内的军队中抽调过去，但是，这些军队必得先完成夺取罗马和各个飞机场的艰巨而重大的任务。在这项任务完成之前，从亚历山大部队中腾出或抽调兵力，是不大可能的。在“铁砧”作战行动开始前，必须先攻下罗马。

一切都是以攻占罗马为转移的。如果我们能够迅速地夺取罗马，对各方面都有好处，那时，就可从意大利战线把部队调出来，而“铁砧”

行动也就可以及时发动，不然的话，单是牵制性的登陆行动也就足够了。如果我们真的登陆，而时间是在“霸王”作战行动开始之后，那么，我们的队伍势必经过长途跋涉，否则，就不能和艾森豪威尔的军队会师，可是，到了那时，海滩的战役可能成为过去了，这些队伍的支援就会太迟了。实际发生的情况正是如此。而在 1944 年年初，这的确就已经像是可能发生的了。

在德黑兰会议上，我们曾经充满信心，指望在初春到达罗马，但是，52
这已经证明是不可能的。我方为了加速夺取罗马而对安齐奥的重要袭击，把德军八个或十个师诱出了那个关系重大的战场，也就是说，其数字比靠“铁砧”作战行动所能指望诱引到里维埃拉的为多。这样实际上由于达到了“铁砧”作战计划的目的，也就替代了“铁砧”计划。尽管如此，里维埃拉计划还是照样进行，好像没有发生什么情况一样。

除了“铁砧”悬搁着，前途有些捉摸不定以外，我们在意大利境内最精锐的几个陆军师中，有一部分正确地被调遣去担任“霸王”计划中的主要作战任务，于 1943 年年底前启航前往英国。亚历山大的实力因而被削弱了，而凯塞林的力量则有所加强。德方曾派遣援军到意大利，闪开我方对安齐奥的突袭，并且直到进攻发起日刚要开始之前，始终阻住我们进入罗马。激烈的战斗当然使敌方投入了本来有可能要用到法国方面去的重要后备力量，这对“霸王”作战行动在其早期的紧要阶段的确也给予了帮助，但是，我方在地中海的进展则被严重地打乱了。登陆艇问题是另一个障碍。它们之中有许多已被调供“霸王”之用。在将这些登陆艇调回之前，“铁砧”计划无法上马，而这又要视诺曼底的局势为依归。这些事实早已预料到了，而且地中海方面最高司令官梅特兰·威尔逊将军早在 3 月 21 日就已报告称：“铁砧”计划在 7 月底以前是不可能开始的。后来，他估计这一作战行动的日期为 8 月中旬，同时还宣称：帮助“霸王”的上策是放弃对里维埃拉的任何攻击，而将力量集中到意大利方面去。

到了 6 月 4 日，罗马攻下来时，这个问题就得重新予以检查。我方应当继续按照“铁砧”计划进行呢？还是另外制订一个新的计划？

艾森豪威尔将军自然想要利用一切可能利用的手段，以加强他在欧洲西北部的攻击力量。意大利北部的一些战略上的可能性，并未引起他的注意，但是他却同意尽快遣回那些登陆艇，假使这会导致迅速地实现“铁砧”计划的话。美国参谋长联席会议是跟艾森豪威尔的意见一致的，硬邦邦地坚持着在有决定性的地点，集中最大数量的军队，而在他们的眼光中，有决定性的地点指的只是欧洲西北部。他们得到了美国总统的支持，而后者则注意到几个月前和斯大林在德黑兰达成的协议，然而，一切却都因在意大利境内的进展滞延而变更了。

* * *

进攻发起日之后不久，马歇尔将军抵达英国。他对另外一个问题表示关切。当时在美国正聚集着大批的部队，应该尽快地让他们投入
53 战斗。他们可以直接搭船驶往法国，或经由联合王国转往法国；于是作了一些安排。可是，原来约定要输送进来的人数有如此之多，以致马歇尔怀疑我们的港口是否够用。在这个期间，我方在海峡的法国沿岸所掌握的港口为数无几。艾森豪威尔虽然打算攻取布雷斯特，而如果情况顺利的话，比斯开湾内其他登陆地点也还可能落入我方手中，但是，我方并无把握是否能攻占这些地方，更不用说有充分时间去清除它们了。然而，“霸王”作战行动能否成功在于充分而迅速地集结兵力。马歇尔所建议的解决办法，是在法国西部或南部攻占几处全新的基地，并且最好是在法国的西部，因为从美国到达那里较为迅速。

这一切我完全体会得到，而且曾经一度考虑从北非方面去袭击比斯开海岸，纵使这不是在 7 月底或 8 月初之前能够做到的。但是，我却同样地焦虑不要把亚历山大在意大利境内的胜利搞毁了。我认为。可供选择的途径，还是仍然敞开，我们应当作好一切准备，朝着那认为是最适宜的方向进行。

6月14日，联合参谋长委员会决定了准备在地中海进行两栖作战行动，它可能在法国南部，或在比斯开湾内进行攻击，也可能在亚得里亚海的顶端进攻。对这一行动的目的地此时暂不作出决定。三天之后，马歇尔将军访问了地中海，和几位司令官进行了会谈。威尔逊将军当时初次听到“霸王”计划需要更多的港口时，被深深地打动了，但是，却不曾改变他反对“铁砧”计划的看法，而且在6月19日，告诉联合参谋长委员会说他仍然认为他对共同目标所能作出的最大贡献，是尽其全力向波河流域进逼。此后，借助于对亚得里亚海顶端的伊斯的利亚半岛（这个半岛为的里雅斯特掌控并由此往南伸延）所进行的两栖作战行动，大有希望通过卢布尔雅那山峡，向前推进到奥地利和匈牙利境内，从而由另一方向去攻击德国的腹地。亚历山大对此表示同意。

当时，史末资在意大利，发了一份电报给我。

史末资元帅致首相　　1944年6月23日　54

我已和威尔逊及亚历山大商议过关于将来使用后者所属部队的问题，谨将结果摘要奉陈。他们两人对有关目前“铁砧”计划的任何建议都不赞成，因为其结果是否能直接帮助艾森豪威尔，至少是值得怀疑的，而且，无论如何，会引起时间上的严重损失。对我们来说，时间却是非常重要的。亚历山大已取得的成就，以及当前他的部队士气的旺盛，都有力地说明，把他的部队拆散和干扰他们乘胜前进，都是不相宜的。艾森豪威尔有其不久即将开到的增援部队，应当不仅能够坚守住他自己的阵地，并把他的右翼伸展到卢瓦尔河，而且还可东趋巴黎或越过巴黎前进。关于延展他的左翼一事，乃是参谋们所应加以考虑并作出报告的问题，但这不应耽误有关目前既极为紧迫而又严重的调拨问题的决定。

至于亚历山大所拟向前推进的计划，他和威尔逊一致认为，他的部队突破到波河，嗣后再移师东进，向伊斯的利亚、卢布尔雅那等方面急进，直趋奥地利是不会有什么困难的。亚历山大赞

> 成由海陆两路双管齐下，而威尔逊则主张由海路进攻，并且认为有三个海运师，再加上一两个空运师就足够了，而到9月初的时候，就有可能攻占的里雅斯特。随后，再重新东进，逐渐获得大批游击队的支援，也许有可能迫使敌人撤出巴尔干各国。我们同俄国人合作，朝奥地利和德国前进，对敌方所构成的威胁，其严重程度当不亚于艾森豪威尔从西面前进对敌方所加的威胁，而在三面夹攻之下，极有可能使敌人早日崩溃。
>
> 亚历山大刚刚同他的司令官们举行了一次会议，现正将他的意见另行报告帝国总参谋长。我要补充的就是：像威尔逊和亚历山大那样有才干、又富有经验的两位将领，所提出的经过深思熟虑的意见，我是极其重视的，联合参谋长委员会不应把它轻轻搁在一旁；无论如何，它在考虑计划时，不应把这两位将领都坚持的代替性建议排斥在外。他们两人都根据许多理由，使我注意到，迫切需要在下周末以前作出决定，如果可能的话。

* * *

6月23日，艾森豪威尔将军建议联合参谋长委员会集中我方的兵力，直接支援在法国北部的决定性的战役。他承认，经过卢布尔雅那山峡向前推进，可能牵制住德国军队，但不会把他们任何几个师的兵力诱离法国。至于对比斯开湾的突袭一节，他也认为波尔多比马赛离美国近一些，但是坚持可以利用已经在地中海地区内的兵力，更快地
55 攻下马赛，从而为向北参加攻取鲁尔的战役提供一条直接的路线。因此，他极力主张“铁砧”付诸执行，当然，以牺牲我们在意大利境内的军队为代价，因为“在我看来，英国和美国的资源力量不容许我们在欧洲战争中维持两个主要的战场，而每一战场又各有其决定性的使命”。

我们大家都一致同意“霸王”行动占有优先地位，问题是：在第二个战区意大利的军队如何才能最有效地前来支援以击溃德国。美国

参谋长联席会议极力支持艾森豪威尔的意见。他们责难了他们所称之的“把地中海的力量用来在意大利北部和巴尔干半岛进行大规模作战的一切承诺”。我们参谋长委员会则持与此对立的意见。6 月 26 日，他们宣称：在地中海的盟军可采取摧毁与他们对抗的德国军队，来最有效地协助“霸王”作战行动。为了在 8 月 15 日发动“铁砧”起见，就得立刻开始从意大利前线撤调军队，而且他们宁可由海路把军队直接输送到艾森豪威尔那边去，而不在里维埃拉登陆。他们很有先见之明地说：“我们认为，如果发动‘铁砧’作战行动达到可能获得成功的规模的话，就得把亚历山大将军剩余的兵力抽调得残缺不全，以后的任何活动只能局限于十分无足轻重的程度。”

他们坚决主张，亚历山大应在意大利展开攻势，以便与抗拒他们的全部德军交战，并予以摧毁；而威尔逊将军则应尽一切可能在法国南部加强进攻威胁[1]的声势，并应准备给艾森豪威尔派送一个或更多的美国师，和他所能接纳而又为我们船运能力所能容许的全部的法国师。

这种针锋相对的意见冲突，双方都是出于诚意，而且进行了热烈的辩论。即使可能解决的话，也只能由总统和我两人来解决了，因此，电报往返就开始了。[2]

6 月 28 日，我说道：“我们双方参谋长们之间的僵局提出一些最严重的问题。我们首先的愿望是以最迅速而又最有效的方式支援艾森豪威尔将军，然而，我们并不认为，这样做就必须把我们在地中海方面 56
所有的大事全部搞垮，因此，我们感到难以理解的是，为什么非要我们这样做不可……我极诚恳地请求你亲自对这件事详加审查……请你记住，关于伊斯的利亚问题，你在德黑兰时是如何对我讲的，以及我是如何把它提到正式会议上去的。这已经十分深刻地印入我的脑海，尽管它绝不是我们所必须作出决定的一个迫切的问题。”

后来，我向罗斯福先生归纳了我的结论如下：

> (1) 让我们直接地给“霸王”以增援，从西面作最大限度的登陆。
>
> (2) 其次让我们充分利用地中海方面各司令官所遇到的大好机会，而我方在这一阶段仅略作牵制攻击和威胁行动，把敌人拖在利翁湾附近。
>
> (3) 让我们把所有登陆艇留给艾森豪威尔将军，他要使用多久就使用多久，俾扩大其登陆能力。
>
> (4) 让我们查明，在“霸王”作战地区内的港口吐纳量是否提高到了最大的限度。
>
> (5) 让我们作出决定，不要为了一个大战役而搞毁了另一个大战役。两个战役都是可以得胜的。

总统立时作复，不以为然。他坚决要把他所谓德黑兰的“伟大战略”付诸执行，也即把“霸王”作战计划彻底完成，“在意大利境内乘胜前进，并及早向法国南部进攻。”政治目的可能是重要的，但是，为了达到这项政治目的所采取的军事行动，必须服从于在欧洲打击德国的心脏地带的一场战役。斯大林本人曾赞成“铁砧”，并将地中海地区内其他一切作战行动列入次要一类之内，所以罗斯福先生说，他非先同斯大林协商一下不可，不能放弃这一计划。总统又说：

> 我的兴趣和希望集中于把艾森豪威尔面前的德国人击败，并长驱直入德国，*而不在于把我们的行动仅限于在意大利境内发动一次大战役*。[3] 我相信，在把“铁砧”所需要的兵力撤出之后，我们在意大利还会有充分的力量在比萨－里米尼线以北追击凯塞林，对他的军队保持沉重的压力，至少达到为了牵制他目前的力量所需的限度。我想敌方不会像威尔逊将军所估计的那样，为了
> 57 把我们拒于意大利北部之外，而另外付出十个师的代价。
>
> 我们能够——而且威尔逊证实了这一点——为协助“铁砧”

计划而立即从意大利抽出五个师（三个美国师和两个法国师）。所余二十一个师，加上为数甚多的独立旅，肯定可以为亚历山大提供足够的地面优势……

罗斯福先生并称：在比斯开湾内登陆，会造成船运力量的浪费。如果艾森豪威尔需要更多的军队，他们都在美国枕戈待命，只要他提出要求就行了但是，总统所反对的是袭击伊斯的利亚半岛，和经过卢布尔雅那山峡进击维也纳。这既显出美国军事计划的刻板性，也说明他自己对他所谓“在巴尔干各国”的战役抱有怀疑。他说，亚历山大和史末资“由于若干自然而又很合乎人情的理由”，而有漠视两种至关重要的考虑的倾向。第一，这项作战行动妨害了那“伟大的战略”。第二，它要花很长的时间，而且我们也许调拨不出六师以上的军队。他写道：“我不能同意使用美国军队去进攻伊斯的利亚并攻入巴尔干各国，我想法国人也不会同意把法国军队作这种用途……由于此间有一些纯粹政治上的理由，如果人们知道有相当大的兵力被转调到巴尔干方面去的话，‘霸王’作战行动中如果有丝毫挫折，我也担当不起。”[4]

卷入这场讨论的人，没有一个曾经想把军队开进巴尔干各国去，但是，伊斯的利亚和的里雅斯特是战略和政治上的要地，这就可能引起深刻而广泛的反应，特别是在俄国人向前推进之后。这一节他是看得很清楚的。

总统曾建议过，我们应当把双方各自的主张向斯大林提出。我说，如果这项争执真的提到他那里去解决，我不知他将会有怎样的意见。根据军事上的理由，他可能对亚历山大的军队向东推进很感兴趣，这项推进即使不进入巴尔干各国，也会深刻地影响到那里的一切部队，而且，这一行动和斯大林对罗马尼亚，或他会同罗马尼亚对特兰西瓦尼亚所可能发动的任何进攻合在一起，就可能产生影响深远的后果。从长期的政治观点上看，他可能情愿让英国人和美国人在法国境内承担那即将来临的苦战的责任，而东欧、中欧和南欧就会自然而然地落

58 入他的掌握之中。可是，我却觉得，这事由我们俩自已内部来解决，更为妥善。假如我们能像我时常建议的那样当面会谈，我们肯定会达成愉快的协议。

7月2日，总统宣称，他和他的参谋长联席会议仍然确信“铁砧”计划应尽早开始，并且要求我们酌情指示威尔逊将军。他说，在德黑兰的时候，他仅仅打算一旦德军从多德卡尼斯和希腊开始总退却的话，在伊斯的利亚作一系列有力的突袭，但是，这种情况还未发生。

最后他说：“由于我们不应当把主要的力量分散到一个新的战场方面去的这个理由，我不得不同意我的参谋长们的意见。”

“我真正相信上帝会保佑我们，如他曾经在‘霸王’作战行动中，以及在意大利和北非曾经保佑我们一样。我总是记住我的初步几何知识——直线是两点间最短的距离。”

我暂时只好退让，并且就在同一天，指令威尔逊将军在8月15日攻击法国的南部。准备工作马上开始，然而，读者应当注意，这时“铁砧”已经改名为“龙骑兵”了。其所以改名，是要防备万一原来代号字的用意已被敌方获悉。

* * *

然而，到了8月初，诺曼底战场上却发生了显著的变化，一些重大的发展即将来临。4日那天，我又向总统重提把“龙骑兵”移调到西面去的问题。

首相致罗斯福总统　　　　1944年8月4日

1. 诺曼底和布列塔尼方面事态的进程，特别是美国军队辉煌的作战行动，显出良好的前景，整个布列塔尼半岛在适当时间内，就将落入我方手中。我请求你考虑，是否可能把“龙骑兵”转向主要而又关系重大的战区去。在那边，它在我们现在所从事的这场伟大的、胜利的战役中，就能立刻就近发挥作用。

2．我不能贸然说，一切细节都已详细拟订好了，但是此间都认为，这些细节全可解决。我们可以不必在敌方设有强固的防御工事地段强行登陆，而可以轻而易举地从圣纳泽尔朝西北沿布列 59
塔尼半岛的某些地点，与欢迎我们的美军会师。我觉得，我们完全可以利用海、空力量异常的灵活性，随着变化中的局面而行动。划给“龙骑兵”使用的十个师，连同他们的登陆艇，可能迅即到齐了。如果这事实现了，它对艾森豪威尔经由最短的路线，直接横穿过法国的胜利进军，会具有决定性的作用。

3．我极诚挚地要求你指示你的参谋长联席会议研究一下这项建议，我们这里的人们已经着手工作了。

我也希望霍普金斯能够对这事给予协助。

首相致哈里·霍普金斯先生　　1944年8月6日

1．就连辉煌的胜利和与日俱增的机会都无法使我们在战略上取得一致意见，说来使我痛心。美国陆军辉煌的作战行动，不仅已经切断布雷斯特半岛，而且，依我看来，已经使留在那边的零散德军士气大为低落。圣纳泽尔和南特（上次大战中，你们的主要登陆港口之一）随时都可能落入我方手中。基贝龙湾、洛里昂和布雷斯特不久也将为我方攻陷。我相信，在大西洋岸上瑟堡半岛以南的德军正处于虚弱、混乱的状态之中，而波尔多则可能轻而易举地、迅速地取得。有了这些大西洋上的港口，加上我方现有的若干港口，将为待机出发的美国大批部队的全部输入开辟了道路。此外，当圣纳泽尔一旦为盟军所占领（在目前的情况下，即指为美军所占有），现已为“龙骑兵”行动而装备就绪的十个师，立刻就能转入该地。这样，就可以迅速地为艾森豪威尔提供一个新的大港，同时，在向塞纳河进军中他的右翼又增添一支新军作战。

2．我重复说一下：无论是从美国，还是从英国方面调运军队，上面这一切都不在原来的运输计划范围内。现在舍此不图，而要勉强我们从海上对设防极其巩固的里维埃拉海岸给敌人以沉重的打击，并向西行军，夺取土伦和马赛这两个要塞，这样，就开辟了一个敌人力量在开头远较我方为强的新战区，而且，在那边，我们要逆着错综复杂的地势进军，到处是极难克服的岩石阵地、山头和溪谷。

3．甚至在取得土伦和马赛这两个要塞之后，我们还得先溯罗纳河流域而上，作一段漫长的进军，才能到达里昂。恐怕在登陆后九十天内，这些行动中没有一个会对艾森豪威尔的战役发生影响。[5]我们不在圣纳泽尔附近就地行动，却在距离主要战场五百英里之遥的地方开始行动。我们在布雷斯特半岛和瑟堡半岛的军
60 队，与正在向土伦和马赛方面采取军事行动中的军队之间，是不可能互相联系的。马赛攻取之后，从美国绕行的航程比横跨大西洋直接航驶的时间，约长十四天。

4．当然，我们无论如何是会获取胜利的，但是，这些都是无可动摇的事实。当“铁砧”计划在德黑兰被提出的时候，其原意是要在“霸王”进攻发起日的一星期前或一星期后，作为一项牵制性或遏制性的作战行动，以图把八个左右的德国师从主要战役中引诱开。着手进行进攻安齐奥行动的决定，以及在卡西诺的耽搁，使我们不得不继续推迟“铁砧”，到了后来改为“龙骑兵”之后，就同原来考虑的计划完全没有关系了。然而，坏事却变成了好事，在意大利境内一直被坚持下来的作战行动，把意大利北部和其他地方德军后备力量中，为数不下于十二个师诱引出来，而且大半都已被摧毁了。凯塞林的失败和罗马的攻陷，恰巧都发生在发动“霸王”作战行动的时刻，这一巧合远超过了“铁砧”计划所预料的一切，而且对不知内幕情况的那些人来说，它仿佛是一个伟大规划的样子。因此，我认为，“铁砧”计划原先所要达到的目的现

在已经达到了。

5．我们在正式反对无效，以及我们的意见被摒弃之后，为了听从美国参谋长联席会议的意见，曾尽人力所及，做了一切，包括提供行将加入作战的近乎半数的海军部队在内。如果确实无法挽救这个局面的话，那么，我唯有真诚祈祷美国的观点不会有错。但是，由于法国境内赢得了胜利，而且还似有可能获得更大的胜利，现在已经出现了一个完全新的局面。就是在这样的情况之下，根据英国参谋长委员会的建议，我认为这个问题应该重新讨论。现在还有三四天的时间，为了执行“龙骑兵”计划而把现已派定并且大半已登船待发的队伍送到圣纳泽尔去的决定，可以重新考虑。我承认，那些主张时间过迟不宜变更计划的说法，不无理由，但是，这个意见应当和在加强主要战役方面对我们似乎具有压倒一切的有利形势，二者之间加以权衡轻重，这样，才有可能在本年以内干掉希特勒。

6．我对马歇尔抱有崇高的敬仰，这是你所知的；如果你觉得可以过问这些事的话，那么，我会很高兴地请你向他说明我的见解，特别是后面这几段话，那些话就是我对他的答复，因为他可能责备我，说我在德黑兰支持“铁砧”，而后来却又表示反对这个计划。

7．请你一并告诉我，从美国的军事立场来看，我前一次的讲话是否令人满意，以及其中有哪些地方你认为我应该以不同的方式加以陈述。我是把我们双方军队之间保持良好的关系看得高于一切的。

顺致最亲切的敬意。

他的复电是远难引以为慰的。 61

哈里·霍普金斯先生致首相 1944年8月7日

来电奉悉。虽然总统对你就同一事件的来文还未作出答复，但我深信，他的答案将是否定的。我虽未见到有关后勤问题的分析报告，可是，我可以绝对肯定地说，你会发现补给问题是难以克服的。现已有几个师的兵力可应艾森豪威尔即时集结的需要，它们会使各港口的负担达到极限。而且，也没有一个人知道布列塔尼几个港口的情况。依我看，今天我们在“霸王”作战行动中的战术形势，似乎是毫厘不差地正如我们所计划的那样，也正如我们预料的“铁砧”计划开始时，战术形势也会发展成那样。现在变更战略会是一个重大的错误，我相信，这种做法对我们在法国的稳操胜券的战役与其说起帮助作用，不如说它会起延滞作用。我还相信，从“铁砧”往北移动将比你所预料的更为迅速。敌方无法阻止我们。法国人亦将揭竿而起，像阿比西尼亚人对待意大利侵略者那样去对待大批的德国侵略者，我相信，这是包括赖伐尔先生在内的。一个巨大的胜利已是唾手可得的了。

* * *

就在那一天，我到朴次茅斯附近，访问艾森豪威尔于其总部，并向他透露了我想停止“龙骑兵”行动的最后希望。我们在愉快地共进午餐之后，作了长时间的严肃认真的会谈。随同艾森豪威尔出席的有：比德尔·史密斯和海军上将拉姆齐。我偕同第一海军大臣出席会谈，因为航运调动是一个关键性的问题。简单地说，我所建议的是继续将“龙骑兵”的远征队伍装载上船，但在士兵登船后，应将他们送经直布罗陀海峡，而在波尔多进入法国。这事已久经英国参谋长委员会考虑过，并且认为这个行动是行得通的。我将我拍致总统但未得答复的电报，出示艾森豪威尔，并尽力说服他。第一海务大臣大力地支持了我。

海军上将拉姆齐谈了反对变更计划的论据。相反地，比德尔·史密斯却宣称，他个人极赞成这个把攻击行动突然偏转方向的计划，它具有海军力量所能发挥的出奇制胜之妙处。艾森豪威尔对他的参谋长所发表的意见，绝未露出不愉快的脸色。在最高级会议上，他总是鼓励自由发表意见。当然，无论如何一经作出决定，就必须忠诚不渝地去执行。 62

尽管如此，我却难以动摇他；翌日，接到总统复电如下：

罗斯福总统致首相　　1944 年 8 月 8 日

我已电商我们的参谋长联席会议，对你提出认为可以将拨调给“龙骑兵”的力量，经由布列塔尼海岸的几个港口向法国境内移动一节，难予同意。

与此相反，我在考虑之后，认为“龙骑兵”作战行动应在切实可行的最早日期内，按计划行动，并且我有完全信心，它是会获得成功的，这对艾森豪威尔将德国鬼子驱出法国境内，也将大有帮助。

对这一问题，是别无其他办法可想了。值得注意的是：美国大军源源开入欧洲，他们的队伍在远东也日见壮大；到了 7 月份的一天，他们在这次战争中投入作战行动的人数终于第一次超过了我们。我们现在正好已经越过了这一天了。影响盟军作战行动的势力，通常是随着大量的增援而增长的。还应该记住的是：倘使英国方面在这一战略问题上的见解被接受的话，那么，战术上的准备工作很可能会造成一些滞延，那就又会对这场大争辩引起反应。

首相致罗斯福总统　　1944 年 8 月 8 日

我祈祷上帝，祝愿你是正确的。我们自应竭其所能，来助你们成功！

注释：

[1] 作者作的强调。

[2] 关于这一节的一些更具重要性的文件全文，可参阅附录(3)。

[3] 重点是作者后加的。

[4] 美国总统来电全文，参阅附录(3)。

[5] “龙骑兵”计划中的军队在同艾森豪威尔的部队会师以后，所参与的最初几次主要作战行动，时间是在十一月中旬。

第五章　巴尔干的动乱。俄国的胜利 63

与俄国达成中欧、东欧政治协议的必要——5 月 18 日艾登先生关于希腊及罗马尼亚问题的建议——5 月 31 日我致美国总统电——美国国务院的神经过敏——罗斯福先生 6 月 11 日的来电和我的复电——6 月 23 日我给美国总统的电报——朋友间的争论——7 月 11 日我就土耳其问题致斯大林电——斯大林不置可否的复电——俄国人的夏季攻势——8 月 25 日芬兰人请求停战——向涅曼河进军——德军二十五个师的覆灭——红军渡过维斯杜拉河——罗马尼亚的革命

1944 年夏，苏军开进中欧及东欧，这就迫切需要同俄国人在那些地区达成一项政治协议。战后欧洲的格局似乎正在形成中。由于俄国人插手搞阴谋，意大利已开始出现困难的局面。我们正在跟铁托直接谈判，争取就南斯拉夫问题达成一个均衡的结果。然而，对如何处理波兰、匈牙利、罗马尼亚、保加利亚等国问题，我们与莫斯科之间迄今尚未取得进展。5 月间在伦敦召开的帝国会议曾对整个问题进行了全面考虑。我当时给外交大臣写了一份备忘录：

1944年5月4日

1. 应为内阁（也可能并为帝国会议）起草一个文件，简要地说明（因为这样做是必要的）我们与苏联政府之间存在的严酷问题。这些问题在意大利、罗马尼亚、保加利亚、南斯拉夫等国正日益发展，而在希腊尤为严重。文件力求以一页纸为限。

2. 我还不能说意大利现在问题很多，但总的说来，问题在于：
64 我们是否打算默认巴尔干半岛各国，或许还有意大利的共产主义化？今天上午柯廷先生已谈到这个问题。总而言之，我认为我们应当对此作出明确的结论；如果我们的结论是要抵抗共产主义的渗透和侵略，就必须在军事形势许可的最佳时机，把问题相当直接了当地向他们提出来。当然，我们必须先同美国进行磋商。

同一天，我还说：

显然，关于俄国人在意大利、南斯拉夫和希腊搞共产主义阴谋活动，我们正接近于同他们进行摊牌。我认为他们的态度日益难以对付。

5月18日，苏联驻伦敦大使到外交部商谈艾登先生所提出的一项一般性的建议，即在战时情况下罗马尼亚的事暂以苏联为主负责处理，希腊的事则留给我们负责处理。俄国准备采纳这项建议，但想了解我们是否已与美国磋商过。如果磋商过了，他们就同意采纳。我在这次会谈记录上批示："我愿就此事电告总统。他大概会表示同意的，特别是由于我们一定会跟他保持密切联系。"

我于是在5月31日向罗斯福先生发出一封私人电报：

首相致罗斯福总统　　1944 年 5 月 31 日

1. 最近有令人不安的迹象表明，在对待巴尔干各国，特别是在希腊的问题上，我们与俄国人的方针可能会有分歧。为此，我们曾向这里的苏联大使建议，作为实际问题，我们彼此应达成协议：即处理罗马尼亚问题以苏联政府为主，处理希腊问题以我们为主，各自的政府应在这两个国家的问题上互相支持。这样的安排将是当前军事局势发展的必然结果，因为罗马尼亚处在俄国军队管辖范围之内，而希腊则处在威尔逊将军统率的地中海盟军管辖范围之内。

2. 5 月 18 日，苏联驻这里的大使告诉艾登说：苏联政府同意 65
此项建议，但在对此事作出最后保证之前，拟了解我们是否已与美国政府磋商过，以及后者对此项协议是否同意。

3. 我希望这项建议能得到你的赞许。当然，我们并非想把巴尔干半岛各国划分为各个势力范围。在同意上述安排的同时，我们必须申明：这样的安排只适用于战时情况；不影响三大国的任何一方在整个欧洲问题和平解决时及尔后行使其权利和承担责任。当前美英双方共同制定和执行盟国对上述各国的政策，这种合作关系当然也不因上述安排而有所改变。无论如何，我们认为当前提出的安排是一项有利的措施，可避免我方与苏方在对待巴尔干半岛各国问题的政策方针上产生任何分歧。

4. 与此同时，我们已指示哈利法克斯按照上述方针向国务院提出此事。

国务院最初的反应是冷淡的。赫尔先生对“可能使人感到有包含划分势力范围的意图或接受这种意图”的任何建议都非常神经过敏。

6 月 8 日，我给在华盛顿的哈利法克斯勋爵去电如下：

首相致哈利法克斯勋爵（华盛顿） 1944年6月8日

1. 并不存在划分势力范围的问题。我们都应当一起行动，但是总得有人出面打牌。由俄国人与罗马尼亚人和保加利亚人打交道，因为苏军正在冲击着他们。希腊人则由我们来打交道，因为他们是在指定归我们负责的战区里面；他们是我们的老盟友；为了他们，1941年我们牺牲了四万人；看来这样安排是合理的。我有理由相信，总统完全同意我对希腊所采取的方针。对南斯拉夫也是如此。我经常把情况通知他；但总的说来，我们英王陛下政府正在出面打牌，并且必须小心谨慎地与俄国人协调一致来打。对任何国家来说，最为不幸的莫过于在这样的时刻受三方或四方通过电报往来作出的决定所支配。在这个时候好容易在一个问题上得到了解决，另外三个问题却又出了岔子了。更何况这些国家局势瞬息万变。

2. 另一方面，在南美，只要不是关系到我们切身利益的牛、羊肉问题，我们总是尽量效法美国行事。由于我们拿到的牛、羊
66 肉很少，我们自然就要产生很大的意见了。

6月11日罗斯福先生复电说：

……简言之，我们承认，在任何一个特定地区内承担军事责任的政府，将不可避免地要随着军事进展的需要而作出决定；但我们相信，这一类决定的自然倾向是要扩展到非军事领域中去，而如所建议的那种类型的协议，又将加强这种倾向。在我们看来，这必将导致你们和苏联各自坚持不同意见，并在巴尔干地区划分势力范围，尽管你们宣称这种安排仅局限于军事问题上。

我们认为，更为可取的做法应该是致力于建立协商机构，借以消除误解，并阻止发展成为排他性的势力范围的倾向。

首相致罗斯福总统　　　　　　　　　　1944年6月11日

1．来电收悉，甚感不安。如果在采取每一行动前，每一方均须与其他各方协商，那么，行动势必陷于瘫痪。巴尔干这些地区事态的发展，往往超越形势变化。必须有人拥有进行部署和采取行动之权。协商委员会无异是一块绊脚石；遇到紧急情况，总归还是要撇开这个机构，而由你我双方或由你我当中一方与斯大林直接交换意见。

2．现在回顾一下复活节期间所发生的事件吧。我们有能力完全按你的意见对付希腊兵变。这是因为我能够对军事将领不断发出命令，这些军官起初是主张和解的，特别是不使用武力，甚至不以武力进行威胁，死亡极少，希腊局势已大为好转；如果我们坚决的态度保持不变，局势还可以从混乱与祸害中挽救过来。俄国人拟同意以我们为主处理希腊问题，这意味着民族解放阵线及其种种不轨图谋均可为希腊国民军所控制。否则，在你所极为关注的国土上，内战与毁灭在所难免。过去我经常告知你有关事态发展的情况，今后也将经常告知你。你会不断接到我的去电。我认为，在这方面你是可以相信我的。

3．如果面对上述种种困难，我们事事非得同别的一些大国磋商不可，从而开始一套三方或四方之间的电报往来，唯一的结果只能是混乱或无能为力。

4．鉴于俄国大军即将开进罗马尼亚，罗马尼亚人要是发挥作
用（他们完全有可能这样做），俄国人还将帮助他们从匈牙利手中 67
夺回特兰西瓦尼亚的一部分。考虑到这一切，在我看来，承认苏联在该国的领导地位似乎是可取的；因为想到你我在那边均无一兵一卒，他们尽可以为所欲为。况且，我认为除要求赔偿外，俄国人提出的条件是合理的，甚至是宽大的。罗军在对俄战争中打得很猛，使苏军损失惨重。我们无论在任何时候、就任何问题同

俄国人进行对话,我看都不会有什么困难;但既然他们已经在干了,就让他们按议定的方针干下去吧。

5．我们在希腊的情况也与此相似。我们是希腊的老盟友。我们曾因力图保卫希腊、抗击希特勒，而付出四万人伤亡的代价，这还不包括克里特岛的损失在内。希腊国王和政府都置身于我们的保护之下。目前他们在埃及居留，很可能会迁往黎巴嫩，因为那里的气氛比开罗好。我们不仅如上所述，在帮助希腊时牺牲了四万人，而且还损失了大量船舰；此外，为了帮助希腊，我们削弱了昔兰尼加的防务，致使韦维尔已经在昔兰尼加占领的地区统统丧失了。这一切在当时是对我们的沉重打击。在最近发生的一次危机中，你给我的来电起了奇迹般的作用。我们步调完全一致，结果十分令人满意。为什么我们之间这条卓有成效的指挥渠道要中断，而代之以一批庸庸碌碌的官吏组成的委员会呢？——这种机构我们在世界各地搞得还少吗？既然我们有这么多相同的见解，为什么不能由我们共同掌握这一局势呢？

6．概括起来，我建议我们应对此取得一致意见，即我5月31日电报中提出的安排可试行三个月，期满后由三大国再行审议。

6月13日总统表示同意这项建议，但作了补充：“我们必须谨慎申明，我们不是在建立任何战后势力范围。”

我同意他的看法，并在第二天作了答复：

来电收悉，深表谢意。我已通知外交大臣转告莫洛托夫，并申明：规定三个月试行期限的理由，是为了使我们不要仓促决定建立战后势力范围的问题。

当天下午，我向战时内阁汇报了当时局势，取得了一致意见，即按照试行期三个月为条件，外交大臣应通知苏联政府，我们同意进行总责任划分。以上是6月19日所做的事。但总统对我们的做法感到不快。
他在给我的令人难受的来电中说：“此事你们的人只是在与俄国人磋商
过后才向我们提出，我们对此感到不安。”于是，我又在 6 月 23 日就 68
总统的指责作了答复，扼要阐明我从伦敦所看到的局势：

首相致罗斯福总统　　1944 年 6 月 23 日

1. 在罗马尼亚，俄国人是唯一能够为所欲为的大国。我认为你和我一致同意，除了赔偿条件外，以合理休战条款为基础，他们应就该国发生的事件尽量作出一致的指示。事实上，我们三人在开罗处理最近罗马尼亚提出的试探性和平建议时，是紧密合作的。另一方面，1941 年我们援助希腊时，折兵四万，徒劳无功，从此希腊成了一个包袱，几乎完全压在我们身上。同样，虽然你让我们在土耳其出面打牌，但我们在政策问题上，总是事先同你商议；我认为我们彼此对应执行的方针一直是没有分歧的。按照外交上流行的做法，即采取向左滑的总方针，我完全可以轻易地听任事态自流，那时希腊国王就很可能被迫退位，民族解放阵线就会在希腊实行恐怖统治，迫使村民和其他许多阶层的人们在德国人的支持下组织保安营，以免完全陷入无政府状态。我能够防止发生这种情况的唯一办法，是说服俄国人别再支持民族解放阵线并竭尽全力抬高它的身价。因此，我向俄国人提出了一项暂时的工作安排，以便更好地进行这场战争。当然，这只不过是一项建议，还须征得你的同意。

2. 我不能承认我在这个问题上有什么过错。处在世界上三个不同地区的三个人，如果其中一个人要向其他任何一个人提出建议时，都非得在同一时间内通知第三者不可，则三者之间是不可能进行有效合作的。最近的一个事例就足以说明这一点：你完全正当地把与波兰人会谈的详细情况告知约大叔，而我则至今未从你处获悉任何有关情况。但我对此毫无抱怨，因为我明白，我们的工作都是为了一个总的主题和目的。对我在处理希腊问题时的做法，希望你也会持同样的态度。

3. 我还采取步骤，力图使铁托的部队同塞尔维亚的部队联合起来，同所有忠于我们两国都承认的南斯拉夫王国政府的部队联合起来。每个阶段，我们都让你了解我们是如何背这个沉重包袱的，目前这个包袱主要压在我们身上。在这个问题上同样有一个最省事的做法，即把国王和南斯拉夫王国政府掷给恶狼啃噬，任凭南斯拉夫爆发内战，使德国人为之称快。在处理这两个国家的事情时，我总是竭力稳住局面，以便集中全力对付共同的敌人。我经
69 常不断地把情况通知你，并希望在我们有主动权采取行动的范围内，能得到你的信赖和帮助。

总统6月27日的答复解决了这场朋友的争论。他说："看来我们双方似乎都曾经出于无意在某个方面单独采取行动，而我们现在都一致认为，这是一时的权宜之计。对一切足以影响盟军在战争中所作的努力的问题，我们应当取得一致意见，这是十分必要的。"

我在同一天作了如下答复："你可以肯定，在每一个问题处理之前，处理过程中以及处理以后，我都会时刻注意到我们所议定的原则。"

然而，在政府一级困难还是存在的。俄国人坚持要与美国直接磋商。

* * *

还有一个问题很值得我们注意。俄国正陈兵罗马尼亚边境，这是土耳其加入盟国一边参战的最后机会。如果它在这个阶段参战，将对东南欧的前途产生巨大影响。这时，土耳其甚至表示要与轴心国断绝关系。

我把我对这些事件的看法告诉斯大林。

首相致斯大林元帅　　　　　　　　　　　　1944年7月11日

1．几周前艾登曾向贵国大使建议：处理罗马尼亚问题以苏联政府为主，处理希腊问题以英国政府为主。这只是一项临时的工作安排，旨在尽量避免通过三方交换电报这种使行动陷于瘫痪的尴尬作法。莫洛托夫随即很恰当地提议，我应将此事告知美国。我已通知了美国，我向来都是这样做的。经过几番讨论，美国总统已同意该建议试行三个月。斯大林元帅：七、八、九这三个月可能是十分重要的月份。但是，现在我获悉这种做法对你有一定的困难。谨向你探询，你是否同意试行三个月。谁也不能说，这样做会影响欧洲的前途或导致在欧洲划分势力范围；然而，我们可以在每个战场有一个明确的方针，我们还可以将自己正在采取的行动通知其他两国。但若你对此建议不抱任何希望，我亦不予见怪。

2．另有一事拟向你提出。土耳其目前愿与轴心国立即断交。我同意你的意见，即土耳其应该宣战。但是，我担心，如果我们 70
要求它这样做，则它为了自卫之计，恐将要求我们提供飞机以保卫其城镇，而目前我们很难抽出飞机来派驻土耳其，同时，它又要求在保加利亚和爱琴海采取联合军事行动；这一点我们目前也无力办到。此外，它还会再度要求各种军火援助，这也是我们无法支援的；因为我们在年初为它准备的军火，已经调作他用。因此在我看来，比较聪明的办法是把同德国断绝关系看作第一步，然后，我们可运去一些装备，帮助它对付敌人的报复性空袭；那时我们既然已经联合在一起了，它很可能就会由此而参战。在第一次大战期间，德国很珍视同土耳其结盟。因此，如果土耳其与德国断绝关系，无异给德国人的灵魂敲起丧钟；看来现在正是敲起这个丧钟的良好时机。

3．我只是向你提出我对这些问题的个人见解，艾登也正在把我的想法转告莫洛托夫先生。

4．我们在诺曼底陈兵约一百零五万，配有大量装备，每日增兵二万五千。战斗极为艰苦。我国与美国已损失六万四千人，最近几次战斗伤亡尚未作统计。但一切迹象说明，敌军伤亡至少不下此数；此外，我们还俘获了五万一千名俘虏。鉴于我方一直是采取攻势，又有自海上登陆一着，我认为敌军已遭到重创。战线在继续扩大，战斗将不断进行。

5. 亚历山大也正在意大利艰苦逼进，他希望能突破比萨－里米尼防线，攻入波河流域。此举可使德军要么调来更多的师跟他对抗，要么被迫放弃有价值的战略要地。

6. 伦敦人正在英勇抵御飞弹袭击。迄今伤亡人数已达二万二千人；看来轰炸将是长期的。

7. 对你们向维尔纳的光荣进军，谨再次表示祝贺。

斯大林的复电不置可否：

斯大林元帅致首相　　　　1944年7月15日

1. 关于罗马尼亚和希腊问题……有一点我是清楚的，即美国政府对此问题尚存某些疑问，最好待美国对我们提出的问题作出答复后再谈此事。一俟得悉美国政府的见解，我一定写信给你就此问题作进一步商讨。

2. 关于土耳其问题，必须根据去年年底英、苏、美三国政府与土耳其政府进行谈判的时候已经了解的事实进行考虑。你谅必还记得，早在1943年11月与12月，我们三国政府就曾坚决建议
71 土耳其参加盟国一方对希特勒作战，但毫无结果。正如你所知道的，应土耳其政府的倡议，今年五六月间我们曾再次与土耳其政府进行谈判，再次向它提出盟国三国政府去年年底提出的建议，这次也是毫无结果。至于土耳其提出的种种权宜之计，目前我尚看不出其对盟国有利之处。鉴于土耳其政府对德国态度暧昧，托词推诿，最好不必对它多加干预，听其自便并勿再对它施加新的压力。当然，

这意味着在处理战后问题时，土耳其由于回避对德作战，不得要求有任何特殊权利……

于是，关于巴尔干半岛的责任划分问题，我们无法达成任何最后协议。八月初，俄国人找了一个借口从意大利派出个代表团前往希腊

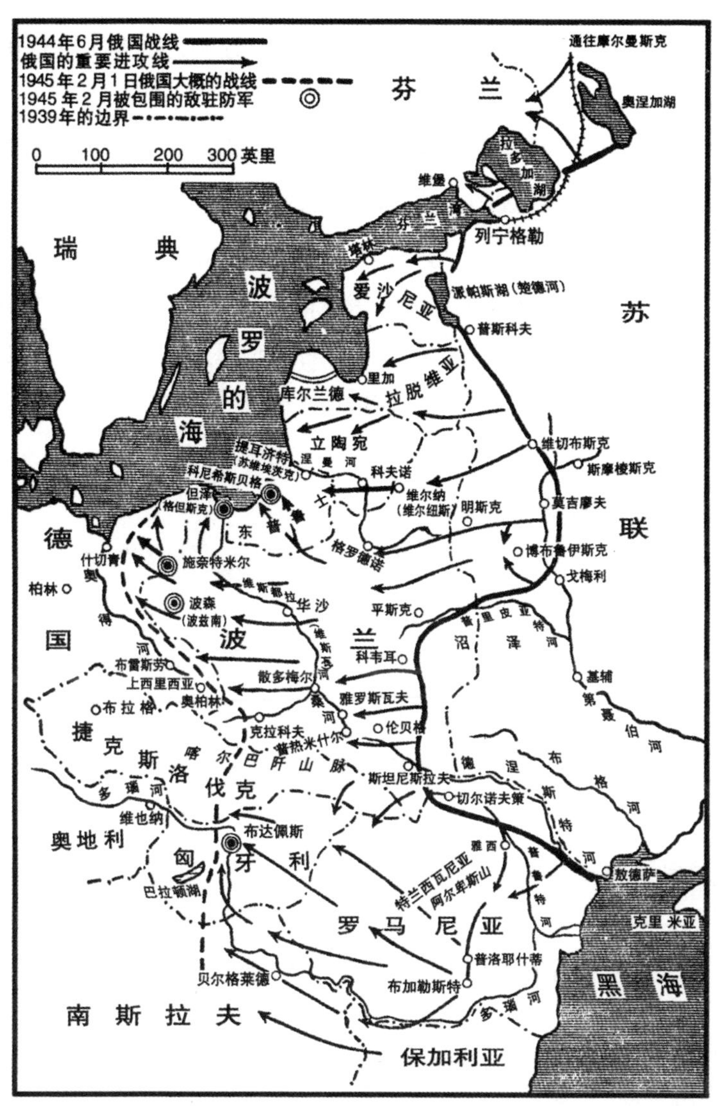

1944 年 6 月—1945 年 1 月　俄国战线上的作战行动　（照原图译制）

北部与人民民族解放军联系。鉴于美国官方态度勉强，俄国人在此事上不守信义，直到两个月后我在莫斯科与斯大林会晤之前，我们不再致力达成一项主要谅解。到了那时，东线已发生巨大变化了。

* * *

俄国夏季攻势是一篇势如破竹取得节节胜利的故事。在这里我只能作扼要的记述。

这次进攻以对芬兰人采取辅助攻势为序幕。芬兰人在拉多加湖到波罗的海之间加深并加固了原先的曼纳海姆防线，建成难以攻克的防御系统。但这时苏军的素质和装备与1940年在此地作战时已大不相同，因此，经过十二天激烈的战斗后，就突破防线，于6月21日攻克维堡。当天又开始采取军事行动，扫荡拉多加湖北岸。月底，苏军已将敌军驱回本土，并恢复从列宁格勒通往我们北极运输船队终点站摩尔曼斯克的铁路交通。芬兰军队在德军支持下曾作短暂抵抗，但毕竟抵挡不住，
72 终于在8月25日请求休战。

6月23日开始进攻维切布斯克与戈梅利之间的德军防线。在这两个地方以及博布鲁伊斯克、莫吉廖夫等许多城镇和乡村，德军已建立了坚固的阵地，布置了环形防御工事，但苏军涌入这些城镇之间的空隙地带时，这些阵地便接连受到包围，并被肃清。一周内苏军已突进八十英里，接着又抓紧战机，乘胜前进，7月6日攻克明斯克，将溃退的敌军封锁在一条仓促组成的防线上。这条防线自维尔纳向南伸展直达普里皮亚特沼泽地区；从那里，德军又被其势锐不可挡的汹涌而至的苏军一扫而光。7月底，红军开进科夫诺和格罗德诺，抵达涅曼河。在五周内挺进二百五十英里后，苏军暂时停止行进，在此地休整。德军损失惨重，二十五个师覆灭，同样数量的部队被围困于库尔兰德。[1] 仅7月17日一天，就有五万七千名德军俘虏通过莫斯科——谁也不晓得他们将被押向何方。

在普里皮亚特沼泽地区南面的苏军，也干得毫不逊色，战果辉煌。7 月 13 日，他们在科韦耳与斯坦尼斯拉夫之间的战线上发动一连串的进攻。十天后，德军全线崩溃，俄国人又向西挺进一百二十英里，抵达桑河畔的雅罗斯瓦夫。斯坦尼斯拉夫、伦贝格和普热米什尔在苏军大举进攻中沦为孤城，不久即被攻克。俄国人乘胜前进，于 7 月 30 日在散多梅尔以南横渡维斯杜拉河。这时苏军由于需要补给，暂停前进。横渡维斯杜拉河被华沙的波兰抵抗运动看作是发动那不幸的华沙起义的信号。这次不幸的起义将在另一章中记述。

俄国人在这次大战役中所取得的胜利远不止此。他们的胜利一直扩展到南面的罗马尼亚。直到 8 月以后，从切尔诺夫策到黑海之间的德军防线还一直封锁着通往罗马尼亚及其普洛耶什蒂油田和巴尔干半岛各国的道路；但由于德军调兵增援其远在北面行将陷落的防线，这 74
条防线就削弱了，接着在 8 月 22 日苏军发动的猛烈攻击之下，防线即告迅速崩溃。俄国人由于有海上登陆部队的支援，迅速打垮敌军。德军损失十六个师。8 月 23 日，年轻的米凯尔国王率领心腹在布加勒斯特发动政变，使整个军事形势发生根本的变化。罗军全体官兵一致追随国王举事。在苏军到达之前的三天之内，德军有的被解除武装，有的越过北面边界撤退。到 9 月 1 日，德军已全部撤离布加勒斯特。罗军瓦解，罗马尼亚被占领，罗马尼亚政府投降。保加利亚虽在最后一刻曾企图对德宣战，结果还是被征服了。俄军挥师西进，长驱直入多瑙河流域，越过特兰西瓦尼亚阿尔卑斯山，到达匈牙利边境；与此同时，多瑙河南岸的俄军左翼也陈兵南斯拉夫边境，为大军西进作好准备。这次西进将在适当时机把他们带到维也纳去。

注释：

[1]　见古德里安著《装甲部队主将》，第 352 页。

75 第六章 意大利与里维埃拉的登陆

盟军越过罗马进行追击——牺牲“铁砧”作战行动——哥特防线——第五集团军减员十万人——向阿尔诺河推进——我飞往那不勒斯并同铁托会晤——巴尔干战略与伊斯的利亚半岛——铁托、共产主义和彼得国王——在伊斯的利亚将设立盟国军政府——我同铁托的再次会晤——我告知总统——一个愉快的假期——我飞往科西嘉岛——在法国里维埃拉登陆——8 月 17 日我致英王的电报——8 月 18 日我打给艾森豪威尔将军的电报——“龙骑兵”作战行动的概述——我对“铁砧”—“龙骑兵”作战行动的总结——同史末资的通信——对维也纳的希望

罗马于 6 月 4 日被攻克后，凯塞林的残军在一片混乱中纷纷向北溃退，空军的不断袭击和地面部队的紧紧追击，搞得他们狼狈不堪，乱成一团。克拉克将军的美军第五集团军沿着海岸公路直趋比萨，我们的第八集团军则跨过特韦雷河追击，向特腊济梅诺湖（佩鲁贾湖）推进。进展迅速。

首相致亚历山大将军 1944 年 6 月 9 日

我们这里所有的情报都证实你所作的关于你们摧毁驻意大利的德军的估计。你们的整个进展是辉煌的，我希望把一度曾经是德国军队的全部残余收拾干净。

亚历山大热切希望把在法国南部登陆的"铁砧"计划搁在一边，并允许他原封不动保留他那些久经战斗、并因胜利而意气风发的部队。如果这样，他有把握在几个月内突破亚平宁山脉而进入波河流域或更
远一些的地方。看来他本来肯定能在圣诞节以前结束意大利战役，要 76
不是为满足"铁砧"行动的要求而抽走兵力以致功亏一篑的话。这一章的叙述将说明这一点。

无论如何，艰苦的战斗还在前头。德军有十九个师投入了5月及6月初的战斗。其中三个师已被消灭，其余大部分力量在遭到我沉重打击后，仓皇向北面溃退。但凯塞林是个良将，又有一批能干的参谋人员。摆在他面前的问题是要滞阻我们的前进，直到他能够重整他的部队并据守他的下一个准备好了的阵地，即所谓哥特防线。这一防线起自比萨之上的西海岸，逶迤于佛罗伦萨以北的群山之间，然后，转入亚得里亚海滨的佩扎罗。德国人已经用了一年多时间在构筑这条防线，但是，当时仍未竣工。凯塞林必须争取时间来完成它并配备人员，以及安顿正在从北欧、巴尔干、德国和俄国给他调来的八个师。

经过我们十天的追击以后，德军的抵抗开始增强了。著名的特腊济梅诺（佩鲁贾）湖岸的阵地很坚固，第八集团军必须打一个硬仗才能攻破它。直到6月28日，敌人才被逐出，并向阿雷佐撤退。在西海岸，美国第五集团军的部队并非轻易地于7月1日攻占了切奇纳，其右翼的法国军团（也是隶属于克拉克将军的指挥），不久也抵达锡耶纳。敌军在亚得里亚海岸作相应的退却，使得波兰军团能够迅速攻占佩斯卡拉并迅速向安科纳前进。与此同时，法国一个殖民地师从科西嘉岛运来，在海军强有力的支援下，经过两天鏖战，也攻占了厄尔巴岛，还俘虏了敌人两千名。

7月初，根据我们和美国进行磋商的结果，亚历山大奉命为"铁砧"作战行动抽调军队，最后总数要达到七个师的兵力。光是第五集团军就因此从约二十五万人减员到十五万三千人。尽管受到这样的打击，亚历山大仍然以很大的劲头坚持他的追击任务和作战计划。德国人经

过整编和重建，达到了相当于十四个满员的师，在从罗济尼亚诺到阿
77 雷佐，又从阿雷佐到安科纳以南的亚得里亚海滨一条战线上，用这些部队来同亚历山大的军队相对峙。这是一连串有掩护的阵地之一，敌人愈来愈顽强地坚守这些阵地，其目的在于阻止我们进抵他们的哥特防线。经过空军猛烈轰炸和炮兵的猛烈轰击以后，阿雷佐于7月16日落入英军手中。18日，美军到达比萨以东的阿尔诺河，翌日进入里窝那港口。与此同时，沿着亚得里亚海岸紧攻进逼的波兰军队占领了安科纳。这两个港口尽管遭到严重破坏，却缓和了我们现在拉得太长的

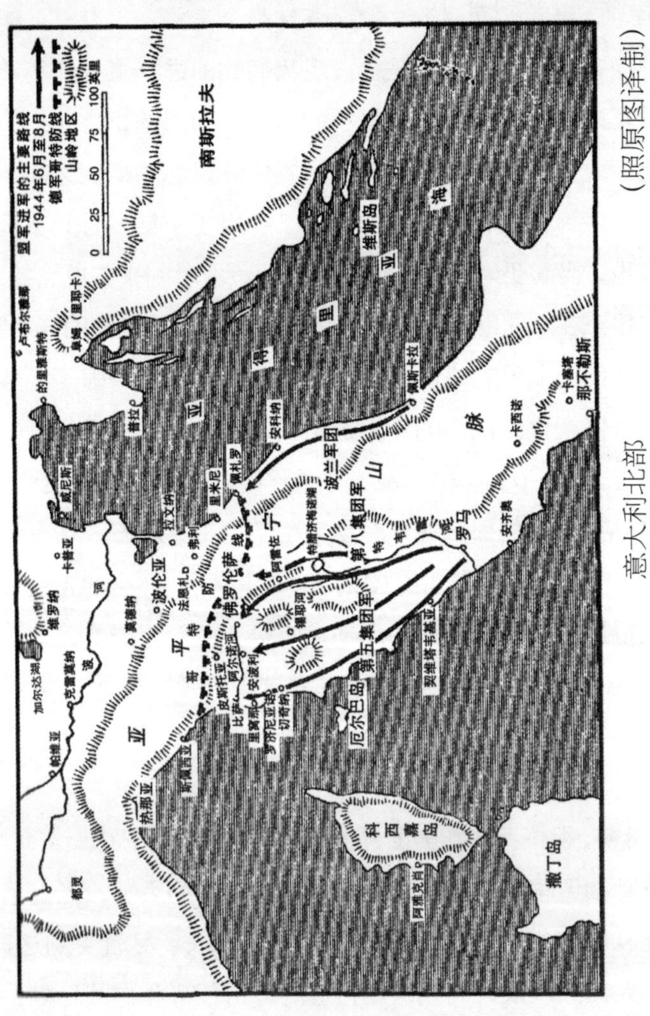

意大利北部

（照原图译制）

供应线的压力。7 月的最后一周，美军继续推进，占据了从安波利到比萨的整条阿尔诺防线。第八集团军肃清了佛罗伦萨以南的整个山区。 78
新西兰部队突破敌军防线后，迫使敌人撤离市区。他们在撤走时破坏了所有的桥梁，只留下一座供人瞻仰的年久失修的韦基奥古桥。

不到两个月的时间，盟军已经向前推进了二百五十英里。头两周尚称顺利，以后一路的战斗都是艰苦的，还有许多令人心烦的补给问题。德国人也有同样的困难。所有他们后方的交通都需要通过二十座架设在宽阔的波河上面的公路桥和铁路桥。快到 7 月底时，这些桥梁不断遭到盟国空军的袭击，全部被切断；然而，多亏凯塞林的工兵们的技能，他们仍能运进一些补给物资。

*　　*　　*

我现在决定亲自到意大利去，很多问题可以就地解决，比之通信方便得多。去跟指挥官和士兵们见见面，好处也很多，因为在把他们的兵力抽走了这么多之后，我们对他们还提出这么多的要求。“铁砧”作战行动就要发动了。亚历山大尽管遭到严重削弱，但他们仍在准备部队，以便再次发动攻势。我热切希望同铁托会晤，他可以很方便地从维斯岛前来意大利，在那个岛上我们仍然在保护着他。帕潘德里欧先生和他的若干同事们可以从开罗前来。我们可以制定计划，在德国人离开时帮助他们重返雅典。最后，就是目前以罗马为中心的意大利的政治纠纷。7 月 30 日，我打电报给在卡塞塔的威尔逊将军说：

如果这里的（无人驾驶轰炸机）轰炸不会不适时机地突然爆发的话，我希望能于 8 月 6 日或 7 日前来意大利逗留十天或半个月。我确已准备好和铁托讨论各种政治问题，如果错过这次和他见面的机会，我将感到遗憾。因此，你能否安排先同他见个面，以便他能在包括 8 日或 9 日这个日期里到卡塞塔来？

8月4日，我也给亚历山大将军去电：

79

> 我认为最好等我到达后，我们一起制定（关于我的访问）计划，要注意不要让我妨碍你的工作。我不需要排得满满的日程，除了你、威尔逊、铁托以外，也不打算约见任何人。我到达当地后，无疑会有很多要做的事。

* * *

因连日内阁事务繁忙，我只得推迟行期。8月9日我打电报给达夫·库珀先生，希望能于8月11日，星期五清晨六时半左右到达阿尔及尔市郊的白厦机场，并在那里停留三小时，随即前往那不勒斯。我补充说："如果戴高乐愿意在你的住所或海军上将的别墅里和我见面，你可告诉他说我来了。这次访问完全是非正式的。"

我们准时到达。达夫·库珀来接我，领我到他的住宅，他的妻子把它安排得十分舒适。他对我说已将我的邀请或建议转达戴高乐，但这位将军推辞了。他说我长途旅行，在短暂的停留中应该休息一下，他不想打扰我。就我们当时手边所有急待处理的事以及本来可以告诉他的许多事情而论，我认为这是不必要的傲慢，但是，他仍然对"霸王"作战行动所发生的事感到恼火。他认为这是表示他的不满的一个好机会。事实上，我有好几个月没有再见到他。

当天下午，我到了那不勒斯，下榻在壮丽堂皇然而多少有点破烂的里瓦耳塔别墅，从那里可以看到维苏威火山及海湾的美丽风光。威尔逊将军告诉我说，一切已经安排停当，第二天早晨和铁托及苏巴希奇（在伦敦的南斯拉夫国王彼得政府的新首相）的会议就在这里召开。他们已到达那不勒斯，明天晚上将和我们共进晚餐。

8月12日早晨，铁托元帅来到别墅，他穿着一身华丽的绣有金线花边的蓝色制服，领子连同制服都绷得很紧，同灼热的天气显得格外不相称。他这套制服是俄国人送的，后来我才知道那金线花边则是从美国来的。我同他在走廊上会见，陪同他的有麦克莱恩准将和一名翻译。

我提出请元帅参观一下威尔逊将军的作战办公室，于是，我们走
了进去。元帅的两名护卫人员相貌凶恶，都随身携带自动手枪。他想 80
把他们带进来，以防我们万一对他下毒手。我们好不容易地劝阻了他，但建议他用膳时带他们来保卫他。

我领路走进一个大房间，墙上挂满了各个战线的地图。我先给他看一幅盟军在诺曼底前线的地图，并阐述我们对西线德军战略行动的概况。我指出，希特勒坚持执行寸土不让的政策，以致德军有许多师的兵力被围困在挪威和波罗的海沿海地区；我说，希特勒正确的战略应当是把部队从巴尔干撤出，将其集中在主要战线上。盟军在意大利的压力和俄军从东边的挺进或许会迫使他撤走，但是，我们也应当估计到他死守的可能性。我一面谈话，一面在地图上指出伊斯的利亚半岛，问铁托道，如果我们能从意大利东海岸攻到这个半岛，他的军队能派到何处协同我们作战。我解释说，如果能够在南斯拉夫海岸打开一个小港口，那将帮助我们从海路把军用物资运进去。在六、七两月间，我们已空运了将近两千吨的物资给他的部队，如果我们能有一个港口，我们可以运得多得多。铁托说，尽管近来德军抵抗加强了，南斯拉夫的损失也增多起来，他仍然能够在克罗地亚和斯洛文尼亚两地招募大批部队，他确实赞成进攻伊斯的利亚半岛的军事行动，南斯拉夫部队也要参加这一行动。

我们随即走进一间小客厅，我开始询问他同南斯拉夫王国政府的关系。他说，游击队同那些依靠德国及保加利亚支持其政权的米海洛维奇的军队仍在继续进行激战，妥协是不大可能的。我回答说，我们无意干涉南斯拉夫的内政，但愿他的国家变得强大、团结和独立。苏巴希奇博士非常忠于这一信念。再说，我们也不应当让国王垮台。铁托说，他理解我们对彼得国王所承担的义务，但是，他现在无法顾及

这件事，等战争结束后，南斯拉夫人民将会自己作出决定。

我把话题转到南斯拉夫的前途上来，提出正确解决南斯拉夫的办
81 法应该是实行以农民为基础的民主制度，或许要逐步实行土地改革，
因为那里土地占有都太小了。铁托向我保证说，他已公开声明过，无意把共产主义制度输入南斯拉夫，原因只讲这么一条就够了，那就是：欧洲大多数国家在战后大概都将生活在民主政体之下。小国的发展取决于同大国之间的关系。这些关系的不断改善一定会给南斯拉夫带来好处，使得它可以沿着民主的路线发展。俄国人派了一个代表团到游击队中来，但它的成员不但丝毫没有表示要把苏维埃制度输入南斯拉夫的任何想法，而倒是说过反对这样做的话。

我问铁托是否把刚才所讲的有关共产主义的话再发表声明，公开地予以重申，可是，他不愿意这样做，因为这可能显得他是被迫这样做似的。他同意当天下午同苏巴希奇博士第一次会见时讨论这一问题。

接着我们共进了午餐，并作这样的安排：如果他同苏巴希奇博士的谈判进展顺利的话，我们在第二天晚上将再举行会谈。我同时着手起草一个有关南斯拉夫事情的备忘录，铁托元帅还答应将就有关补给的某些细节事项写信给我。

* * *

翌日清晨，铁托同威尔逊将军的参谋长甘默尔将军会见，并收到一份关于盟军在伊斯的利亚及其附近作战计划的重要备忘录。全文如下：

1. 一俟盟军占领意大利北部、奥地利或匈牙利，盟军总司令打算在战争爆发时原由意大利管辖的地区设立盟国军政府，从而自动结束意大利在该地区的主权。军政府的长官即由该地区的盟军司令官担任。该地区即归盟国军政府直接管辖，直到有关政府

通过协商决定处理办法之时为止。

2. 为确保在中欧的盟军占领部队的基地与交通线的安全起见，盟国军政府的这种直接管辖是必要的。

3. 鉴于盟军占领部队必须从的里雅斯特港口取得补给，这就有必要为他们确保由英军保护的通过卢布尔雅那—马里博尔—格 82
拉茨这一条道路上的交通线的安全。

4. 盟军最高总司令期望南斯拉夫当局同他合作执行这一方针，并打算同他们保持最密切的联系。

铁托在给我的一封信中对上述这些建议发出怨言。8 月 13 日下午我们再次会见时，我们的驻南斯拉夫大使史蒂文森先生和苏巴希奇博士都在场，我对他说这是一个军事行动的问题，需要仔细研究，而且也要和美国总统密切磋商。伊斯的利亚仍属意大利，其地位不能预先断定。使伊斯的利亚脱离意大利的主权，可能是件好事，但这件事必须在和平会议中决定；如果没有这种会议也要在主要大国的会议上决定，南斯拉夫可以在会上提出自己的要求。美国政府是反对在战争期间改变领土主权的；况且意大利正在对战争作出有益的贡献，我们应当尽量避免使他们感到沮丧。因此，最好的解决办法可能是当这个地区从德国人手中解放出来后，即置于盟国军政府的管辖之下。

铁托说他不能接受意大利人的民选机构，并且指出他的民族解放运动的力量已经控制了这里的许多地区，因此，至少也应当参加这些地区的行政管理。他和苏巴希奇同意送给我们一份关于伊斯的利亚的联合备忘录，这件事就暂时搁下来。

我们接着就讨论怎样建立一支统一的南斯拉夫海军，还讨论到如何把轻型坦克、炮舰和大炮输送给铁托。我说只要是力所能及的事，我们都愿意做，但是，我警告他说，如果南斯拉夫的战斗发展成为仅是一场内战，而把对德斗争变为只是一个枝节问题，我们就会对之不感兴趣了。

8月12日我递交铁托一份备忘录，提到上述这一点。我们现在考虑这一文件所包含的较深远的意义，它的全文如下：

> 1. 英王陛下政府热切希望见到一个有抗敌代表参加的统一的
> 83 南斯拉夫政府，以及塞尔维亚人民同民族解放运动之间的和解。
>
> 2. 南斯拉夫王国政府和民族解放运动既然已经达成协议，英王陛下政府打算继续向南斯拉夫部队供应军用物资，如有可能，数量将有所增加。英王陛下政府期待，作为酬答，铁托元帅对南斯拉夫的统一作出积极的贡献。这种积极的贡献是，在他同南斯拉夫内阁总理业已同意发布的宣言中，不仅要包括关于他无意把共产主义强加给这个国家的一项声明，而且要包括另一项声明，其大意是他将不使用民族解放运动的武装力量来左右人民对这一国家未来政体自由选择的意志。
>
> 3. 铁托元帅对共同事业可以作出的另一贡献是同意会见彼得国王，地点最好就在南斯拉夫本土。
>
> 4. 万一英王陛下政府所运交的任何大量的军火不是用于自卫而是用于阋墙之争，那就将影响盟国提供军需的整个问题，因为我们不愿意被卷入南斯拉夫的政治纠纷中去。
>
> 5. 我们希望看到南斯拉夫王国海、空军全力以赴地去争取民族解放；但是要同意做到这一点，除非首先对南斯拉夫国王的地位、宪法的旗帜以及政府与民族解放运动的更紧密的团结给予应有的考虑。
>
> 6. 英王陛下政府一方面以无比钦佩的心情看待铁托元帅和他的英勇的战士，但另一方面，并不认为他们已充分承认塞尔维亚人民的权力与权利，或是对英王陛下政府已经并将继续提供的援助表示充分的承情。

南斯拉夫人反对我把游击队运动同塞尔维亚人民割裂开来的意见。

我没有坚持这一点，特别是因为铁托已经说过，他以后将公开声明战后不把共产主义输入南斯拉夫。我们接着就讨论他和彼得国王是否可能会见。我说，民主制度早已在英国以君主立宪形式焕发异彩了，我认为南斯拉夫的国际地位在君主制度下比起在共和制下会更强些。铁托说，他的国家在国王统治下有过一段不幸的经历，而且彼得国王要过着新的生活，割断同米海洛维奇丑恶的联系也需要时间。他在原则上不反对同国王会见，但认为时机尚未到。于是，我们同意把这个问题留给他和苏巴希奇博士在最适当的时候自行商定。 84

*　*　*

以后我设宴款待铁托，他还是穿那件绣有金线花边的绷得紧紧的短上衣。我自己却喜欢只穿一套帆布便衣。

我现在将上述会谈的结果告知总统。

首相致罗斯福总统　　　　1944 年 8 月 14 日

1．最近两天我跟铁托元帅和南斯拉夫首相进行了几次会谈。我告诉这两位南斯拉夫领导人说，我们别的不想，只希望他们能联合他们的一切人力物力，以便把南斯拉夫人民紧密团结起来，成为对德作战的一个整体。我们的目标在于促成一个稳定而独立的南斯拉夫，而建立南斯拉夫联合政府就是走向这个目标的一步。

2．这两位领导人在许多实际问题上达成了令人满意的协议。他们同意把所有的南斯拉夫海军统一于共同的旗帜之下进行战斗。南斯拉夫首相和铁托元帅的这一协议将使得我们更有信心向南斯拉夫军队增加供应军用物资。

3．他们彼此同意，在几天内同时发布一项声明。我希望这一行动将加强和加紧南斯拉夫的战斗努力。他们两人今天一起出发到维斯岛去继续进行商谈。

4. 我即将把此次会谈的结果通知斯大林元帅。

* * *

在那不勒斯这三天逗留当中，我的工作辛劳和心情愉快交织在一起。指挥海军的海军上将莫尔斯每天都邀我乘他的大艇出游，主要的事就是淋浴。头一天我们驶到伊斯基亚岛，那里有个温泉。在归途中，我们穿过了运载美军驶往里维埃拉登陆的庞大的航运队。所有的船都挤满了人。当我们驶过他们舰队的时候，他们热情地欢呼着。他们不知道，如果按照我自己的意思做的话，他们就该朝另一个方向驶去。不过，我还是自豪地向这些勇敢的士兵们挥手致意。我们也访问了卡普里岛。我从来没有看见过蓝洞[1]，它的确是一个奇迹，鲜明的深蓝
85 色的水又清彻又闪亮。我们在一个温暖的小海湾洗澡，然后，到一所舒适的小旅馆吃午饭。我心里在努力追忆有关罗马皇帝台比留的情况。他选中了卡普里这样一个地方作为向全世界发号施令的司令部，确是很称心如意的。

除了工作以外，这三天真称得上是一个阳光煦照的假期。

* * *

8 月 14 日下午，我乘威尔逊将军的达科塔型飞机到科西嘉，目的是到“铁砧”作战行动现场观看登陆行动。关于“铁砧”我曾竭力加以阻止，不过，现在我祝它圆满成功。我们愉快地乘飞机到阿雅克肖港，威尔逊将军和海军上将约翰·坎宁安爵士就在港内的一艘英国的指挥舰上执行任务。由于机场太小，飞机不容易靠近。驾驶员的技术很高。他必须驾驶飞机穿过两面悬崖进入机场，当时我们的飞机左翼离开一面悬崖还不到十五英尺。将军和海军上将带我上船。我们度过一个很长的夜晚来处理事务。我预定次日清晨乘英驱逐舰“金伯利”号出发。

我带着两位美国政府官员，萨默维尔将军和陆军部助理部长帕特森先生，他们是到现场来观看他们的冒险事业的。艾伦海军上校（我写这几卷书时他给予我的协助我已在卷首致谢过了）被海军上将派来保卫我们免遭麻烦。我们行驶了五个钟头才到达距海岸一万五千码正在进行炮击的战列舰阵列。艾伦上校这时才告诉我说由于怕触水雷，我们不能驶出一万码的警戒线以外。要是我早知道这点的话，当我们驶经进行间断性炮击的“拉米伊”号军舰时，我就可以要求用一艘巡逻艇把我送上岸了。既然这样，我们只驶到离岸大约七千码的地方就不再前进了。我们从这里看到一长列一长列满载着美国突击部队的船只络绎不绝地驶进圣特罗佩海湾。就我的视力和听力所及，敌人无论是对逐渐迫近的小舰队，还是对海滩，都未发一弹。战列舰现在停止了射击，因为海岸好像无人把守，于是，我们驶回阿雅克肖。我起码对“铁砧”作战行动表示了应有的礼节。的确，我亲临前线以示关心这一作战行动，我自认为很好。在返航的时候，我在舰长室里偶然发现了一部情节动人的小说，名叫《大旅馆》，一路看得心旷神怡，直到我又回到这两位海、陆军总司令那里。他们两人却都呆在舰尾舱里，度过了各自索然无味的一整天。

8月16日，我返抵那不勒斯并在当地过夜，然后，到前线和亚历山大将军晤面。我致电英王，因为我曾收到他的一份非常亲切的电文。 86

首相致国王　　1944年8月17日

据我从远处对“龙骑兵”作战行动进行观察，认为登陆极为顺利。至于先向马赛推进，然后，溯罗纳河流域而上，共需费时若干，以及此行动究竟与北方（诺曼底）那个规模远为宏大并可能具有决定性的作战行动怎样联系起来？这些都是现在出现的问题。

我今天即将前往亚历山大将军的指挥部。十分重要的是我们务必保证亚历山大的部队不致被抽调、打乱得连个作战方案或计划都无法制订。这件事的确需要召开一次类似“四分仪”作战行动那种规模的会议来解决，地点仍在原地（魁北克）。

环境的变换和活动加上温暖的天气，使我的精力大大地恢复过来了。我希望21日到罗马会见各色各样的人物，包括帕潘德里欧先生在内。

承蒙陛下赐电惠示鼓励，专此致谢。

我致艾森豪威尔将军的电文：

首相致艾森豪威尔将军（在法国） 1944年8月18日

我以兴奋的心情注视诺曼底和昂儒二地作战行动的辉煌发展。我再次衷心地祝贺你所取得的确实惊人的军事成果，并希望你获得更出色的胜利。除开别的成就以外，你确已实现了至关重要的牵制敌人的作战行动，使其无法顾及我“龙骑兵”的进攻。我昨天在远处观看了这次登陆。在此间所了解到的一切，都使我感到敬佩：此次登陆安排得至为周密，而英美双方部队与组织机构的协作又非常密切。我希望在本月底来看你和蒙哥马利将军。届时形势将会大大发展。看来，我们所获的战果会使俄国人迄今所得的胜利大为黯然失色。祝你和比德尔一切顺利。

* * *

这一章可以“铁砧”—“龙骑兵”作战行动的概述作为结尾。

帕奇将军指挥的第七集团军就是为了执行这项进攻而组成的。该集团军包括七个法国师和三个美国师，外加一个美英混合空降师。这三个美国师组成了特拉斯柯特将军的第六军，该军在意大利时曾为克
87 拉克将军所辖第五集团军的重要部分。此外，还从亚历山大所辖部队中足足抽出四个法国师和相当数量的盟国空军。

这次新的远征是从意大利和北非两地出发的，以那不勒斯、塔兰托、布林迪西、奥兰用作主要装运港。我们花费一整年的工夫来进行了巨大的准备工作，把科西嘉岛改建为前进空军基地，把阿雅克肖港建成为一个转运港，以便自意大利出发的登陆舰队在这里集中后向攻击地点进发。这一切安排现在都已产生了实效。在总司令海军上将约翰·坎宁安的指挥下，美海军中将休伊特担任海军攻击任务，他在地中海的类似战役中积累了丰富的经验。美国陆军空军部队空军中将埃克指挥空军，而空军中将斯莱塞则担任他的副手。

登陆艇只能容纳首批登陆的三个师，由较有经验的美国部队担任前锋。沿岸的防御工事是坚强的，但敌军的数量不足，有些部队的素质甚差。6 月间，法国南部还驻有德军十四个师，但其中四个师被抽调到诺曼底作战。现在仅剩下至多不过十个师的兵力守卫着二百英里长的海岸线。只有其中三个师在我们登陆的海滩附近防守。敌人也缺少飞机。我们在地中海地区共有五千架飞机，其中两千架以科西嘉和撒丁为基地，而敌人仅能调集两百架飞机，这些飞机在我们登陆前都已受到重创了。在法国南部的德军中间夹杂着两万五千多名抵抗组织的武装人员准备起义。我们曾供应他们武器。同法国许多其他部分的情况一样，他们是由一批具有献身精神的爱国男女组织起来的。过去三年中，他们为此目的在英国一直受训练。 88

敌军的防御工事坚强，事前需要进行猛烈轰炸。于是，空军在前两周承担起对沿海一带的轰炸；到了紧接着的登陆之前，空军又和盟国海军联合，猛轰准备登陆的滩头阵地。参加这次作战的至少有六艘战列舰、二十一艘巡洋舰和一百艘驱逐舰。8 月 15 日清晨，这三个美国师，连同他们左面的美法突击队，在戛纳和耶尔之间登陆了。由于炮火轰击、成功的迷惑敌人计划、连续的轰炸机掩护，加上出色的参谋工作，我军伤亡相对较少。登陆前夕，空降师已在勒穆伊附近降落，不久即与海上登陆部队会师了。

到了 16 日中午，三师美军都已登陆，其中一师向北方的锡斯特龙

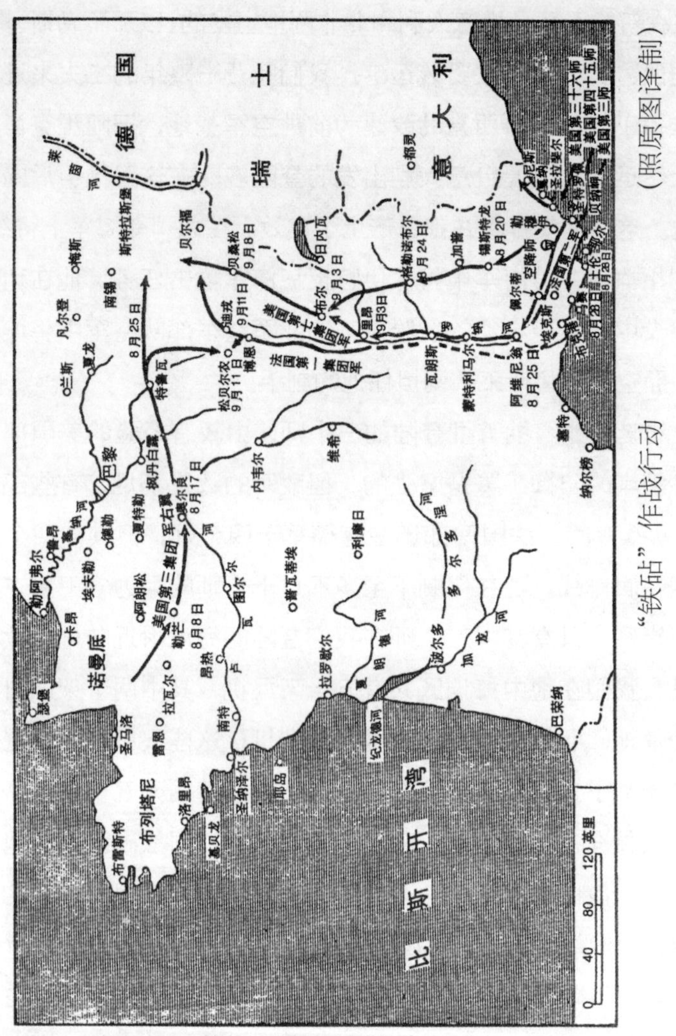

“铁砧”作战行动（照原图译制）

方向移动，另二师向西北方的阿维尼翁方向进攻。法国第二军紧接他们之后登陆，向土伦和马赛两港口推进。这两地防守坚固，虽然法军拥有五个师的兵力，到了月底才把这两个港全部攻占。港口设备遭到严重破坏，但布克港由于抵抗组织的协助，在被攻下时却保持完整。军需品立即开始大量涌入。这是拉特尔·德·塔西尼将军领导下的法军一项可贵的贡献。与此同时，美军一直进展迅速，到 8 月 28 日已越
89 过瓦朗斯和格勒诺布尔了。敌人并没有认真企图阻止我军前进。只有

一个德国装甲师曾在蒙特利马尔进行过一次顽抗。盟军战术空军猛烈地袭击他们，破坏了他们的运输。从诺曼底打过来的艾森豪威尔的追击部队于 8 月 20 日在枫丹白露进抵塞纳河后，现在正插入敌人背后。五天以后，他们已远远越过特鲁瓦了。无怪乎名义上有五个师兵力的德第十九集团军的残兵败将正在全面退却，有五万人成了我们的俘虏。里昂于 9 月 3 日攻克，贝桑松于 8 日攻克，迪戎则于 11 日为抵抗运动所解放。这一天执行“龙骑兵”和“霸王”两作战行动的部队在松贝尔农会师了。德国第一集团军两万多人的残余部队，在法国西南部的三角地带，受到我军两路的集中猛攻围困，只得老老实实投降了。

*　*　*

现在把“铁砧”—“龙骑兵”行动的始末小结一下。1943 年 11
月在德黑兰会议上原来的提议是攻入法国南部以帮助减轻“霸王”作
战行动受到的压力。时间定在进攻发起日的前一周或后一周，但所有
这一切由于中间情况发生变化而改变了。单是来自地中海方面的潜在
威胁就足以把十个师的德军牵制在里维埃拉。光是安齐奥一个地方就
等于使敌人丧失了本来可以增援其他战线的四个师。当我们整条战线
借着安齐奥之助而向前推进，攻下了罗马，进而威胁哥特防线的时候，
德国人慌忙地又抽调八个师的兵力到意大利。由于攻占罗马的时间推 90
迟，加上从地中海派出登陆艇支援“霸王”军事行动，“铁砧”－“龙
骑兵”行动也推延到 8 月中旬，即比原来提出的时间推迟了两个月。
因此，它丝毫不会影响“霸王”作战行动。当该作战行动终于过迟地
开始的时候，并没有能够把敌军从诺曼底战场上吸引过来，因此，在
德黑兰会议中我们心中所想象的种种理由，没有一个同所做的事有关
联，而“龙骑兵”行动对与艾森豪威尔将军正面交锋的德军并未起任
何牵制作用。事实上，不是“龙骑兵”行动帮助了艾森豪威尔，而是
艾森豪威尔的攻势威胁了沿罗纳河流域退却的德军的后方，从而帮助

了“龙骑兵”行动。这并不否认照此执行的军事行动，最后也给艾森豪威尔以重大的帮助，因为他的右翼增添了一个集团军的兵力，又开辟了另一条通到那边去的交通线。我们为此付出了重大的代价。在意大利的我军被剥夺掉给德国人以极其沉重的打击的机会，否则，我们很可能赶在俄国人之前到达维也纳，从而得到可能由此而来的一切好处。虽然我曾尽力阻止和扭转“龙骑兵”行动，但最后决议一经作出，我当然只有全力支持了。

*　*　*

这时候，我收到史末资一些意味深长的信，这时他已返抵好望角了。他对“龙骑兵”行动的看法同我始终是完全一致的。“但是，”他在 8 月 30 日的来信上说：“请不要让战略问题吸引了你的全部注意力，以致妨碍你注意开始露出苗头的更为重大的问题。”

> “从现在起，较聪明的做法是密切注意一切与将来解决欧洲问题有关的事件。这是和未来世世代代的世界有关的重大问题。你的眼光、经验和巨大的社会影响对解决这一重大问题将是个主要的因素。”[2]

在战后的年代里，有人指责说：在德黑兰会议以后——特别是本章所谈的几个星期里——我竭力催促盟国共同对巴尔干地区各国发动一次大规模的进攻，来和美国全面的战略思想相抗衡。下面，从
91 我对史末资来信的答复中，可以看出我所一再提出的观点的精神实质何在。

首相致史末资陆军元帅　　1944 年 8 月 31 日

“龙骑兵”作战行动在当地所取得的胜利使美国人感到十分高兴，因为他们想靠这条路线投入一切增援的力量。当然，他们已经抓了四万五千名俘虏，更多的还在后头。他们的信念（任何东西都不能使他们改变这个信念）就是通过这些夺得的港口来运进整整一个集团军群的兵力，而大西洋岸上的便利得多的那些港口，反而不去使用。

我说：“我现在的目标是维持我们在意大利现有的力量，由于敌人已经从那里抽走了他们最精锐的四个师，我们在那里的兵力是足够的。我希望用这支力量，来包抄和突破哥特防线，插入波河流域，最后通过的里雅斯特和卢布尔雅那地峡进抵维也纳。我已经告诉亚历山大说，纵使战争要早日结束，他也要作好准备用装甲车向目的地猛冲。”

注释：

[1]　卡普里岛岸上的一处名胜，洞内充满耀眼的蓝光。——译者

[2]　重点是我加的。——丘吉尔

92 第七章　罗马。希腊问题

亚历山大准备进攻哥特防线——8 月 12 日，史末资陆军元帅对形势的观察——8 月 17 日我访问前线——在锡耶纳两天——第十五集团军群的削弱——访问马克 · 克拉克将军——忧郁的回顾——8 月 21 日，我飞往罗马——做解放希腊的准备——8 月 17 日我发给美国总统的电报——他的回电——和帕潘德里欧先生的会见——希腊君主制有前途——8 月 22 日我电告艾登先生——我会见了几个意大利的政界人士——进谒教皇庇护十二世——王国副帅翁伯托亲王

8 月初旬，亚历山大正在计划和重新调整他的被抽空了的兵力，准备进攻主要的哥特防线，他的军队和这条防线的各个前哨阵地已经短兵相接了。这个防线的主要防御工事设置得很巧妙，它充分利用了这个地方的天然屏障，坚固地堵住了从南面来的一切可能的道路，只留下几处几乎无法通过的地区，防守薄弱到似乎要引诱对方来攻的样子。

要从佛罗伦萨越过重重山岭直接攻打波伦亚，困难是显而易见的。亚历山大于是决定：第八集团军要从亚得里亚海一边进行第一个主力攻击，因为这里的连续不断的河谷，虽然也不容易穿过，但较少不利地形，如果暴雨尚未到来的话。凯塞林的东侧翼经不起被包抄，也受不了在他的主要战线后面的波伦亚被攻占，因此，可以肯定：如果我

们的进攻进展顺利的话，他就会从中部抽调军队来增援侧翼。因此，亚历山大拟定计划，准备好当敌人的后备力量已被调走、他们的中心遭到削弱的时候，发动第二次进攻，由马克·克拉克的第五集团军负责向波伦亚和伊莫拉挺进。

在 8 月第三周期间，预备军和空军的调动，在极其秘密的情况下巧妙地完成了。除留下英国第十三军在佛罗伦萨以东受第五集团军的 93
指挥外，第八集团军的两个整军向东调动，在波兰军团的左翼靠近佩尔果拉的地方集中起来。当一切都就绪时，亚历山大就准备好了相当于二十三个师的兵力可以投入战斗，其中过半数同第八集团军在一起。凯塞林有二十六个军容严整的德国师，还有两个重新组成的意大利师和他对垒；其中有十九个师被部署来防守主要阵地。

*　　*　　*

从下面的电文就可知道史末资对什么是得失攸关的事是有充分认识的。

史末资陆军元帅致首相　　　　1944 年 8 月 12 日

1. 深知你事务繁冗，不敢多写信打扰。我自己也为此间各种困难问题所缠扰。欣悉再次来到意大利，以便同我们的战线的重要战区保持密切联系，谨祝你旅行快乐，成功，身体健康，精力充沛，以应付面临的艰难任务。

2. 我想你此行目的之一，是要尽可能采取断然步骤，搜集地中海战场的兵力，以加强亚历山大的力量。那边一定还保存着相当大的后备兵力，原为应付万一发生的事件，而目前这类事件已无关紧要。为加速达到这个目的，最好是把我方兵力集中在几个决定性的战场上，亚历山大指挥下的战场即属其中之一。如今土耳其已陷敌手，而保加利亚则日益动摇，我方可置这些战场于不顾（为这些战场曾在中东集结重兵），将所有一切力量集中起来，以加强亚历山大的行动，这对巴尔干半岛各国和希特勒在欧洲的堡垒都可能导致非常重大的结果。假如是我，就会在这次行动之前把其他地方不急需的部队抽调过来，以便利用这些诱人的良机。沿着意大利北部、亚得里亚海，并经的里雅斯特到维也纳这条战线，值得我军全力以赴，也是此次战争中所涌现出来的最杰出的将军之一可以一显身手之地。我相信，威尔逊和佩吉特二位亦必赞同，这是我们必须采取的正确策略，以便完成我们的任务，摘取我们的伟大的地中海战役的成熟果实。我还可以进一步提供的援助是在空军方面，我已建议：将南非联邦内即将停办的航空训
94 练学校所腾出来的人员，用来建立另外几个中队。我已着手用南非人来充实几个皇家空军中队的人员，以这样办法或可再为亚历山大的军事行动提供六个中队的人员。目前我征兵兵源行将枯竭，而现有人力又分散在其他各方，在步兵方面除保持南非第六师的力量外,别无其他可能。如果空军部接受我已向它提出的建议（具体方案已呈该部），增添更多的空军力量就有可能。

这一战争现已达到决定性阶段，在所有三条战线上向德军发动全力进攻，必将导致本年夏季的宏伟的最后一幕。只要目前这场巨大的、顺利的进攻得以持续进行，最终的胜局当为期不远，尤其从我们现在所知的德军内幕看来，更属如此。

我将乐意看到有关“龙骑兵”作战行动的通信，虽然它是令人沮丧的。当前的局势是：法国南部已不再是具有真正军事上的重要性的战区，我方调往该处的大量兵力和资源，对他处的重大决策亦将无重大作用。我甚至怀疑敌人会花力气去增强他们在该处的力量。

* * *

8 月 17 日上午，我乘汽车出发去会见亚历山大将军。自从他取得胜利进入罗马以来，我第一次高兴地见到他。他驾车带我沿旧卡西诺战线视察，告诉我这一战役是怎样进行的，并指出几次主要战斗发生的地点。高耸的寺院，已成废墟。任何人都能看出：这一雄伟的峭壁和建筑物具有战术上的意义——它在阻碍我军前进的好几个星期中起了作用。当视察完毕后，已是午餐时候，在宜人的小树林里已为我们准备好野餐的桌子。就在这里我会见了克拉克将军及第十五集团军群的八至十位高级英国军官。然后，亚历山大用他自己那架我所熟悉的飞机，作一短途飞行，送我到锡耶纳——这是我在往昔和平的日子里曾经访问过的闻名遐迩的美丽城市。从这里我们出发去视察沿阿尔诺河的战线。我军在河的南岸，德军在北岸。双方都作了相当大的努力，尽量减少破坏，佛罗伦萨具有重要历史意义的桥梁总算被保存下来了。我们被安顿在离锡耶纳西边几英里远的一所美丽的但家具已被搬走了的别墅。我在这里度过两天，多半是在床上工作、阅读及口授电文。当然，在这些旅途中，我的私人办公室的核心人员和必要的密码译电员都跟随着我，帮助我处理每时每刻的来往函电。

亚历山大带他的主要军官来一起吃晚饭，并详尽地向我解释他的困难和计划。第十五集团军群的确像一个人被剥了皮，又挨了饿一样。我们向往的宏伟计划现在必须放弃。我们仍有责任去把最大数量的德军拖住在我们的战线上。如想达此目的，必须发动攻势，但组织很完 95
整的德军几乎和我军一样的强大，它是由许多不同部队和种族组成的。根据建议应于 26 日清早全线发动进攻。我的右翼将攻亚得里亚海这边，直接目标为里米尼。西边是美国第五集团军，归亚历山大指挥。这个部队为了支援“铁砧”作战行动，其实力被抽调得七零八落了，但尽管如此，还能奋勇前进。

8月19日，我动身去里窝那探访马克·克拉克将军。这是一次很长的汽车旅行，每到一处都停下来看看各旅各师的情况。马克·克拉克在他的总部接待我，我们在海边露天吃午饭。在我们的友好的推心置腹的谈话中，我深深体会到：这支优秀的军队被搞得支离破碎，这对统率该军的人来说是多么痛苦的事啊！我乘一只鱼雷快艇巡视这个海港——它在我们的海军行动中常发挥一定作用。后来我们到美国炮兵部队那里，他们刚安装了两门新的九英寸大炮，要我放第一炮。每个人都站开了——我拉了一下拉火绳——砰然巨响，猛力反撞，观察哨报告：炮弹打中了目标。这一次的瞄准我不敢居功。后来，他们请我去视察巴西旅的阅兵式并向他们讲了话。这个旅是巴西师的前卫，刚刚到达，他们和美国黑人的队伍及美籍日本人的队伍在一起，举行了一个壮大的阅兵典礼。

在进行这些轻松活动的同时，我与马克·克拉克一直在交谈。这位将军看来很烦恼，因为他的军队失掉了他所认为的一个大好机会——这一点我不能不同意。尽管如此，他还是要尽最大努力在英军的左翼前进，使全线始终炮火纷飞。当我回到锡耶纳别墅时，时间很晚了，我也已经疲惫不堪，亚历山大再次来此地吃饭。

96 当一个人用文字写出某些事情，以决定或说明若干对行动有所影响的重大问题时，思想是有压力的。但当你亲临其境，亲眼看到和感觉到一切，受的刺激就更深了。这里是一支优秀的军队，等于二十五个师的兵力，其中四分之一是美军，如今被削弱到对敌人的非常强大的防线不能产生决定性的作用。只要有稍多一点的力量，只要有从我们这里抽走的一半力量，我们就有可能突破进入波河流域，在向维也纳进军的路上，各种光彩夺目的可能的战机和胜利果实，就会展现在眼前。但现在的情况是：我军大约有一百万之多，在任何统率全局的战略构想中，仅仅能起到一个次要的作用。他们只能付出代价，冒着危险，发动艰巨的攻势，才能勉强把敌人牵制在他们的战线上。我军最少是能够尽其职责的。亚历山大保持了他的军人的乐观情绪，但我却带着忧郁的心情去睡觉。在这些重大事情上自己的主张得不到别人的采纳，但是却免不了要对做出蹩脚的解决办法负责任。

*　*　*

亚历山大的进攻要到 26 日才能发动，所以，我便于 21 日上午飞往罗马。这里等待着我的是另外一系列的问题和一批要会见的不平常的新人物。布鲁克已经到了，彼得·波特尔也来了。沃尔特·莫因（不久就挨上一枪被暗杀掉了）从开罗到达，利珀先生也到了。[1] 同样的，这里的问题大部分不是我们应当做什么——那将是太容易的事了——而是什么样的事才可能不但在国内而且在盟国之间取得同意。

首先，我必须处理迫在眉睫的希腊危机，这是我意大利此行的主要原因之一。7 月 7 日希腊国王从开罗来电说：经过两个月的“狡猾而无益的争论”后，希腊民族解放阵线的极端分子已经推翻了他们的领袖们在 5 月间签了字的黎巴嫩协定。[2] 他请求我们再次宣布：我们要支持帕潘德里欧先生所领导的政府，因为这个政府代表了除了极端分子以外的希腊的大部分人，也只有它才能制止内战、团结全国对抗德国人。他也要求我们谴责希腊人民民族解放军并且撤回我们派去帮助他们抵抗希特勒的军事代表团。英国政府同意支持帕潘德里欧先生的政府，但在 7 月 15 日我和伍德豪斯上校（他是英国在希腊的军事代 97
表团的一位军官）长谈以后，我同意暂时让英国军事代表团留在那里。他极力主张：在希腊的英国军事代表团对希腊民族解放阵线是一个有价值的约束，同时要把他们撤出来可能有困难和危险。但是我恐怕有一天他们可能被扣留作为人质，所以我要求他把人数减少了。

德国人撤出希腊的谣传在帕潘德里欧先生的内阁中引起了极大的反响和分歧，暴露了这个内阁的统一行动所依据的基础的脆弱和虚假性。这就使得我要会见帕潘德里欧和他的亲信更有必要了。

我离开伦敦之前，曾发过以下电报：

首相致外交大臣　　1944年8月6日

1. 肯定地我们必须告诉帕潘德里欧先生，他应当继续任首相而不要理睬所有其他的人。希腊民族解放阵线的行动是绝对不能容忍的。显然，他们所寻求的不是别的，而是乘战争混乱之际使希腊共产主义化，而不让人民按我们所理解的民主的任何方式来作出决定。

2. 我们不能够把一个人扶持起来，如我们扶持帕潘德里欧那样，在卑鄙的希腊（共产党）匪徒刚一咆哮的时候，就把他抛给饿狼去吞噬。不管目前世界局势如何困难，假如我们把曾经许诺给予支持，以鼓励其担当起重大责任的人们加以抛弃，那我们绝不会使自己的道路变得更容易走一些……

4. 万一事态恶化，希腊民族解放阵线变为主人，我们必须重新考虑是否在那里保留我们的军事代表团，或干脆鼓动希腊人民起来反对布尔什维主义。这事情在我看来必须作出下面的结论：要么我们支持帕潘德里欧，必要时按我们已同意的采取武力；要么我们彻底地摆脱与希腊的关系。

我也曾提醒过我们的参谋长委员会。

首相致帝国总参谋长　　1944年8月6日

1. 也许在一个月左右，我们将必须调一万或者一万二千人的军队进入雅典，配以少数坦克、大炮和一些装甲车。你在英格兰尚有一个约有一万三千人以上的师。这支力量现在就可以出动，也许还来得及解决那里的政治危机，这对英王陛下政府的政策有着重大的后果。这支军队可以从三角洲各飞机场的军队里得到支援，并可从我们在埃及的二十万后勤部队的士兵中尽量搜罗一些来充数。

98 2. 我重复地说：不存在控制希腊或超出雅典外围的问题，但这里是政府的中心，连同通往这里的通路必须保证安全。轻机关枪车将会非常有用。你如有更好的计划，可告诉我。

3．可以假定德国人走了，或正在往北狼狈逃窜；而我们在比雷埃夫斯登陆的部队将受到雅典大部分人，包括全部头面人物的欢迎。这个计划必须严格保密。整个问题将于星期二或星期三在一个有部长们出席的参谋会议上讨论。

4．必须注意：时间比数量更为重要，在五天内调动五千人比在七天内调动七千人更为有利。当然，这支部队不是作为机动部队。请尽早同我一谈。

事情就照此办理了。

*　*　*

在到达那不勒斯之后，我开始进行必要的部署。

首相（从意大利）致外交大臣　　1944年8月16日

我不知道，也肯定从未有意识地同意过英国内阁的任何决议：应劝说希腊国王在希腊举行公民投票以前不要回希腊去而应来伦敦。静观事态发展，会是高明得多的办法，尤其目前不等待几个月就不可能在正常的条件下举行公民投票。也许帕潘德里欧的新政府一旦在雅典稳妥地建立起来，就可以准备迎接国王，当然，不要马上动身前往希腊，而必须留在开罗等待情况发展。我可于21日在开罗会见帕潘德里欧，利珀先生那时也必须在场。

关于我们向希腊的远征，威尔逊将军和他的参谋部已经在执行参谋长委员会的电示（该电我也看过）……我曾强调指出：这一行动必须作为加强外交和政策的手段而非一次真正的战役，而且要限在雅典范围内，可能只派一支分遣队去萨洛尼卡。

当英国的一千五百名伞兵占据了着陆场地后，希腊政府几乎马上就要跟上来，并得在极短的几个钟头内在雅典展开工作，那
99 里的群众可能会以极大喜悦来迎接英国伞兵。雅典周围的空降将完全是一个出其不意的突袭，应在希腊民族解放阵线尚未采取步骤夺取这个首都以前完成。也有可能依靠希腊的两个空军中队作为上述空军力量的一部分，这可以过些日子再决定。

我们小规模的远征行动，不超过一万人，应从亚历山大港或从意大利的鞋后跟的地方[3]，差不多与伞兵空投同时进行。在水雷扫除干净、部队进入比雷埃夫斯以后，就可以把伞兵调换出来，他们在别处另有需要。对日期的制定要十分谨慎地予以考虑。我们无论如何要抢先到达，这么一来，另一次不遭受抵抗的登陆就有保证了。

假如能弄到扫雷艇，特别是如果在雅典已建立起一个友好的政府的话，那么，地中海总司令所曾详细考虑过的比雷埃夫斯布雷的入口处的繁重扫雷工作，无疑地可于数日内完成。总司令希望有约一个月的时间进行一切必须的准备。

在英美联合参谋部中，美国人当然应参与这样一个行动的计划。直到现在，他们完全参与了希腊与其他地中海国家共同的战后计划。美国的运输机是这一军事行动所需要的，我们还必须从“龙骑兵”作战行动中调遣一部分扫雷艇。他们具有大量可供使用的海军力量，这不会有什么问题。

我也致电罗斯福总统。

首相致罗斯福总统　　1944 年 8 月 17 日

1. 我们对希腊的政策总是步调完全一致的，每一重要事项我都通知你。英国战时内阁和外交大臣极为关切：当德国垮了，或者他们的军队要撤离该地时，雅典以及整个希腊将会发生的情况。如

果德国统治者在一个有组织的政权尚未建立之前就从该城退走，造成一段长时间的真空，那么，希腊民族解放阵线和共产主义极端分子就很可能会企图夺取该城，压制其他不同于他们的希腊人的观点。

2．你和我始终一致认为：希腊的命运应由希腊人民来掌握；当局势平静一恢复，他们将会有最充分的机会来在君主制或者共和制之间进行选择。但我想，你不会比我更喜欢出现混乱及巷战，或者建立一个专横的共产党政府。这只能延迟和妨碍联合国善后救济总署正在筹划的、提供给备受苦难的希腊民众的救济品的发
放。因此，我想我们必须通过地中海的盟军参谋部准备好一支不 100
超过一万人的英国军队，在时机成熟时，以最迅速的方式开入雅典。这支军队要包括伞兵部队在内，为此，你们的空军援助是必要的。我本人并不认为一个月或更长的时间内会发生什么事情，但有备方能无患。在我看来，不会有什么不可克服的困难。因此，我希望你会同意，让此间的参谋部以平常的方式进行这一切的准备工作。如果这样，英国参谋长委员会将向联合参谋长委员会提交给威尔逊将军的训令的草案。

罗斯福总统的复电于一周多以后收到，答复是果断的。

罗斯福总统致首相　　1944 年 8 月 26 日

我不反对你作好准备，以便于德国军队从希腊撤走时，有足够的英国兵力维持那里的秩序。我也不反对让威尔逊将军使用他届时可能调用的美国运输机，或从别的作战行动中腾出一些来供使用。

*　　*　　*

8 月 21 日晚上，我在罗马会见了帕潘德里欧先生。他说希腊民族解放阵线已经加入了他的政府，因为英国人对他们态度坚决，但希腊

政府自己还没有兵力和警察。他请求我们帮助希腊人联合起来抗击德国人。目前，只是一些不该有武器的人有武器，但他们是少数。我告诉他我们不能作出许诺，也不能承担义务派遣英国军队进入希腊，就连这种可能性也不应在公开场合谈论。但是，我劝他立即把他的政府从充满着阴谋气氛的开罗迁移到意大利某个靠近盟军最高司令部的地方。他同意这样做。

这个时候莫因勋爵进来参加会谈，话题转到希腊国王的地位问题上去。我说国王无须再发表任何新的声明，因为他已说过，关于回国
101 的问题也要按照他的政府的意见行事。由于他在我们两国历史上困难时刻的表现，英国对他是友好和讲义气的。我们不想干涉希腊人民选择君主制或共和制的神圣权利，但决定这样严重的问题，必须是全体希腊人民而不是一小撮空论家的事。虽然我个人是忠于在英国形成的立宪君主制度，但是，英王陛下政府对希腊的问题如何决定，不抱任何成见，只要有一个公正的公民投票就行。

我觉得，现在希腊民族解放阵线既然停止要求他引退，并且要求加入他的政府，帕潘德里欧先生就是一位真正的国家政府的首脑了，但是我警告他要提防颠覆的势力。我们一致同意在这个战争达到高潮的时刻，希腊的叛变分子不应予以释放；我们需要等一等，看看他们和他们的代表们如何行动，然后，决定要不要送更多的军火给希腊人民民族解放军。我们要试着为希腊另组一支国家军队。

帕潘德里欧先生还向我诉说：保加利亚军队仍然占领着希腊的土地。我说，一俟我们能有把握让他们听从我们时，我们就会立即命令他们退回到自己的边界去，但是，希腊在这里和在多德卡尼斯向他们提出的领土归属权问题，必须等战后解决。目前，我们愿意尽一切可能给他的国家以救济，并帮助重建，因为他的国家受害深重，应该得到尽可能最好的照顾。他们也必须尽力做好自己的一份工作，他的首要任务是在希腊建立一个希腊政府。边界问题需待和平解决。

* * *

我把这一切都告诉艾登先生。

首相（从罗马）致外交大臣　　1944年8月22日

1．由于很快就将明朗化的原因，我将于22至23日的夜晚回到亚历山大的部队去，并且希望下星期日将会到达契克斯赶上早祷礼拜。

2．我们希望对这里的军事指挥采取一些简化措施。帝国总参谋长正在和亚历山大随后又和威尔逊协同研究，以期使亚历山大在意大利所占的独特地位达到最高程度。

3．至于希腊国王，他们没有一个人要他在现在再发表新的声明。关于他要返回伦敦的建议，我已劝他等到帕潘德里欧先生回来见到他以后，才回来。过一段时间，可以考虑去意大利一行，那时他可以再去探望在这里被整肃而已悔悟过来的希腊旅，如等他们在前线的时候去，就更好些。

4．我很喜欢帕潘德里欧，把希腊政府迁离开罗的气氛有很大的好处。我想它的迁移将导致在希腊的敌方和友方的警戒的解 102
除。但是，尽管军事方面正在这里在我指挥下按照你的愿望进行计划和部署，日期是不可能确定的；这要和别的需要相配合，除非形势要求单独行动。一个月内我还不可能准备好行动，但一个月后，如果工作进展顺利，我们就可能猛攻。莫因今天上午正和威尔逊将军研究，把留下不走的部门和搬到意大利来的部门作进一步的划分。当然，庞大的国际组织和军需品临时堆集站将留在原地不动。

我很高兴，在这些激动人心而具有决定意义的日子里，你巡视了法国。

* * *

在罗马时，我住在大使馆，我们的大使诺埃尔·查尔斯爵士和他的妻子热诚地照顾我的事务和生活上的安适。在他的建议下，我会见了历尽二十年的独裁统治、灾难性的战争、革命、入侵、占领、盟军管制和其他祸患之后的意大利政治残局中的大多数头面人物。和我谈过话的人包括：博诺米先生、巴多格里奥元帅和陶里亚蒂同志——他在俄国住过很长一段时间以后，于今年初回到意大利。意大利所有政党的领导人都被邀请来见我。没有一个得到选举人的委任，它们的政党名称，恢复过去的，都是着眼于将来而选用的。我问一群人："你们的党叫什么？"他们的头头回答说："我们是基督教共产主义者。"我不由自主地说："古罗马的地下墓窖[4]就在近旁，这对你们的党该会有很大的鼓舞。"他们看来不理解我的话；我回想起来，恐怕他们一定是想到德国人最近在这些古代墓穴里所干的残暴的大规模屠杀的罪行。不过，一个人引用罗马城中的历史资料是可以被原谅的。这座不朽之城，四周是山，庄严壮丽，固若金汤；纪念碑和宫殿比比皆是，它的废墟遗迹，并非炸弹所造成，依然大放光彩；而在这座城里来去匆匆的渺小的过客，则相形见绌了！

8月23日我受到教皇的接见。1926年，我曾以财政大臣的身份来罗马，同伦道夫（当时他很年轻）访问过前一任的教皇。我对那次教皇的亲切接见，尚留有最愉快的回忆，那是在墨索里尼的时代里。如今我受到教皇庇护十二世以最隆重的礼仪的接见：不但有全副盛装的
103 教皇卫队站列于我们所经过的一进一进的前厅和长廊，而且由古罗马最高等级和最悠久的贵胄的代表们所组成的贵族仪仗队也出了场，他们穿着我从未见过的最华丽的中世纪的制服。教皇在他的书房里接见我，他兼有一种既庄严而不拘泥的融洽态度。我们并不缺乏话题。在这一次接见中，一个最突出、谈论最多的主题，和十八年前我同他的

前任所交谈的一样，是关于共产主义的危险。我一向对共产主义抱有最大的厌恶情绪。假如我能再荣幸地会见这位罗马教皇的话，我将毫不犹豫地重提这一话题。

我们驻梵蒂冈的公使达西·奥斯本爵士亲自开车送我回大使馆。在这里我第一次会见了王储翁伯托亲王，他作为王国的副帅，正指挥着我们前线的意大利军队。他那种强有力而动人的性格以及掌握整个军事和政治局势的能力，令人有清新之感。比起我同那些政界人士的谈话时所得的感受来，更给人一种可以信赖的更愉快的感觉。我当然希望他会在自由、强大而统一的意大利建立君主立宪制的事业中，起着他的作用。但是，这却是与我无关的。我手头的事已够我忙的了。华沙起义至今已延续将近一个月了。起义军处于万分危急的困境之中，我正紧张地与斯大林和罗斯福总统通信。这将在另一章里加以陈述。

注释：

[1] 这四个人是：帝国总参谋长、空军参谋长、英国驻埃及大使和驻希腊大使。

[2] 见第五卷，第 487 页。

[3] 意大利地形似一只高跟长统皮靴，“鞋后跟”系指意大利东南端与希腊隔海相望的地方。——译者

[4] 初期基督教徒利用地下墓窖和墓道，作为他们避难和举行宗教仪式的地方。——译者

104 第八章　亚历山大的夏季攻势

8月24日我回到亚历山大在锡耶纳的司令部——我视察新西兰师——会见德弗斯将军——拜访利斯将军——8月26日我给史末资的电报——8月26日进攻开始——一幅壮丽景色——一次惊险的行车——8月28日我致电美国总统——总统的复电——进一步的通信——总统的希望落空——8月28日我飞回英国——我告意大利人民书

在对罗马进行了短暂的访问之后，8月24日清早，我飞回亚历山大驻锡耶纳的司令部，住在相隔几英里的别墅里。进攻定于26日开始。我趁此机会视察了新西兰师。上一次我是在1943年2月于的黎波里视察这支部队的。我不想对它再作正式的检阅，于是士兵们便改为对我作非正式的热烈的夹道欢迎。我高兴地又见到了弗雷伯格将军以及他的军官们。我给弗雷泽发了电报：

首相致新西兰总理　　　　1944年8月25日

看到你的大约由一万五千人组成的真正优秀的新西兰师，官兵士气高昂，我甚为高兴。在即将到来的作战中，这个师是必不可少的。昨天我与弗雷伯格将军及其军官们共进午餐。我将他们未曾听过的，且在通常情况下也不可能听到的许多事情告诉了他们。弗雷伯格和我向你问候并致意。

我们打算于 25 日下午飞往亚得里亚海边利斯将军的第八集团军的战地司令部。出发之前我和亚历山大一起在他的司令部营帐度过了几个小时。当我在那里的时候，德弗斯将军和另一位美军高级将领出人意外地来到了。那个现已改名为“龙骑兵”的、争论颇多的“铁砧”作战行动此时由帕奇将军指挥，可是，作为威尔逊将军副手的德弗斯好几个星期以来却一直拼命地从第十五集团军群，特别是从马克·克拉克指挥的第五集团军中抽调部队和主要人员。据说，“龙骑兵”部队
很可能扩大成为一个集团军群，而德弗斯将被任命为该集团军群的司 105
令。为了这个即将委托给他的伟大事业，他当然要千方百计地集聚队伍，扩充实力。尽管我们没有讨论什么重大的问题，可是，我很快就发觉他与亚历山大之间的关系冷淡。过了几分钟，亚历山大面带笑容欣然愉快地表示歉意走掉了，留下我和这两个美国客人待在杂乱的帐篷里。由于德弗斯将军不像有什么特别的问题要对我谈，而我也不希望谈及棘手的问题，因此，我也就把话题局限在礼节性和一般性的范围之内。我等待着亚历山大回来，但没有等到。大约过了二十分钟德弗斯告辞了。既然没有什么公事要办，我便祝他在作战中一切顺利。他的礼节性拜访也就此结束。我觉察到这些高级将领之间，表面上以礼相待，无可指责，背后却存在着一种紧张的气氛。

不久，亚历山大来了，他说我们应该立即到机场去。我们乘坐的飞机向东北方向飞了半小时后到达洛雷托，并从那儿乘车到达设在蒙特马乔列背后的利斯将军的营地。从我们设在这里的帐篷向北俯瞰，看到一幅壮丽的全景。亚得里亚海离此虽然只二十英里，却被蒙特马乔列群山挡住看不到了。利斯将军告诉我们，掩护他的部队前进的弹幕将在午夜开始。我们被安置在很好的位置观看远处一长条炮火闪光带。急促的、连续不断的炮击轰鸣声，使我回忆起第一次世界大战的情景。炮兵部队无疑是大规模地参战了。一个小时以后我高兴地去睡了，因为亚历山大已经计划好一早就出发而且要整天待在前线。他还答应

会带我到我想去的任何地方。

* * *

就寝之前，我口授了致史末资的下述电文，我与他未曾间断过书信联系。

首相致陆军元帅史末资　　1944年8月26日

规模颇大的进攻于今日上午及下午开始，明日将达到高峰。因此，我将在此间逗留两日。之后，我必须返回英国，访问法国，随后再赴加拿大，参加于九月中旬开始的会议。原拟昨天视察南非部队，不巧他们正在行军之中。

106 迄今为止，“铁砧”取得了与其计划者事与愿违的结果。首先，该行动丝毫没有将艾森豪威尔将军的敌人吸引开去，相反，两个半到三个师的德军后卫部队将肯定在盟军登陆部队之前到达主要战线。其次，由于第五和第八这两个强大的集团军的迅速削弱，由于他们的主要人员被抽走，停滞不前的状态已无可奈何地在这里出现了。其结果使得德军三个师，其中包括一个拥有一万两千五百名作战人员的强大的装甲师从意大利前线撤走了。这些部队正向夏龙地区运动。这一来就已有大约五个师的兵力被部署来抗击艾森豪威尔。假如我们当时从这里继续向波河挺进，并最后直抵伟大城市（维也纳）的话，这种情况是不至于发生的。我仍然希望能够达到此目的。即使战争突然结束，我也看不出我们的装甲部队有什么理由不迅驰疾驶，抵达目标，因为我们是能够这样做的。

*　*　*

我与亚历山大一起大约于九点钟出发。他的副官与汤米乘坐第二辆车跟随着。我们人少，因此，行动方便。已经行驶了六个小时，听说还得继续前进，确实记不得到底行驶了多久。我们的车先爬上一个高高的、突出的岩石小山上，在这山顶上有教堂和村庄。村民们男男女女从一些一直用作掩蔽所的地窖里出来欢迎我们。我们一下子就明白了：该地刚遭轰炸过。在唯一的一条街上，建筑物的石头、瓦砾碎片比比皆是。“轰炸什么时候停止的？”亚历山大带点苦笑地对着向我们围拢来的为数不多的人群问道。“大约一刻钟以前。”他们回答说。从过去几个世纪的古城墙上眺望，确实是一幅壮丽的景色。第八集团军的整条进攻战线都历历在目。然而，除了在七八千码外炮弹四处爆炸的浓烟之外，什么也看不见。不一会儿，亚历山大说我们最
好不要在这里再待下去了，敌人对像这样的观察哨所必然要不断加 107
以轰击，可能轰击又要开始了。于是，我们乘车向西驶了二三英里，在半山腰的一块宽阔的坡地上吃了野外午餐。在这里几乎就像在那个山顶上一样，视野极佳，而且不容易引人注意。

这时候得到消息说我们的部队已经在梅托罗河的彼岸推进了一二英里。哈兹德鲁布尔[1]在这里的失败就决定了迦太基的命运，因此，我提议我们也应该渡过河去。我们于是上了车，半小时后也渡河了。公路朝着参差起伏的橄榄树丛伸去，树叶在阳光下闪闪发亮。我们在作战的一个营中找了一名军官当向导之后，便驱车穿过林中空地，直到听见步枪声和看到机枪炮火时，我们便知道离前线已经很近了。不一会儿，有人挥手警告，我们把车停了下来。原来前面是布雷区，必须沿着其他车辆安全开过的地方行驶，才平安无事。亚历山大和他的副官下了车，走向一所灰色的石头房子去探察情况。这所房子由我军据守着，据说是进行近距离观察的好地方。我明显地感觉

到只有零星的战斗在进行着。几分钟之后，副官回来了，把我带到他的长官跟前，亚历山大已经在这幢石头房子里找到了一处很好的地方，事实上这是矗立在相当陡峭的山坡上的一座旧别墅。从这里人们完全可以极目远眺。德国人的步枪和机枪正从大约五百码外的山谷那一边的丛林深处射击出来。我方的战线就在我们的脚下。枪声稀稀拉拉，时断时续。然而，这却是我在第二次世界大战中离敌人最近、枪声听得最多的一次。大约半小时后，我们回到汽车上，小心翼翼地沿着我们自己走过的或其他车辆的轮胎印向河的一边驶去。在河边我们遇到了增援的步兵纵队，他们正开来加强我们薄弱的散兵线。直到五点钟我们才又回到了利斯将军的司令部，在这里，集团军整条战线的战果准时地标在一些地图上。总的情况是第八集团军从拂晓开始，已经在十至十二英里长的战线上大约推进了七千码，而伤亡却一点也不大。这真是一个鼓舞人心的开端呵！

* * *

第二天早晨，电报和信件给我们带来了大量的工作。看来艾森豪
108 威尔将军因几个德国师的逼近而感到担心了，这几个师就是我曾经向史末资提过的从意大利撤出来的部队。我感到高兴的是，我们在令人抑郁的条件下所准备的进攻毕竟开始了。我草拟了一份电报给美国总统，将我从那些在现场的将军们那里所了解到的，并根据我个人所知道的情况向他说明我们的处境。我希望以一种不容争辩的方式将我们受到挫折的感受转达给他，同时，也表明我对未来的希望与想法。只要我能使总统恢复对这方面的兴趣，那么，我们向维也纳最后进军的计划还会坚持下去。

首相致罗斯福总统　　　　　　　　　　　　1944 年 8 月 28 日

1．亚历山大将军收到同盟国远征军最高司令部来电，要求竭力阻止越来越多的（德国）师从意大利前线撤走。这当然是由于我们在意大利的部队大受削弱所造成的后果，自进攻里维埃拉一役以来，这种情况就已经全面发生了。总共四个德国师，其中包括一个强大的装甲师，正在开往夏龙途中。然而，不顾实力不断受到削弱，大约在三个星期前亚历山大还是与克拉克开始计划迂回或突入亚平宁山脉。为达此目的，英军第十三军的四个师已拨由克拉克将军指挥。鉴于克拉克已被抽走了炮兵部队，我们还能以必要的炮兵相支援。八个师的兵力——四个美国师和四个英国师——目前正集结在佛罗伦萨周围向北的轴线上。

2．亚历山大在整个战线的正面只配备一道极为单薄的兵力；有的一大段一大段的地方就交给由防空兵改组成的步炮兵（加上若干装甲旅的支援）来防守。这样，他就有可能把十个师的英国部队或由英国指挥的大英帝国的各部队集中于亚得里亚海这一侧翼了。这些师的先头部队已于 25 日午夜前发起进攻，全线的炮击与进攻也已于 26 日拂晓开始。在广大的地区里我们向前推进了大约九英里，然而，尚未遭遇到主要阵地哥特防线上的敌人。我很幸运能在这次进军中随军前进，因而对现代战场获得了比过去明确得多的印象。在这之前，这种印象我一直是局限于从居高远离的地点或安全位置得到的。

3．计划是这样的：高度纵深密集的第八集团军的十个师将努力突破穿过哥特防线，进而绕过敌人的整个阵地，从里米尼平原地区进入波河流域；但在恰当的时候，马克·克拉克将军将根据 109
敌人的反应，用他八个师的兵力攻击敌人，这两支部队务必会师于波伦亚。假如一切顺利，我希望从此之后进军必将更加迅速，而连续不断的激烈战斗将使艾森豪威尔避免继续遭受从意大利撤出来的德国师的攻击。

4．我从未忘记你在德黑兰对我说的关于伊斯的利亚的情况。我相信，一支强大的军队在四五个星期内到达的里雅斯特和伊斯的利亚，将会产生远远超过纯军事价值的影响。铁托的人民将在伊斯的利亚等待我们。那时候匈牙利会是个什么情况我还不能想象，然而，我们无论如何都能充分利用任何伟大的新形势。

我于28日飞抵那不勒斯之后才将这份电报发出去，当我回国三天之后才收到了复电。

罗斯福总统致首相　　1944年8月31日

110 来电收悉，得悉威尔逊将军已将他在意大利的部队集中并重新开始了进攻，甚为欣慰。我的参谋长们认为，使用一切可能利用的兵力发起猛烈进攻，将迫使敌军进入波河流域。届时敌人可能会采取从意大利北部全部撤走的办法。鉴于敌方这样做有可能使敌人将兵力转移到其他战线，我们务必竭尽全力歼灭被我控制之敌。我深信，此乃威尔逊将军之目的。由于进攻已经开始，而且正在意大利全力以赴地展开，我相信，艾森豪威尔将军对我们在地中海正在尽一切可能去打击德军必将感到满意，因为不然的话这些德军可能会在不久的将来被调去抗击他的部队。我知道英国在地中海所能动用的一切力量都正在调往意大利。我们正尽力将一切增援部队和物资源源不断地运往法国，以保证艾森豪威尔将军能够保持我们的部队业已赢得的共同胜利的那股锐气。由于我们从法国南部进击的辉煌战绩，和俄国人目前正在巴尔干国家击溃敌军的侧翼，我满怀希望，最后的彻底胜利是不会拖得很久了。

我认为应该尽我们的一切可能猛烈地进逼意大利的德军，并且，在威尔逊将军所进行的战役未见分晓以及对德军的动向有了进一步的了解之前，暂停执行继续调用他的部队的决定。

我们可以在“八边形”（魁北克）重新开始我们在德黑兰所进行的关于的里雅斯特和伊斯的利亚的讨论。

这封电报强调了威尔逊将军，使我感到惊讶。

首相致罗斯福总统　　1944 年 8 月 31 日

1．一切在意大利的作战行动均按照最高统帅的指令由亚历山大将军计划与执行。你将看到现在他在亚得里亚海的侧翼同哥特防线有着二十英里的接触，第八集团军将进行激烈的战斗。克拉克将军的第五集团军也已从佛罗伦萨方向前进。我已使亚历山大将军完全明确用他的最大力量进逼敌人以消灭敌人的武装力量和迂回敌军的战线的重要性。德军要从哥特防线越过阿尔卑斯山实行总退却是不容易的，特别是如果我们能够到达波伦亚附近的话。进入法国的西部隘口和隧道已因你们挺进至罗纳河流域而被封锁了。只有一条直通德国的道路敞开着。我们将尽最大努力与敌人作战，对其进行袭击，并予以歼灭。不过，决定性的战役还有待于进行。

2．鉴于意大利战线之敌已因调走四个精锐师而削弱，我们不要求美军再派增援部队，除了我所知的即将到达的第九十二师之外。另外，我认为当然也不会再从意大利撤出部队，即克拉克集团军的四个师和同他们一起作战的部队仍将留驻原地，而亚历山大将军也将在此基础上拟定其作战方案。目前就只讲这些。

3．至于将来，一旦德军在意大利被歼灭或不幸被其逃窜，第八和第五集团军的任务还是继续打击敌人。这一任务只能以首先向伊斯的利亚半岛和的里雅斯特推进的方式开始，最后进军维也纳。假如战争会在几个月之内结束（这是十分可能的），那么，这些问题就都不会发生。总之，我们可以在魁北克详加讨论。

4．对美军在法国南部登陆的辉煌胜利我向你表示祝贺。我热切地希望正在撤退的德军在瓦郎斯或里昂会被我们箝制住并加以包围。另有大约九万名的德寇显然正从南部经由普瓦蒂埃蜂拥回窜。

111

罗斯福于9月4日又给我发来了一份电报。

罗斯福总统致首相　　1944年9月4日

我和你一样相信，我们在意大利的盟国军队足以完成自己的使命，同时，战地司令长官将无情地猛烈攻击敌人以摧毁敌人的力量。在哥特防线击溃了德军之后，我们必须继续使用我们的部队，以最有效的方式支援艾森豪威尔将军直捣敌人巢穴的决定性进攻。

至于将来如何恰当地调用我们在意大利的部队，我们可以在魁北克加以讨论。我似乎觉得，美国军队应该用于西线，但我对这个问题毫无偏见，因为这无论如何取决于意大利目前这场战斗的进展，也决定于法国战场的进展。我强烈地感到，我们在任何情况下都不应限制法国那边为迅速地突破德军的西部防线所需的兵力。

盟国在法国南部的伟大胜利必须完全归功于盟军的联合行动；自始至今对作战行动的圆满实施应归功于威尔逊将军和他的盟军幕僚、帕奇将军及其所属的指挥官们。鉴于目前德军在法国南部处于混乱状态，我希望南北两线盟军的会师将会比原来预计的时间提前得多。

我们就要看到这两个希望都落空了。我们在里维埃拉登陆而给我们在意大利的作战行动造成了痛苦的损失的那支部队，未能及时赶来支援艾森豪威尔在北部进行的首次主要战役，而亚历山大的进攻，仅仅由于缺少一点点兵力而没有得到应得的胜利，而这个胜利是我们极为需要的。意大利全境的解放还要再过八个月，转向右边进军维也纳，也非我们力所能及。并且，除了希腊以外，我们影响东南欧解放的军事实力已不复存在了。

8 月 28 日我从那不勒斯飞回国。离开意大利之前我给意大利人民写了一封短信，表示我对他们的鼓励和希望。除了我们真正处于兵戎相见的时候之外，我对意大利的人民一向是非常尊敬的。当我乘车沿着整条战线路过每一个村镇时，我都受到他们友好的欢迎，对此，我深受感动。在回国时，我提出了几点忠告性意见。

1944 年 8 月 28 日

常言说，自由的代价是永远保持警惕。于是，问题产生了：什么是自由？这里有一两个非常简单非常实际的检验。通过这种检验，在现代世界中，在和平环境里就知道什么是自由了。这检验就是：

有自由发表意见以及反对和批评现政府的权利吗？

人民对政府不满时有权把它赶下台吗？是否存在着人民可用 112
来表达自己的意志的立法途径？

司法部门是否超脱于行政暴力之外不屈从于暴民威胁？是否摆脱同某些政党的联系？

法庭是否将行使公开的、公正的法律，而这些法律在人们的心目中是同合乎情理与正义的准则联系在一起的吗？

是否对穷人与富人、平民与政府官员做到一视同仁呢？

除对国家应尽的义务之外，个人的权利是否得到保障、维护与尊重？

为了生计而日夜操劳，为了养活一家而疲于奔命的普通工人或农民，是否有免于恐怖的权利？就是说，是否不用惧怕一党控制下的某个冷酷无情的警察组织，譬如纳粹党和法西斯党所创立的秘密警察对一个普通工人或农民轻轻拍一下肩膀，不经公正的或公开的审判把他逮捕起来，投入监牢或是横加虐待？

这是一些既简单又实际的检验，一个新的意大利只能在这种检验的基础上创建起来……

今天，这种见解似乎无需再作更改。

注释：

[1] 哈兹德鲁布尔，古代迦太基名将，公元前 207 年率军越过阿尔卑斯山，参与其兄弟汉尼拔在意大利的征战，梅托罗河一役被罗马的尼禄（Nero）与李维军所挫败，身死之后，头被罗马人砍下扔到汉尼拔的军营里去。——译者

第九章　华沙的殉难 113

俄国人越过维斯杜拉河——德国在东线的崩溃——7 月 29 日莫斯科广播号召华沙总起义——8 月 1 日起义开始——8 月 4 日我致斯大林电——冷酷的答复——德军的反攻——来自华沙的令人悲痛的音讯——8 月 14 日我致艾登的电报——维辛斯基令人惊诧的声明与斯大林 8 月 16 日来电——8 月 20 日美国总统与我联合呼吁——斯大林的答复——华沙的苦难达到极点——8 月 24 日罗斯福先生给我的来电——我们需要苏联机场——总统的反对——英国战时内阁的愤怒——9 月 4 日内阁致莫斯科电——9 月 5 日罗斯福先生电——苏联的策略明显改变——9 月 18 日我方重型轰炸机在华沙空投补给——悲剧的终结

7 月下旬俄国人的夏季攻势使他们的部队推进到维斯杜拉河。各方面的报告都表明波兰在最近的将来即将落入俄国人手中。忠于伦敦政府的波兰地下军领导人现在必须决定何时举行反抗德国人的总暴动，以加速解放他们的祖国，阻止德军在波兰境内特别是在华沙本地进行一系列的死守作战。流亡伦敦的波兰政府授权波军司令员博尔·科马罗夫斯基将军与他的文职顾问在他们认为合适的时候宣布总起义。这时候看来时机恰好。7 月 20 日传来了谋刺希特勒的消息，紧跟着又是盟军猛冲过诺曼底海滩的新闻。7 月 22 日左右波兰人截获了德国第四装甲集团军的无线电报，下令全线撤退到维斯杜拉河西岸。同一天，

俄国军队过河，他们的前哨向华沙方向推进。毫无疑问，一场总崩溃
114 看起来行将发生了。古德里安将军在纽伦堡法庭受审时用这样的字眼描绘了当时的处境：

> 1944 年 7 月 21 日我新担任东线德军总参谋长。在我就职后，整条战线——假如还能称作战线的话——几乎只不过是我军的乱成一团的残兵败将，力图撤到维斯杜拉河一线；二十五个师全部被歼。

博尔将军因此决定发动大起义来解放这个城市。他手下大约有四万人马，储备了够打七天到十天的粮食与弹药。维斯杜拉河对岸的俄国军队的炮声现在已经可以听见了。苏联空军从刚占领的靠近首都的各机场起飞轰炸华沙的德军，最近的机场只需二十分钟即能飞到。同时，在波兰东部，一个共产党的民族解放委员会已经成立，俄国人宣称解放了的国土必须置于他们的控制之下。苏联的广播电台相当长时间以来一直敦促波兰人别再那么小心翼翼，要发动一场反对德军的总起义。7 月 29 日，即起义开始前三天，莫斯科电台播发了一篇波兰共产党人对华沙人民的呼吁，说解放的炮声已在耳边响起，号召他们像 1939 年那样参加到对德斗争中去，现在是决战的时候了。“华沙，这个未曾屈膝投降，坚持抗战到底的城市，行动的时刻到来了。”广播指出德国人设置防守据点进行抵抗的计划会给城市逐步造成破坏。广播在结尾提醒居民们：“不积极奋起自救，一切都将化为乌有。”“直接地积极地参与华沙逐巷逐舍的战斗等等，最终解放的时刻将加速到来，而同胞们的生命也会得到拯救。”

7 月 31 日傍晚，华沙地下军司令部得悉苏军坦克已在华沙东面突入德军防线。德国军用无线电台宣布：“今天俄国部队自东南方向华沙发动总攻。”俄国部队现在位于不到十英里远的地点。在首都的波兰地下军司令部命令在次日下午五点举行总起义。博尔将军这样描绘发

生的一切：

钟敲五点，千万面窗户猛然一闪而开，一阵弹雨从四面八方落在过路的德军头上，射向他们的建筑物与行进的队列。一眨眼，留在街头巷尾的老百姓都消失了。从一幢幢房子的门里，我们的弟兄们一涌而出，投入战斗。十五分钟内全城百万居民都卷入了战斗，各种交通都中断了。就在德军前线的紧后方，华沙，作为东西南北条条道路汇集的交通枢纽，已不复存在。解放这个城市的战斗正在进行中。 115

消息于次日传到伦敦，我们急切地等着更多的消息。苏联电台却保持缄默，俄国空军的活动也停止了。8 月 4 日，德军从还在他们手中遍及市区与郊区的各个支撑点，发动了进攻。在伦敦的波兰流亡政府通知我们空运补给十万火急。起义者面对着匆忙拼凑起来的德军五个师的反击。赫尔曼·戈林师已从意大利开来了。另外，还有两个师的党卫军随后也很快抵达。

我因之致电斯大林：

首相致斯大林元帅　　　　1944 年 8 月 4 日

应波兰地下军的紧急请求，如气候允许，我方将立即向华沙西南部空投约六十吨的装备与军火。据报，在这一地带波兰人反对德军的起义正处于炽烈状态。他们又说也曾吁请俄方支援，因为似乎近在咫尺。波兰人正遭受德军一个半师的进攻。奉告这一情况可能有助于阁下采取行动。

复电迅速而又冷酷。

斯大林元帅致首相 1944 年 8 月 5 日

你关于华沙情况来电收悉。

116 我认为波兰人告知阁下的情报极为浮夸，难以置信。甚至从下面的事实中也可得出上述结论：波兰移民已经自称他们以“国内军”的一些零散的部队的兵力几乎就攻占了维尔纳，他们甚至在电台宣布了这件事。此点当然与事实毫不相符。波兰“国内军”仅由几个小分队组成，他们却不确切地称之为师。他们既无火炮也无飞机与坦克。而德国人却配备了四个坦克师，其中有赫尔曼·戈林师来守卫华沙，我不能设想，这样的小分队怎能攻占华沙。

与此同时，跟德军“虎”型坦克的鏖战，在逐街逐巷地进行。到 8 月 9 日，德国人已打出了一条楔形通道穿过城市通向维斯杜拉河，把波兰人占领的地区分割成若干孤立的小块。由波兰、英国与自治领人员驾驶的皇家空军飞机由意大利基地起飞救援华沙，但他们骁勇的尝试既是无望的，又力量单薄。8 月 4 日晚，只有两架飞机出现在华沙上空。过了四个晚上，又有三架出现。

* * *

波兰总理米科莱契克自 7 月 30 日起即在莫斯科，试图跟苏联政府达成某种协议，因为当时苏联政府已承认波兰共产党民族解放委员会是该国未来的掌权者。这些谈判在华沙起义的头几天一直进行着。米科莱契克每天收到博尔将军的电报要求军火、反坦克武器以及红军方面的支援。这时俄国人坚持要波兰人同意关于战后波兰的边界并成立联合政府，并于 8 月 9 日跟斯大林举行了最后一次毫无成果的会谈。

8 月 12 日我致电斯大林：

首相致斯大林元帅 1944 年 8 月 12 日

我从华沙的波兰人那儿收到了下面一份令人忧伤的来电。十天了，他们仍然在跟为数相当可观的德军作战，德军已把城市分割成为三块：

（附电开始）“副总理致共和国总统、政府与总司令：

第十天，我们正在进行血战。城市被三条路所分割……所有 117
这些路线都为德军坦克所固守，要通过极端困难（周围的建筑物已被焚毁殆尽）。格但斯克车站和西站之间的铁路线上的两辆装甲列车与驻于普拉加的火炮，都不断向市区开火，并得到空军的支援。

在这样的情况下战斗仍在继续。从你们那儿我们只收到一次少量的空投。从三日开始，德俄战线沉寂下来。因此，除了第八天（在伦敦的）〔波兰〕副总理作了个简短的讲话外，我们没有得到任何物质上与精神上的支援，我们的行动甚至没有得到你们表示承认的意思。首都的士兵与居民绝望地望着长空，巴望着盟军的支援。在硝烟弥漫的天空，他们只见到德国的飞机。他们惊讶，深感愁闷，开始骂街了。

从你们那儿我们几乎没有得到什么消息，没有关于政局的情况，也没有指示与训令。你们在莫斯科商讨对华沙的支援吗？我再一次强调：没有包括武器和弹药的空投，对敌人据点的轰炸，与空降着陆等的即时的直接的支援，我们的战斗要不了几天就会垮掉。

如果有上述支援，战斗就会继续。

在这方面，我期望你们尽最大的努力。”（附电结束）

他们要求机枪与弹药。鉴于意大利距离太远，你们能否给他们进一步的援助？

*　*　*

14 日我从意大利致电艾登，我已去那儿视察过亚历山大将军的部队：

如果华沙的波兰爱国者被抛弃的暗示流传开来，这将会使俄国人大为恼火，但他们很容易在力所能及的范围内采取行动来避免麻烦。这真是莫名其妙，当地下军起义时，俄国军队竟然中断对华沙的进攻并后撤一段距离。对他们来说输送给波兰人英勇战斗所需的机枪与弹药涉及的只不过是一百英里的飞行。我曾跟(空军中将）斯莱塞谈过，设法从这儿提供所有可能的支援。但俄国人到底做了些什么呢？我想最好由阁下通过莫洛托夫致函斯大林，
118 提及目前来自多方面的暗示，要求俄国人竭尽所能提供援助。这个途径比我直接致电斯大林会更客观些。昨晚二十八架飞机从意大利起飞作了七百英里的飞行，损失三架。这是在极其特殊的条件下从这儿出发的第四次飞行。

8 月 16 日晚上，维辛斯基召见美国驻苏大使，解释说他希望避免可能产生的误解，宣读了下述令人惊诧的声明：

苏联政府当然不反对英国或美国飞机在华沙地区空投军火，因为这是英美两国的事情。但苏联政府断然拒绝美国或英国飞机在华沙地区空投军火后在苏联领土着陆，因为苏联政府不希望直接或间接跟华沙的冒险发生瓜葛。

同一天，我接到斯大林的语气较为委婉的一份电报：

斯大林元帅致首相　　1944 年 8 月 16 日

与米科莱契克先生会谈后，我命令红军司令部在华沙地区密集地空投武器。也空投了一位空降兵联络官。据司令部报称，这位联络官为德国人所杀害，未能到达目的地。

再者，我在更详细地了解华沙情况后，深信华沙的行动是一种不顾后果与可怕的冒险，这给当地居民造成了巨大的牺牲。在华沙行动开始前，苏军司令部如果得悉此事或者波兰人与苏军司令部保持联系的话，此类事本来不应发生。

既然情况已经发生，苏军司令部得出结论：苏军与华沙冒险一定不要发生任何瓜葛，因为它对华沙的行动不能承担任何直接或间接的责任。

据米科莱契克的报告，电文的头一段是完全不真实的。两名官员安全抵达华沙，受到波军司令部的接待。苏军的一位上校在那里呆了好几天，通过伦敦给莫斯科发了好几封电报，催促给起义者以支援。

*　　*　　*

18 日我再度致电艾登先生。 119

首相致外交大臣　　1944 年 8 月 18 日

我已阅悉美国参谋长联席会议 8 月 15 日致艾森豪威尔将军的极端冷漠的电报，这封电报是在我上次致电给你之后收到的。

这儿的空军当局向我担保，美军希望从英国对华沙输送支援物资，并担保说这是完全切实可行的，当然，这要以获得俄国人的许可为前提。除非杜利特尔将军审查认为这一行动是切实可行的，否则需向俄国人要求着陆的方便，我简直难以置信。你必须查明这究竟是否切实可行，这是最重要的。

在总统或我本人或两人联名向斯大林提出任何个人的或联合的呼吁前，军事方面的困难当然必须首先解决。

同时，我向总统提出要求：

首相（从意大利）致罗斯福总统　　　　　　　1944年8月18日

1. 鉴于俄国人拒绝允许美军飞机向华沙英勇的起义者空运急需的救助，影响深远的严重事件产生了。俄国人离华沙仅数十英里远，由于他们自己完全对空投补给不予置理，局势更形严重。几乎可以肯定，一旦德国人在首都得手，一场大屠杀将接踵而至，没有办法可以制止即将产生的严重后果。

2. 如果你认为这是明智的话，我打算给斯大林写一封私人信，或者你自己也写一封类似的信。如果由我们两人联合具名也许会比分开的两封信更为妥善。

3. 美国与英国的部队在法国取得的辉煌胜利正使欧洲的局势大为改观。看来，我军在诺曼底取得的胜利很可能使俄国人在个别情况下取得的任何战果黯然失色。因此，我感到他们对我们说的话将多少尊重一些，只要我们把话说清楚，简单明了。我们是服务于崇高事业的国家，即使冒着斯大林恼火的危险，我们也必须对世界和平事业提出忠告。他多半不至于吧。

两天后，我们发出了总统起草的下列联名呼吁：

首相（从意大利）与罗斯福总统致斯大林元帅　1944年8月20日

120 我们正在考虑，如果华沙的反纳粹分子事实上被弃置不顾的话，世界舆论会说些什么。我们深信我们三人都应竭力从那里拯救尽可能多的爱国者。我们希望你们向华沙的波兰爱国者空投救急补给品和弹药，不然，你们能否同意帮助我们的飞机来迅速进行空投。我们希望你会赞同。时间因素是极端重要的。

这就是我们所得到的答复：

斯大林元帅致首相与罗斯福总统　　　　1944 年 8 月 22 日

1. 你与罗斯福先生关于华沙的来电已阅悉。我愿意说明一下我的意见。

2. 关于罪犯集团旨在夺权而在华沙发动冒险事件的真相，迟早会大白于天下。这些家伙利用华沙居民的诚意驱使许多几乎手无寸铁的居民跟德国的枪炮、坦克与飞机作战。于是，就产生了这样的局面，日复一日情况不是有利于波兰人解放华沙，而是有利于希特勒匪徒惨无人道地屠杀华沙居民。

3. 从军事观点来看，已形成的局面把德军注意力越来越引向华沙，这对红军跟对波兰人同样不利。同时，德国人最近又作了相当大的努力向苏军进行反扑，苏军正尽一切力量来粉碎希特勒匪徒的这些反扑，然后，在华沙地区转入新的大规模的进攻。毫无疑问，红军竭尽全力去粉碎华沙周围的德军，并为了波兰人民而解放华沙。那才是对反纳粹的波兰人最好最有效的支援。

*　　*　　*

同时，华沙的痛苦达到极点。

首相致罗斯福总统　　　　1944 年 8 月 24 日

下面是一篇华沙起义的目击记。一份复本已送伦敦的苏联大使。

1. 8 月 11 日

尽管波兰地下军在全力抵抗，德寇继续使用残忍的恐怖手段。在很多情况下，他们纵火焚烧整条街的房屋，开枪射杀房子里的所有男人，把妇女小孩赶出房门，在弹雨横飞的街上寻找庇护之所。在克罗列夫斯卡大街，许多私人房屋被炸毁了，有一幢房屋分别 121

被四枚炸弹击中。在一幢居住着一些波兰大学退休老教授的屋子里，纳粹党卫队冲进门来，杀了好些人。有些人从地窖逃到其他屋子去才逃脱了。波兰地下军与老百姓的士气极高。口号是："揍死德国鬼子。"

2．8月11日

昨晚德军坦克部队拼命援救他们在市区的一些支撑点。可是，这任务并不轻松，因为街头巷尾都建立了巨大的路障。这些路障多半都是用马路上挖起来的水泥板垒成的。在大部分情况下，德军的企图失败了，所以，坦克手们就以放火烧房子或从远处轰击房子来泄愤。死者横七竖八陈尸街头，在很多情况下德军也放火焚尸……德军的坦克军团开始懂得波兰路障的厉害，因为他们知道在每个路障后面等着他们的，是带着汽油瓶的波兰地下军，他们决心战斗到底。这类汽油瓶已使他们的许多同伴丧生。

3．8月13日

德军把躺在圣·拉扎鲁斯医院、圣·卡罗尔医院和圣·马萨医院的伤病员，不论男女都野蛮地杀害了。

当德军用坦克载运补给品给前哨某个阵地时，他们驱使五百来名妇女、小孩走在前面，以阻止波兰地下军对他们采取行动。许多妇女和儿童被枪杀和打伤了。从城市的其他许多地区也传来了同样的事例。

尽管缺乏武器，波兰军队在华沙争夺战中继续掌握了主动权。在某些地区，他们突破了德军碉堡，缴获了非常需要的武器与弹药。8月12日缴获了一万一千六百发步枪子弹，五挺机枪，八千五百发轻武器子弹，二十支手枪，三十个反坦克地雷及运输工具，德军绝望地挣扎。当地下军放火烧着德军盘踞着作为堡垒的一座楼房时，两名德国兵挥动着一面白旗试图逃到波方战线来，但是，一名纳粹党卫队军官发现了他们，把他们打死了。8月12日至13日夜间，地下军从盟军空投中得到一些武器。

4．8月15日

死者埋葬在后院或广场里。食物情况继续恶化，但到目前为止，还没发生饥馑。今天，水管一滴水也没有。水是从仅有的几口井和民房里的蓄水缸中打来的。市区所有各部分，都在敌人炮火威胁之下，已有多处起火。空投补给提高了士气。每个人都要求打下去，并且决心要打下去，但对迅即到来的结局如何没有把握，使人郁闷。

5．8月16日

华沙的鏖战依旧非常激烈。德军寸土必争。据报某些地方整
个地区被付诸一炬。居民或被枪杀，或被劫持去德国。居民们不 122
断地反复说："一旦武器在手，我们就要他们以血还血。"

8月1日下午5点10分攻打电站的战斗开始了。波兰"国内军"的二十三名士兵在这之前驻在电站，等待起义的开始，因为他们是循正常途径给雇佣的。前一天，德国人把驻防部队的兵力增强到一百五十名军事警察，守在混凝土掩体、碉堡与电站的所有建筑物内。行动的讯号是爆炸埋在某座建筑物下的一颗地雷。经过十九个小时的战斗，电站完全掌握在波兰人手中。波方的损失是十七人阵亡，二十七人受伤。德军的损失是二十名丧生，二十二名受伤，五十六名被俘。夺下电站的分遣队完全是由电站的力工和金属工组成的。尽管德军每天用七十五毫米大炮轰击电站，职工们成功地维持了平民的供电，毫不间断。

战斗也真是名副其实地在地下炽烈地进行着。沟通波兰人占领的不同地段之间的唯一交通途径是下水道。德军把手榴弹与毒气弹扔进出入口。战斗在漆黑一团、深可及腰的粪便中进行，有时展开白刃战，有时把对手按到污泥臭水中把他闷死。地面上，德军的大炮和战斗机使大部分市区着火。

我认为有些罪恶恐怖的事应该公之于世。

首相（从意大利）致新闻大臣 1944年8月23日

有关华沙遭受苦难的真相的宣传是否停下来了？从报纸上看，公布此类事情似已实际上被禁止了。当然用不着由我们来责难苏联政府，可是，总该让事实本身说说话。没有必要提及俄国人的古怪而阴险的行径，但是，有什么理由不把这种行径的后果公诸于世呢？

* * *

美国总统现在答复了我的电报。

罗斯福总统致首相 1944年8月24日

感谢你叙述纳粹分子非人道暴行与华沙波兰人可怕的处境的来电。

123 斯大林对我们联名提议援助华沙波兰人的答复一点也不令人鼓舞。

我得知，除非苏方允许我们在苏境机场上着陆与起飞，我们对华沙波兰人提供补给是不可能的。俄国当局至今禁止使用那些机场来援助华沙。

我想不出我们目前可以采取什么有效的进一步的措施。

次日我复电：

首相致罗斯福总统 1944年8月25日

鉴于斯大林的复电回避答复我们所提的具体问题，又没有给我们提供新的情况，我建议作如下答复：

（附电开始）“我们恳切地期望从英国派出美国飞机。贵方有什么理由非得询问我方飞机沿途活动情况后，才允许这些飞机在俄国战线后方指定给我们的加油站着陆呢？这样贵国政府就可以保持不跟此一特殊事件发生关系的原则。我们相信，如果受创的英美飞机在贵国战线之后迫降，你们通常的照料就能使他们保证得到援救了。我们对这些“几乎赤手空拳的人”深表同情，他们的特殊的信念指引他们向德军的坦克、枪炮与飞机进攻。但是，我们并不急于要求对这次起义的鼓动者作出判断，尽管莫斯科电台确曾反复号召过起义。我们并不认为希特勒的暴行会随着他们抵抗的终止而结束，倒不如说这也许就是一次穷凶极恶的暴行的开始。当战争结束我们重新聚首时，华沙的屠杀将肯定是件十分棘手的事。因此,我们建议,除非阁下直接禁止,我们将派出飞机。”(附电结束)

倘使他对此电不予作复，我的意见是我们应该派出飞机，并注视事态的发展。我不信他们会受到虐待或扣留。自从我们表示这些意见之后，我已看出俄国人甚至力图收回位于他们战线后方的波尔塔瓦和其他地方的美军飞机场。

答复表示反对。

罗斯福总统致首相　　1944年8月26日

从长远的总的战争前景来看，我并不认为由你我联名将拟议中的电文发给斯大林的做法是有益的，但如果你认为这样做是恰
当的话,我并不反对你自己发出这样的电文。在得出上述结论之前， 124
我曾考虑到约大叔在他致你与我的电文中对支援华沙地下力量所表明的态度，他对我方为此目的利用俄国机场的断然拒绝，以及目前美国关于今后使用俄国其他基地的会谈等因素。

* * *

我曾经指望美国人会支持我们采取断然措施。9月1日我接见了从莫斯科回来的波兰总理米科莱契克。我不能给予什么安慰。他告诉我他打算向卢布林委员会提出一项政治解决的办法，让他们在联合政府中得到十四个席位。这些建议在火线上经过在华沙的波兰地下军的代表们辩论，得到一致通过。一年后参加这次讨论的大部分人都在莫斯科的苏联法庭以“叛国罪”受审。

9月4日晚内阁开会时，尽管我有点发烧，我认为议题非常重要，还是从床上爬起来去地下会议室，为了许多起不愉快的事件，我们曾聚集在一起。我不记得过去有过什么时候，所有的阁员都表示了这样深沉的愤怒，不管是属于保守党、工党、自由党，全都一样。我本来很想说：“我们派出的飞机在华沙空投补给以后将在贵国领土着陆，如果你们不以礼相待，我们即刻起就停止派出所有护航运输队。”但是，今后岁月里读到这几页的读者必须明白每个人都必须把在世界范围进行斗争的千百万人的命运牢记心头；有时为了一个总的目标，就得作可怕的屈服，甚至卑躬屈膝。因此，我并不建议采取这种激烈行动。当时这种行动可能会有效，因为跟我们打交道的克里姆林宫里的人并不受感情的影响而是工于心计。他们不打算让波兰精神重新在华沙发扬光大。他们的打算是寄托在卢布林委员会上。那就是他们唯一关心的波兰。也许只有在俄国人大举挺进的紧要关头，切断护航运输队，他们心里才会有可能像普通老百姓通常要考虑名誉、人道和合乎常情的诚意那样来估量问题。下列几则电报指出我们认为最明智的做法是什么。

125 首相（伦敦）致罗斯福总统 1944年9月4日

1．战时内阁对华沙的形势，对斯大林拒绝提供机场设施所引起的跟俄国的未来关系的深远影响深感不安。

2．此外，如阁下所知，米科莱契克已经把他对政治解决的建议送交波兰解放委员会。我担心华沙沦陷不仅会使有任何进展的希望破灭，而且也注定要危及米科莱契克自身的地位。

3．我紧接着即将发出的电报中包括一份战时内阁以集体的名义草拟的发给我国驻莫斯科大使的电文，以及华沙妇女致教皇的一封信，那封信是由梵蒂冈交给我们的公使的。

4．对战斗在华沙的波兰人提供物资支援的唯一快速的途径就是使用俄方各机场，由美国飞机空投补给。鉴于事态如此危急，我们请求你重新考虑由此引起的利害攸关的局势。如遇必要，你能否授权贵国空军的飞机执行这一行动，在未征得俄国人正式同意的情况下，在俄方机场着陆？鉴于我方在西线巨大的战果，我想俄国人不会拒绝这种既成事实。他们也许甚至会欢迎这类行动，这使他们从尴尬的处境中解脱出来。当然，我们将与贵国一起充分承担贵国空军任何行动的后果。

首相致罗斯福总统　　1944年9月4日

下面是今晚致莫斯科电文的复本，我在刚发出的前一封电报中提及过：

“战时内阁在今天的会议上讨论了华沙形势的最新报道。情况表明，跟德军作战的波兰人正处于绝境。

“战时内阁希望苏联政府了解敝国的舆论界深为华沙的事态与那些波兰人的苦难所打动。不管发动华沙起义的是非曲直如何，华沙人民本身不能对采取这项行动的决定负责。我国人民不理解为什么没有从国外向华沙的波兰人输送物资。由于贵国政府拒绝让美国飞机在俄国控制的机场着陆，以致不能输送补给，此一事实目前已逐渐为公众所知了。尤有甚者，如果华沙的波兰人眼下就要为德寇所挫败，据说这在两三天内必然会出现，此间舆论界

的震动将是无法估量的。战时内阁本身对贵国政府拒绝考虑英国
126 与美国政府帮助华沙波兰人的义务感到难以理解。贵国政府阻碍输送援助的行动在我们看来是与盟国合作精神不协调的，而对这种合作精神贵我两国目前与将来都是十分重视的。

“出于对斯大林元帅与苏联各族人民的尊敬——在未来岁月中我们衷心希望能跟他们继续合作——战时内阁授权我进一步呼吁，希望苏联政府在力所能及的范围内提供一切支援，最首要的是为此而向合众国飞机在贵方机场着陆提供方便。”

首相致罗斯福总统 1944年9月4日

下面是我前一封电报中所提及的来自华沙妇女的信件：

“最尊敬的圣父，我们波兰妇女受深厚的爱国主义感情与对祖国的献身精神所鼓舞，三周以来，我们固守着的要塞，缺食少药。华沙已成废墟。德军残杀各医院中的伤员。他们驱使妇孺走在他们的前面，以保护他们的坦克。关于孩子们用汽油瓶跟坦克战斗，烧毁坦克的报告，毫无夸张之处。我们做母亲的眼看着儿子们为祖国和自由而牺牲。敌人不把我们的丈夫、儿子、兄弟看作战斗员。尊敬的教皇啊，现在没有人在援助我们。俄国军队在华沙的大门口已经三周了，但寸步不前。来自英国的援助不足。世界无视我们的战斗。只有上帝和我们在一起。圣父、教皇，如果你们能听到我们的呼声，请为我们这些波兰妇女祈祷，她们正在为教会与自由而战斗。”

罗斯福总统致首相 1944年9月5日

谨复来电：从我军事情报局得悉，战斗的波兰人已从华沙撤离，德国人现已全面控制该城。

因此，不幸得很，对华沙波兰人的援救问题已经由于拖延及德国人的行动而不存在了。看起来，在援助他们的问题上现在我

们已无能为力了。

长期以来，我一直因不能为华沙英勇的保卫者提供充足的支援而深感苦恼。我希望我们仍然可以一起帮助波兰，使它在这场反纳粹的战斗中成为胜利者之一。

* * *

波兰人饱受六个星期的苦难之后，9 月 10 日克里姆林宫看来改变
了策略。那天下午，苏军大炮的炮弹开始落在华沙东郊，苏联飞机又 127
出现在城市上空。波兰共产党部队在苏联命令下，打到首都的边缘。从 9 月 14 日开始苏联空军空投补给，但降落伞很少打开，许多装箱的空投物资碰碎了，无法加以利用。次日，俄国占领了普拉加郊区，但不再前进。他们希望非共产党的波兰人遭受全歼，但又给人们保持着这样一种感觉，认为他们要援救波兰人。同时，德国人逐房逐舍前进，肃清全城波兰人的反抗中心，悲惨的命运落到居民身上。许多人被德寇驱走。博尔将军致苏军司令罗科索夫斯基将军的呼吁没有得到答复。饥馑盛行。

我想得到美国支援的努力导致了一项单独的但规模巨大的行动。9 月 18 日一百零四架重型轰炸机飞临首都上空，空投补给，但已太迟了。10 月 2 日晚，米科莱契克总理前来告诉我：华沙的波兰军队快要向德军投降了。这个英雄城市最后几次广播之一在伦敦收听到了：

这是实实在在的实情。我们的遭遇比希特勒的仆从国还要坏，比意大利、罗马尼亚、芬兰还要糟。公正的上帝啊，对波兰民族所承受的可怕的不公平作出裁决吧，希望他因之惩治那些犯罪者。

您的英雄是那些士兵，他们用左轮手枪、汽油瓶作为武器跟坦克、飞机、大炮搏斗。您的英雄是那些妇女，她们冒着枪林弹雨护理伤员，传送信件，在炸得倾塌的地下室搞炊事，喂养小孩，

> 供应成人。她们安慰垂死者，减轻他们的痛苦。您的英雄是那些孩童，他们在余烟未尽的废墟间安静地嬉戏。这些就是华沙的人民。
>
> 能够鼓舞起这样广泛的英雄行为的民族是不朽的，因为死者，可以说，已经胜利了；而生者将继续战斗，取得胜利，并再一次证明：只要波兰人活着，波兰就将永远存在下去。

这些话语是令人难忘的。华沙的战斗持续了六十多天。波兰地下
128 军四万男女中大约有一万五千人牺牲了。百万人口中有二十万遭殃。德军为了镇压起义付出了一万人丧生、七千人失踪、九千人受伤的代价。这个比例说明这场战斗具有短兵相接肉搏的特点。

三个月后，当俄国人入城时，除了满目疮痍的街道与无人收埋的尸体外，他们一无所获。这就是他们对波兰的解放，现在那儿归他们统治着，但故事不会就此结束。

第十章　第二次魁北克会议 129

9月5日，我自克莱德起航——英国对日作战计划——德国会在1944年被打败吗？——我们必须比俄国人先进入中欧——9月10日，我们在哈利法克斯上岸——9月13日，我们在魁北克城堡举行第一次全体会议——我对战事进展的回顾——缅甸战役——我建议派遣英国舰队至太平洋，归美国最高统帅部指挥——美国在太平洋的作战——波特尔爵士关于皇家空军的计划——我在9月13日发往本国的电报——“热烈友好的气氛”——摩根索计划——9月16日联合参谋长委员会的报告——北路突入德国的好处——意大利之战——巴尔干计划——击败日本——到海德公园告别——返航回国

9月5日，星期二，我们乘“玛丽皇后”号轮船再次从克莱德起航。所有的参谋长都随我前往。在六天的航程中，我们每天都开会，有时候一天两次。在同美国朋友们会见以前，我想把我们目前的许多计划和打算通盘加以协调和掌握。在欧洲，我们不但执行了“霸王”作战行动，而且获胜了。我们究竟能在何时、何地、用何种方法打击日本，确保英国在最后胜利时在那边也有其光荣的地位呢？我们的损失即使不比美国多，也不少于美国。十六万多的英国战俘和被拘留平民落在日本人手里。新加坡必须收复，马来亚必须解放。将近三年来，我们坚持了“首攻德国”的战略。现在是解放亚洲的时

候了，所以，我才决定我们应当在作战中起充分、对等的作用。在
130 战争的现阶段，我最担心的是美国在战后的年代里会说："我们在欧洲帮了你们的忙，而你们却让我们单独去收拾日本。"我们必须在战场上收复我们在远东的合法属地，不应该让别人在和平会议桌上将这些属地交还给我们。

显然，我们的主要贡献必须在海空两方面。我们的大部分舰队现在可以随意调往东方。我决定我们应当首先要求美国盟友让我们的舰队全面参加对日本的主要攻击。在德国被打败后，皇家空军应跟着立即参加对日作战。

陆军的作战就更加复杂了。中国方面情况越来越不妙。蒙巴顿将军被催逼迅速向缅甸中部进军，以打通滇缅路——这次作战行动称为"首都"——和增加飞越喜马拉雅山的空运补给。另一个可指望更直接见效的计划就是采用两栖远征，渡过孟加拉湾，占领仰光，向内地推进若干英里，截断日军与其在泰国的基地及交通线的联系。这被称为"吸血鬼"作战行动。同时，我们在缅甸中部的部队将挥戈直下，和在仰光登陆的部队会合。这样，可以期望扫荡缅甸全境，使我们能对苏门答腊发动两栖攻击战。

但是，所有这些任务需要人员和物资，而东南亚这方面都嫌不够，欧洲是提供人员和物资的唯一地方。登陆艇必须从地中海或者"霸王"作战行动中调去，军队必须从意大利或者其他地方调去。这些人员和物资都必须迅速启运。现在是 9 月了。仰光位于一条弯曲的河口之上四十英里处，其河口的回水和泥泞的河岸使情况变得复杂了。雨季从 5 月初就开始，所以，我们必须最迟在 1945 年 4 月发动攻势。我们开始减弱在欧洲的力量，这样做是否稳妥呢？

我丝毫不能肯定在 1944 年会打败德国。我们差不多在七个星期内连续取得军事上的胜利，这是事实。巴黎解放了，法国的大片土地上已经肃清了敌人。我们在意大利继续推进。苏军的攻势虽然暂时停止，但随时可能再向前猛冲，希腊很快会获得自由。希特勒的"秘密武器"

几乎都被制服了；没有证据说明他已经学会如何制造原子弹。所有这
些以及其他许多因素使得我们军界相信纳粹很快就要崩溃，但我不相 131
信这一点。我还记得德国在 1918 年 3 月的猛攻。

因此，在 9 月 8 日我所主持的参谋长委员会上，我警告他们不要把德国的迅速崩溃作为订计划的根据。我指出：德军在西方的抵抗已加强，美军已在南锡突然受阻，我说德国在多数港口的驻防部队正在进行有力的抵抗；美军还没有攻下圣纳泽尔；我们迫切需要安特卫普，但敌人正在通往该港的斯凯尔特河口两岸上做殊死苦战。

我思想上还坚决主张另一件事。我热切希望比俄国人先进入中欧的某些地区，例如，匈牙利人已表示准备阻止苏军的推进，但如果一支英军及时到达，则愿意向英军投降。如果德军撤离意大利或者退至阿尔卑斯山，我非常希望亚历山大能够跨过亚得里亚海发动两栖突击战，攻占伊斯的利亚半岛，并抢在俄国人前头，到达维也纳。派遣亚历山大的部队去东南亚，这件事看来似乎为时过早。帝国总参谋长同意在把凯塞林赶过皮阿维河以后，才可以抽调亚历山大的任何部队。我们的战线届时会比现在缩短一大半以上。亚历山大所管辖的几个印度师是进攻仰光所需要的，我们暂时只能先调出其中一个师。我对这种前景甚至也不满意。至于在伊斯的利亚半岛登陆一事，据说我们必须借用原来要派往太平洋的美国登陆艇，或是缩小在法国的战役。我们其余的登陆艇为攻占仰光所需。登陆作战必须在 5 月雨季到来前进行。如果我们在亚得里亚海使用这些登陆艇，那么，它们就不能及时到达仰光。

我们在航行中多次进行长时间的交谈，结果是大家一致同意了我们对伟大盟邦所要发表的意见。

*　　*　　*

9 月 10 日，我们在哈利法克斯港上岸，次日早晨到达魁北克。

我们的客人罗斯福总统和夫人比我们先到一步。总统在车站迎接我。魁北克城堡又一次成为我们的家，参谋人员也再次专用了弗朗特纳克别墅。

9月13日（星期三，早晨），我们举行了第一次全体会议。我带
132 的是布鲁克、波特尔、坎宁安、迪尔、伊斯梅，还有莱科克陆军少将，他继蒙巴顿之后担任联合作战部部长。总统带的是李海、马歇尔、金、阿诺德。唉！这一次竟然没有哈里·霍普金斯。在我刚要离开英国以前，他发一封电报给我："虽然我现在身体好多了，但还必须避免过分紧张，因此，我认为不应冒损害健康的危险，试图在亚伯拉罕平原上投入魁北克的战斗。在这平原上已有一些比我优秀的人物牺牲过。"我当时不知道他同总统之间的关系在性质上有所变化，但我相信他是很受人怀念的。

罗斯福先生请我主持讨论会。我于是提出对战争的全面看法，这是我在旅途中已经准备好了的。自从我们在开罗会见以来，联合国的事务已经大为好转。我们的愿望无不实现。在军事上，我们获得了连续七个星期的胜利。自从德黑兰会议以来，事态的发展说明了我们的设想是出色的，而且执行得很准确。起先是登陆安齐奥，其次是在实行"霸王"作战行动的前夕攻占了罗马。这真是分秒不误。我对美军参谋部圆满完成"龙骑兵"作战行动表示祝贺。俘虏人数似乎已达八九万。法国南部和西部的敌人正在按计划予以肃清中。未来的历史学家一定会说我们盟国的作战机构在德黑兰会议以后起了卓有成效的作用。

虽然大英帝国现在已经进入战争的第六个年头，但仍然保持着它的地位，尽管其总人口（包括各自治领及殖民地）仅有七千万白人而已。报道这件事时，我也感到很高兴。如果按照战场上师的数目计算的话，我们在欧洲所尽的力量大约同美国相等。这是理所当然的。我引以为自豪的是我们能够同我们伟大的盟友平起平坐。我们的力量现已达到顶峰，我们盟军的力量更是越来越强。艾森豪威尔将军博得完全的信任，他同蒙哥马利将军的关系更为融洽，而蒙哥马利将军同布雷德利

将军的关系也是如此。比德尔·史密斯将军在领导和团结参谋人员方面，表现出高超的才干。一个有效地统合成一个整体的美英联合参谋机构已经建立起来，仗也打得相当漂亮。

在意大利，亚历山大将军于 8 月底又开始进攻。自 8 月底以来，第八集团军伤亡约八千人，第五集团军伤亡约一千人。第五集团军还
从来没有打过这样的硬仗，但预料他们总有一天要打的。在这个战场 133
上，从来也没有过如此富有代表性的大英帝国的军队。这支军队总共有十六个师，即八个英国师，两个加拿大师，一个新西兰师，一个南非师，四个英印师。我解释说我曾经担心过亚历山大将军可能由于某些基本条件不足以致难以进行这一场激烈的战役，但我现在了解到，联合参谋委员会已经同意在消灭凯塞林部队以前，或在凯塞林逃离意大利以前，不再抽调亚历山大的军队。

马歇尔将军证实了这一保证。我于是强调说，在上述情况下，我们必须寻找新的活动场所。我们的军队千万不可闲着无所事事。我说我一直感兴趣的是发动一个向右出击的运动战，在亚得里亚海地区对德国的腋窝捅上一刀。我们的目标应是维也纳。如果德国的抵抗垮下去了，我们当然能够比较迅速而又顺利地到达这座城市；如果德军仍然抵抗，我已充分考虑到帮助这个运动战的方法，即攻夺伊斯的利亚并占领的里雅斯特和阜姆。美国参谋长联席会议表示，如果这一行动合乎我们的愿望而且必要的话，他们可将现在用于进攻法国南部一部分的登陆艇留在地中海，以供这次两栖作战之用。我这才放了心。采取这次向右出击的运动的另一理由，是俄国人迅速侵入巴尔干半岛，苏联势力在该地扩张，已成为一种危险。

*　　*　　*

我接着回顾缅甸战役。这个战役的规模颇大。有二十五万人参加作战。英帕尔与科希马两地的战斗进行得很激烈。史迪威将军

成功地占领了密支那，值得庆贺。我军伤亡已达四万人，患病达二十八万八千人。好在大部分病员已恢复健康，且已归队。这次战役的结果是继续保持通往中国的航空线，使印度免遭袭击。据估计，日本损失了十万人。缅甸战役是我们和日军在陆地上迄今所进行的最大
134 规模的交战。

我接着又说，纵然有这些成就，但在缅甸森林中无限期继续作战还是极为不利的。为此，英国参谋长委员会已经建议采用“吸血鬼”作战行动，即攻占仰光的方案。想要集中必要的部队并及时运到东南亚，以便在 1945 年雨季以前夺取仰光，这种做法在目前正遇到种种困难。虽然现在欧洲的情况对我们有利，但还不允许我们作出从战场上撤出一些军队的决定。我们所要的就是只要可能，尽量保留自由选择的权利。为了这个目标我们全力以赴。

某些制造麻烦的人说我们在打败德国后不会参加对日作战。其实，大英帝国不但绝不会逃避这个责任，而且渴望在对日战争中起尽可能大的作用。我们这样做有充分的理由。日本对大英帝国和美国来说，同样都是一个死敌。英国在战争中丧失了领土，损失惨重。我现在提出的建议是：英国主要舰队在美国最高统帅部领导下参加对日的主要战役。我们应当能够提供一支强大而又配备齐全的力量。我们希望到 1945 年年底，这支力量包括一些最新式的战列舰，并且建立一队规模相当的辎重船舰，使得战舰在相当长期间内无须依靠岸上基地的补给。

总统插话说可以立即接受英国舰队。关于这一点，他虽然没有提到事实，但推翻了金海军上将的意见。

我继续说，如果愿意的话，我们在太平洋中部的舰队可以派一支分舰队至西南太平洋受麦克阿瑟将军指挥。当然，我们绝对无意干涉他的指挥权。皇家空军愿意参加对日本的大轰炸，为击败敌人作出进一步的贡献。我们可以派出一个大型的轰炸机群，同美国同事们光荣地冒险轰炸敌人心脏。陆军方面，在击败德国后，我们大概可以从欧洲派遣六个师到东方，以后也许再增派六个师。我们在东南亚有十六

个师。这十六个师最后也许可以抽调。我向来主张跨过孟加拉湾进军作战，以收复新加坡，因为新加坡的沦陷对英国的威信是个严重的、侮辱性的打击，所以，必须雪耻。以上的想法并非一成不变。我们应当首先攻占仰光，然后，通观全局。当然，将来如果随着局势的发展，有人提出更好的计划时，我们绝不会加以排除。我们的主旨应该是在尽早时刻用我们最大多数的力量去对付敌人的最大多数。 135

*　　*　　*

总统对我的回顾表示感谢。他说在美英双方接连举行的会议中，每次的见解和基本看法越来越趋一致，这是一件令人深感满意的事。此外，双方一直保持诚挚友好的气氛。我们的事业已经兴旺起来，但我们还不大可能预见对德作战何日可以结束。很清楚，德国人正在从巴尔干各国撤退；他们在意大利可能退至阿尔卑斯山。俄国人正在匈牙利的边沿。德国人表现出善于组织撤退，因此，能够保存许多人员，虽然损失了不少物资。假如亚历山大作战顺利的话，我们将相当快地到达皮阿维河。我们在意大利的所有部队应竭尽全力作战。在西方，德国人似乎可能退到莱茵河后面。河的右岸会成为他们防线的西面屏障，成为一道难以攻克的障碍。我们必须从东面或西面进攻他们，所以，我们的计划必须是灵活的。德国人的力量现在还不能忽视。还得打一次更大的仗。因此，我们的对日作战多少要取决于欧洲的战局如何。

总统同意我们在把缅甸战场上的日军肃清后，应即移兵。美方的计划是收复菲律宾，从菲律宾或台湾[1]，或从我们在中国所能攻夺的桥头堡，对日本本土加以控制。如果我们的军队能在中国大陆站住脚，中国就可以获得挽救。美国的经验是用“左右迂回带球”的方法，收效显著。拉包尔是使用这种迂回战术的一个例子，结果是以少数人的牺牲换取了重大的成功。总统问可否迂回新加坡，在其北面或东面夺取像曼谷这样的地区？他说他至今还没有充分注意到苏门答腊计划，可是，现在那里的战事已经取得了较大的成果。

我说全部计划正在审核中，然后，安排先后次序。我们只能在攻下仰光后作出决定。苏联要在打垮希特勒后参加对日作战，这是斯大林在德黑兰主动承担的一项严肃的任务，我们不能对此估计过低。我
136 们没有理由怀疑斯大林言行不一。俄国人无疑对东方有很大的野心。假定希特勒到1月份被打败了，日本面对世界上三个最强的国家，它要继续作战当然就要再三考虑了。

我接着把原话重复一遍，以便把我们的立场讲清楚，即要求对英国舰队参加对日的主要战役这件事有个明确的保证。

总统说："我愿意随时随地都能看到英国舰队。"

金海军上将说已经预备好一份文件提交联合参谋长委员会，并正在积极地研究这一问题。

我重复说道："我们已提出英国舰队参加作战的建议，接受了没有？"

"接受了。"罗斯福先生说。

"你们是否也让英国空军参加主要战役？"

这次要得到直接的答复就难得多了。马歇尔说阿诺德将军和他正设法尽量把最大多数的飞机投入战斗。"还不太久以前，"他解释说，"我们叫喊飞机不够，现在飞机过多了。如果你们想在东南亚和马来亚投入大量兵力，难道不需要你们的大部分空军吗？波特尔的轰炸日本的计划是否完全是另一回事呢？"

"完全是另一回事。"波特尔回答说。"如果我们的'兰开斯特'式轰炸机可以在空中加油的话，它们就能够飞得同你们的B-29型飞机差不多一样远的距离。"

我说我们的未来主要取决于双方的良好关系，因此，英国应当在对日的主要战役中起应有的作用。这一点非常重要。美国在对德作战中已经给过我们极为慷慨的援助。当然，为了报答这种盛情，大英帝国理应竭尽全力帮助美国打败日本。

*　*　* 137

会议结束后，我发了以下电报回国。

首相致副首相及战时内阁　　1944年9月13日

1. 会议已在热烈友好的气氛中召开。双方参谋人员的意见几乎完全一致。在凯塞林窜逃越过阿尔卑斯山脉或被歼前，不会削弱亚历山大的军队。我们打算将地中海所有登陆艇用于亚得里亚海北部的任何两栖作战计划，其地点可能为伊斯的利亚、的里雅斯特，等等。

2. 如战事相持未决，而他人又未抵达维也纳，则我方将进军该城。此意见在此已完全被接受。

3. 登陆艇在亚得里亚海使用后，当可调往孟加拉湾或更远地区，视情况需要而定。

我也可以使我们在地中海的指挥官更加放心了。

首相致威尔逊将军及亚历山大将军　　1944年9月13日

1. 涉及你们的每件事已在此充分讨论过。凯塞林被歼灭以前(我们的情报指出有此可能)，亚历山大的军队不应减弱。

2. 此外，金海军上将对地中海的登陆艇未提出要求。美国人十分愿意提供一切必要的登陆艇，以支援亚得里亚海北部任何切实可行的两栖作战行动。

3. 因此，我希望你们本着大胆进取精神，紧抓此大为好转的形势行事。美国人谈话中都毫不对我们一直推进到维也纳的计划表示丝毫犹豫，如果战争持续很长时间的话。我们的意见在此均被接受。我十分宽慰。我们必须全力利用这些有利条件。

* * *

138

在随后几天内，我同总统及其顾问们有过多次的会谈。使我意料不到的是，我抵达魁北克时，虽然国务卿也好，哈里·霍普金斯也好，都不在场，美国财政部长摩根索先生却随同总统前来了。但我见到摩根索很高兴，因为我们正急着要讨论征服德国后至打败日本这段时期内两国的财务问题。可是，总统及其财政部长更关心的是战后处理德国的问题。他们深感军事力量取决于工业力量。他们说在二十世纪三十年代，我们都已看到高度工业化的德国是多么容易武装自己而威胁邻国的。因此，他们断言，像德国这么大的国家不需要那么努力地发展工业，因为德国无论从哪一方面来讲都有可能养活自己。联合王国丧失海外投资是如此之多，一旦和平到来，它只能靠大量增加出口来维持收支平衡；因此，为了经济上和军事上的理由，我们理应限制德国的工业而鼓励其农业。我起初强烈地反对这个看法。但是，总统和摩根索先生——这个人我们曾多次求助于他——坚持上述看法，所以，我们最后同意考虑这一看法。

这个所谓“摩根索计划”（我没有时间加以详细研究）似乎已经给这些看法下了超逻辑的结论。即使它是切实可行的，我现在仍然认为如果把德国的生活水准这样压低是不对的；但当时以工业为基础的军国主义已经给欧洲带来令人毛骨悚然的创伤，如果我们同意德国的生活水准保持与其邻国相等，而其工业生产力只许恢复到相应水平的话，也未必是不合理的。所以，这一切当然要提请战时内阁充分考虑。使德国“经济田园化”的主张最后在战时内阁开会时没有保存下来，这是在我的完全同意下决定的。

139

* * *

9月16日，星期六，中午，我们举行最后一次会议。联合参谋长委员会现已写好送给总统和我本人的报告。根据罗斯福先生的要求，李海上将把报告逐段读给我们听。主要段落如下：

> 9．最高统帅的总的意图是全速推进，摧毁德国武装力量，占领德国的心脏。他认为在西线击败敌人最好的机会取决于对鲁尔和萨尔的进攻，因为他相信敌人将把它所有还未使用的力量集中起来防守这些主要地区。第一个作战行动为突破齐格菲防线并夺取莱茵河各渡口。在进行过程中，应将主力置于左翼。这时，他将作好后勤及其他方面的准备工作，以便攻入德国的纵深地带。
>
> 10．我们已赞同艾森豪威尔将军的建议，并请他注意：
>
> (1) 与南部相对而言，进入德国北部是有好处的；
>
> (2) 在恶劣天气到来前，必须打开西北部的港口，尤其是安特卫普和鹿特丹。

我对这些总的意图没有争论，但是，我们在横渡大西洋时，我曾经对英国参谋长委员会说过我怀疑德国是否会迅速溃败。这一点谅读者还会记得吧，我照这个意思也写了一份文件，并将在另一章发表。龙德施泰特的反攻还在后头，而渡过莱茵河还要等待半年以上的时间才能实现呢。

* * *

关于意大利的作战建议如下：

> 11．我们已经审阅一份威尔逊将军所写的有关他的战区的作

> 战情况的报告。据目前意大利的战况看来，他认为战事将照下列
> 140 两种情况之一发展：
>
> (1) 凯塞林的部队被击溃。在此情况下，我们有可能迅速重新聚集兵力，向卢布尔雅那山峡追击（并由勃伦纳山口越过阿尔卑斯山），留下一小支部队在意大利西北部扫荡；或是
>
> (2) 凯塞林的军队有秩序地撤退成功。在此情况下，看来我们在今年内似乎只能扫清伦巴第平原。在1945年春天以前，由于阿尔卑斯山的崎岖地形和冬季严寒气候，不可能再发动一次主要攻势。

联合参谋部的报告继续如下：

> 12. 我们已经同意：
>
> (1) 在亚历山大将军的目前攻势的结局未见分晓之前，不应从意大利抽调主力部队。
>
> (2) 关于撤出美国第五集团军的队伍，这件事适当与否必须根据下列两点重新考虑：根据亚历山大将军现阶段进攻的结果和德军在意大利北部的撤退的情况；根据艾森豪威尔将军的意见。
>
> (3) 通知威尔逊将军：如果他想把现在地中海的两栖作战的船只和器材留在伊斯的利亚半岛使用的话，应该尽早将此计划提交联合参谋长委员会，而且不得迟于10月10日。我们已照此通知了盟军最高统帅。

在这个问题上，我得注意讲条件。在我们知道亚历山大的进攻的结果以前，不调走主力部队；这样说一直都不错。但是，攻势是推进多远呢？譬如说，只允许亚历山大推进至里米尼防线，那么，这个建议是完全不能接受的。因此，我说我认为他能攻入并控制波河流域。马歇尔和李海同意说这正是他们的想法。这时候我才大为放心。

接着，我对金海军上将答应将登陆艇借给我们用于进攻伊斯的利亚半岛一事表示谢意。上将强调说这些登陆艇还要用于进攻仰光，所以，我们必须下决心在 10 月 15 日以前进攻伊斯的利亚。

*　*　*

141

联合参谋长委员会报告接下去的一段说明了我们关于在巴尔干半岛作战的共同建议。原文如下：

> 13. 威尔逊将军认为可以预料到这样的形势，即在的里雅斯特－卢布尔雅那－萨格勒布以及多瑙河一线以南的大部分德军将动弹不得，一直到弹尽粮绝为止。在此情况下，他们将会向我们投降，不然就会为游击队或俄军所歼灭。我们已经注意到：只要意大利战事继续进行，就无法从地中海调兵前往巴尔干地区，但以下两支部队除外：
>
> (1) 从埃及调去为数两旅的少量兵力。这支队伍现在待命占领雅典地区，准备开始救济工作，建立希腊政府，维持法律与秩序。
>
> (2) 在亚得里亚海的少量陆军兵力。这支队伍现在主要用于积极进行突击队式的作战行动。

我们大家都接受了上述意见，没有进行修改或讨论。

*　*　*

太平洋作战方案详细地讨论到机动灵活与抄捷径的重要性。盟军海空军的优势应当能够使我们在任何地方尽量避免付出重大代价的陆上战役。在东南亚方面，我们同意缅甸北部的陆上进军应该与攻夺仰光的两栖作战结合起来。我说虽然我承担英国确保对中国的航空线安全并取得与中国陆路交通的义务，但是，任何对完成此义务做得过度的倾向都会挤掉我们对仰光的进攻，而联合参谋长委员会和我却正想在 1945 年雨季以前把它拿下来。

报告的其他部分没有经过多少讨论就得到同意了。结束对日战争的预计期暂定为击败德国后十八个月。

下面的段落是按照原文逐字不漏加以引述的。

33. 在德国军队有组织的抵抗崩溃后，联合参谋长委员会从军事角度看，同意将按规定不归苏联政府解除武装、管辖以及维持秩序的那部分德国领土，划为以下几个分区。

34. 为了解除敌人武装、管辖以及维持秩序的：

(1) 英国军队在一名英国司令官统率下将占领德国的莱茵河岸地区和由科布伦茨沿黑森－纳索州的北部边界直至苏联占领边界这一条线以北的莱茵河东岸部分。

(2) 美国军队在一名美国司令官统率下将占领黑森－纳索州的科布伦茨北界线以南和苏联占领区以西的莱茵河东岸部分。

(3) 美国军队占领区司令官有权控制不来梅与不来梅港两个港口并在其紧邻地区设置军队运输基地。

142 (4) 美占区还可以有通往西部和西北部的海港的道路，并可通过英占区。

(5) 以上大略规定的英美控制区可以在以后的一个日期准确划界。

* * *

9 月 17 日，星期天，我同妻子和女儿玛丽乘火车离开魁北克，到海德公园访问总统并向他告别。

9 月 19 日，我在海德公园用午餐，哈里 · 霍普金斯出席了。请他出来显然是为了使我高兴。他向我解释说他的地位有所改变。他已失掉总统的宠信了。他在吃饭时迟到了几分钟，总统对他连招呼也没打。这是一个意想不到的怪事。当霍普金斯似乎开始恢复往日的影响时，我和总统的关系显然好转了，而且我们的工作也进展得更快了，这的确是值得注意的。两天中，我们似乎回到了旧日的情景。霍普金斯对我说："你要知道，我是今不如昔了。"他一下子想做的事太多。在多种多样的工作的重压之下，就连他那充沛的精力也垮了下来。

我在晚餐后动身去纽约，次日早晨登上"玛丽皇后"号轮船，返航祖国，一路平安无事。9 月 25 日，我们驶进克莱德河后，便立即乘火车回伦敦。

注释：

[1] 原文为 Formosa，下同。——译者

143 第十一章 在缅甸境内挺进

1944年6月英帕尔解围——日军遭受毁灭性的损失——第十四集团军的挺进——抗击雨季之战——8月3日史迪威将军攻占密支那——他的“战神旅”——蒙巴顿访问伦敦说明他的各项计划——9月12日我有关作战行动的备忘录——德军的抵抗迫使我方延迟进攻仰光——10月5日蒙巴顿得到困难的消息——继续挺进——美军高级指挥官人事调动——中国的危机——总统12月1日电——两个中国师和几个空运中队撤退——向曼德勒挺进——1945年1月滇缅路重新开放——1月23日我致蒙巴顿电报——若开冬季作战——攻占若开（阿恰布）

缅甸境内摇摆不定的战局，前面已经叙述到主动权即将转入我方手中了。[1] 日本入侵印度，于1944年6月底在英帕尔山地高原溃败了；当时从北面下来的几支救援部队，与斯库恩斯将军突围的驻防军会了师。通往迪马普尔的道路敞开了，车运队源源开进来了。可是，三个日本师尚有待于将其赶回到钦敦江对岸去，他们就是从那边来的。日军的损失已经是毁灭性的了。估计陈尸战场的达一万三千名以上，如果连死于伤病或饥饿都计算在内，那么，根据日本的一项估计，总数可达六万五千人。现在雨季正处于高峰，前两年到了这个季节，活跃的作战行动即告停滞。毫无疑问，日军指望有个喘息的机会，这时他们就可以把他们那个被打得七零八落的第十五集团军解救出来，重整旗鼓。我们不让他们有这种喘息的时机。

英印第十四集团军在斯利姆将军的精明有力的领导下，采取了攻势。他们的三十三军首先扫清了乌克鲁尔周围的战场，而第四军则再度攻占了英帕尔平原的南部。到了 7 月底，日军的抵抗被粉碎了，第三十三军于是发动了一次总追击，直达钦敦江畔。追击部队在沿途各条山径上到处发现敌人惨败的迹象——大量被遗弃的大炮、运输工具 144
和装备；敌人成千上万地被击毙或奄奄一息。印度第五师向南面的铁定推进，开头时任务较为艰巨。抗击该师的日军第三十三师，不像其他部队那样受过重创，他们这时已经得到了增援。进军的通路盘旋曲折，像羊肠小道穿过山区，容易防守。日军阵地一个接一个地被攻下来，皇家空军第二百二十一大队在空军中将文森特的指挥下，在步兵发动攻击之前，立即进行猛烈的轰炸。在这儿，也像这个期间里缅甸的其他任何地方一样，每天往前推进只能以英里计算，极为迟慢。不过我方士兵是在热带暴雨中进行作战，日夜全身湿透。而所谓公路，好天时大半只是一些尘土漫天的小路，现在被踩成了一层厚厚的烂泥浆，大炮和车辆要从上面经过，时常得靠人力推拉。前进的缓慢并不足为奇，而我们竟然有所进展，倒是令人惊讶不已的。

我方部队在若开山地被迫采取积极守势。在那片混混沌沌、丛林覆盖的丘陵地带，沿岸只有一条狭窄的稻田和栲树丛生的沼泽地带，雨季降雨量有时达到每周二十英寸，[2] 使得重大的作战行动全都停顿下来。在北部战线，史迪威将军的部队稳步前进。8 月 3 日攻占密支那的结果，使他获得一个未来陆上作战行动的前进基地，而更重要的是，为美国向中国空运提供了一个中途站。著名的“驼峰”空中运输，不再需要由阿萨姆北部越过高山地区向昆明作直接而时常是危险的飞行了。以阿萨姆北部为起点的那条漫长的公路上，工程不断向前进展，预定以后要同那条由缅甸通往中国的老路衔接起来。阿萨姆地区各条后方交通线上的紧张状况，由于一条以加尔各答为起点、长达七百五十英里的新油管铺设成功而告解除，这条油管比伊拉克到海法那条著名的沙漠油管还要长。

145 为了向南挺进，史迪威把他指挥下的五个中国师改编为两个“集团军”，其中一个集团军奉命由密支那开往八莫和南康，另一个集团军则开往瑞姑和杰沙。后者的进军，归英国第三十六师领导，该师已被置于史迪威的指挥之下。这个师接替了郎坦将军指挥的几个钦迪特旅[3]，当时，这几个旅已进行了历时几达六个月、备尝艰难险阻的作战活动，终于战胜了敌人至少十一个营，现在撤下来进行必要的长期休整。史迪威把他的“战神旅”留在手里作为后备军。这是一支机动、轻装的部队，约一万人，主要由一个美国团组成。他带领这些部队于8月初开始进发，渡过伊洛瓦底江。他的东侧翼，同大约十万人的中国“云南”部队取得联络，这些中国部队正由萨尔温江朝着南康挺进。

* * *

关于东南亚的未来作战行动方针，这时，又再度进行审查，蒙巴顿在同他手下的三个总司令，即萨默维尔海军上将、吉法德将军和皮尔斯空军上将，商量之后，动身到伦敦说明他的各项计划。他已经受命由陆地进军缅甸中部，这次进军必须继续进行，直至第十四集团军渡过钦敦江，并与从北面来的史迪威部队会师为止。可是，随着他的交通线越拉越长，而他亟需依靠的补给飞机又为数有限，所以，他能否从曼德勒进抵仰光，还很难说。因此，他建议执行上一章已提及的一项大规模进攻仰光的两栖作战行动，并规定这次行动的代号为“吸血鬼”。他的部队一旦在那儿站稳了脚跟，就能够向北面推进，与第十四集团军会师。这是一个很好的主意，只是需要有比蒙巴顿所掌握的更多的部队和更多的船只，而这些部队和船只只有从西北欧才能弄到。

我对这个计划及其各种方案的看法，都写入魁北克会议的一项备忘录里了。

首相致伊斯梅将军转参谋长委员会　1944 年 9 月 12 日　146

对 日 作 战

英国参加这场战争可采取两种方式：其一是：直接参加美国在远东的一些个别的作战行动。其二是：英军进行一次大规模的牵制性作战行动，目的是由陆上和空中经常进攻敌军，消耗其力量，光复被日军占据的英国领地。上述两种方式中我赞成后者，原因是：

(1) 下面的作战方针几乎永远是正确的，即：抓紧最早的时机在最短的距离内，同最大量的敌人进行不停歇的最持久的作战。

(2) 要最完善地达到这一点，就得横渡孟加拉湾这段短程运输路线，发动直接突击，目标是“吸血鬼”（仰光）、“长炮”（苏门答腊），或其他力所能及的首批目标。

(3) 交通线一拉长，就造成同敌人交战的兵力大为缩小。大量涌出的石油从油管的一头灌进去，但另一头流出来的只成涓滴，线路一长，中途的泄漏量就会大得不可胜计。

2. 根据上述理由，得出的结论是：我反对派遣任何英国军队去参加麦克阿瑟将军指挥下的澳大利亚部队和新西兰部队。我们作出的贡献将会是既微不足道，又姗姗来迟的。另一方面，我并不反对派一支英国海军机动部队支援麦克阿瑟将军，其中包括几艘航空母舰，或派几个皇家空军中队，只要派遣这些部队的结果不会削弱我方横渡孟加拉湾的主要作战行动就行。

3. 昨天李海上将通知我：他们已决定接受英国派遣舰队参加对日本的主要作战行动的提议。因此，从这支舰队里面组织一支分遣队来支援麦克阿瑟将军的作战行动一举，是不会同这个方针发生矛盾的。

4. 总而言之，我们的方针应该是给予美国的主要作战行动以最大规模的海军支援，但应继续进行我们自己向仰光的推进，作

> 为将来大举进攻新加坡的序幕战，或序幕战之一。这就是英国在整个印度和远东战场上的最高目标。这是唯一值得为之努力奋斗的东西，因为它将使英国在这个地区的势力获得恢复，而在追求实现这一目标的过程中，我们要给美国的作战行动以最大限度的援助，方法是尽最大的可能在最早的时机同最大量的敌人交战。

147 在魁北克会议的讨论中，我们赢得美国人赞成我们的仰光计划。这预示我们将获得许多好处。英国和大英帝国的部队在缅甸的山地和丛林中以及在印度的边境上作战六个月，仅由于疾病就损失了二十八万八千人。不过从海上进攻仰光和向北挺进，就会切断敌军的交通线，把他们的部队分割开来。日军在缅甸覆没的结果，可使相当大量的军队解放出来，这些军队立刻就可以用来进攻孟加拉湾隔海诸目标，这对我们的共同事业，对挫败日军，尤其是挫败其空军来说，应该是最有利的。为了这个目标，我们决定要尽一切力量于1945年3月15日以前进攻仰光。要发动这样一次作战行动，估计需要有五六个师的兵力，但蒙巴顿只能调派两三个师，而从联合王国最多只能挤出一个师。失败不只意味着由于在缅甸境内延长作战行动，致使疾病造成许多不必要的牺牲，而且还意味着1946年以前我们进攻马来半岛和那一带的整个进一步的部署，都要受到挫折。

因此，我曾建议，解决的办法是派遣一个或两个美国师到缅甸，而不是到欧洲去。这个方案比从蒙哥马利的部队里调走实际作战的两个师更好，并且会使更多部队迅速投入对日作战中去，而无须把任何同德军作战的部队撤出来。我在魁北克会议上说明，我并不要求当场立即对此作出决议，我要的只是希望美国三军参谋长对我的建议进行研究。马歇尔将军同意这样做，但由于种种原因，我的建议未被采用。我未有同感的那种乐观的期望，即德国会在年底前溃败，终告破灭。9月底，情况很明显：德军的抵抗会继续到冬季和冬季以后，所以，蒙巴顿接到训令（这不是头一次），要他一定用他所掌握的一切，竭尽所能去妥善安排。因此，我发出了如下电报：

首相致蒙巴顿海军上将　　1944 年 10 月 5 日

国防委员会不得不作出结论，认为 3 月的“吸血鬼”计划中止了，我国三军参谋长委员会已向美国参谋长联席会议提出这个建议。你到时候将会接到正式的训令。同时，你要知道，推迟这一作战行动的原因，并不是你和东南亚军区所采取的态度，而是西战场上比这大得多的力量的影响。现在你就得着手考虑（1945 148
年）11 月把“吸血鬼”计划提出来讨论的问题。我们未能实现这个我曾为之操心的作战计划，我的确感到非常遗憾，不过德军在法国和意大利两处的抵抗，都已表明他们比我们所预料的还要顽强。我们必须先把他们扫清。

*　　*　　*

在这个整个时间里，我第十四集团军和史迪威集团军也在徐徐地奋力前进中。印度第五师于 10 月 18 日占领了铁定，并在集中而准确的空军轰炸的协助下，从高达八千英尺制高点的肯尼迪峰上把敌军肃清。他们就从那边向前一直打到吉灵庙。第三十三军于攻下达武之后，派遣一个东非旅向东挺进。该旅在钦敦江对岸的锡当建立一个极有价值的桥头堡。第十一东非师的其余部队向南沿克博流域朝吉灵庙进军，于 11 月 14 日同印度第五师一齐进抵该地。这是一次通过以疟疾和斑疹伤寒闻名的地区，需要克服巨大的体力上的种种困难的了不起的进军。现在我方在缅甸的所有单位都执行一项良好的卫生纪律，应用一种新药剂默巴克林，并经常喷射杀虫剂滴滴涕，这样就使生病率大大降低。但是，日军却不精通这方面的预防措施，因而成百成百地死去。东非师的部队从吉灵庙向前推进到达加里瓦并渡过钦敦江。工兵在这里用二十八个工时就建造成一道全长约达四百码的桥梁，他们在整个战役中还作出许多不亚于此的成就。这样一来，斯利姆将军的第十四集团军 12 月初在中央战线就依靠着钦敦江对岸的两个桥头堡，为其进入缅甸中央平原的主力进军保持了一个不可动摇的地位。

11 月间，美军高级军官中发生人事变动。华盛顿召回了史迪威。他所担任的广泛的、各种各样的职务，由另外三个人接替。魏德迈将军继他之后担任蒋介石的军事顾问，惠勒将军成为蒙巴顿的副手，而
149 萨尔顿将军则接管了北部前线。在这里，盟军的部队缓缓地把日本第三十三集团军的两个师赶了回去。到了 11 月中旬，八莫已经被紧紧地包围住了，但日军顽强地又坚持了一个月之久。12 月 10 日，英国第三十六师攻克英都。六天之后，他们在该地与印度第十九师接上了，这个印度师是在钦敦江锡当桥头堡渡江而向东推进的。就这样，经过一年多的艰苦奋战，进进退退，这两支盟国的部队终于会师了。

* * *

可是，一些可怕的行政问题摆在前头了。远在中国的东南部，日军于数月前已开始向大元帅的首都重庆和美国空运补给交货点昆明推进了。11 月，魏德迈将军对这一局势感到很严重。曾经不断袭击敌军沿海船只的美国空军驻中国各前进基地，已经一个接一个地被占领了。中国部队指望不上，所以，魏德迈要求把缅甸北部的两个师的中国部队调回去，同时，还要求调更多的美国空军中队，尤其是三个空军运输中队。

美国总统给我发来电报。

罗斯福总统致首相　　　　1944 年 12 月 1 日

我接到魏德迈将军来电，其中概述中国境内的严重局势，并指出他同意蒋委员长决定把两个受过最好训练的中国师由缅甸调至昆明地区。毫无疑问，你谅已批阅过这份电报了。它现已交给

蒙巴顿和贵国驻华盛顿的代表团，所以，我在这里就不赘述了。

我们得知魏德迈将军从当地发表的关于严重局势的意见，以及他对局势所知的情况和在缅甸境内的作战行动计划。我觉得他在当前这个时刻对整个局势和需要做的事，比任何人都了解得更透彻。此外，我们面对着这样的事实：大元帅处于中国存亡受到威胁的严重危机之中，已经决定要把两个师调回去阻止日军向昆明进军。要是日本攻占昆明这个陆空终点站，那么，我们开辟一条通往中国的陆上线路就毫无益处了。在这种情况下，我认为：我们不能向蒋委员长施加压力，叫他改变决定。

这是很困难的消息，但我们除了加以接受外，别无选择。

首相致霍利斯将军并转参谋长委员会　　　　1944年12月2日

大元帅有权撤出他要求的任何师以防御日军进攻其要害所在，对此无容争论。我不怀疑，他会希望先把两个师（美国人训练的）
调回国内。我们不能对此横加阻挠。如果他提出要求，就让他调 150
回吧。缅甸境内（往后）发生的事，要求紧急并随即予以研究。请给我起草个电报，同意美国人有关撤出这两个师的意见。

失去两个精锐的中国师，对缅甸的作战行动来说，其不便的程度，并不像失去空军运输中队那么严重。集团军当时距离铁路运输起点站达四百英里之遥，斯利姆将军依靠空中补给来弥补那一线薄弱的公路罗宾汉系。蒙巴顿的几项总计划都要依靠他的运输机去完成。中国所需的几个空军中队又非调走不可，尽管后来另派若干中队予以接替，其中大部分来自英国，可是，在紧急的时刻没有空中运输就使战役大大推迟了。

尽管有这一切情况，第十四集团军仍然突过山地，进入曼德勒西北的平原。当梅塞维将军指挥的第四军先头的一个师偷偷地向南推进，

151

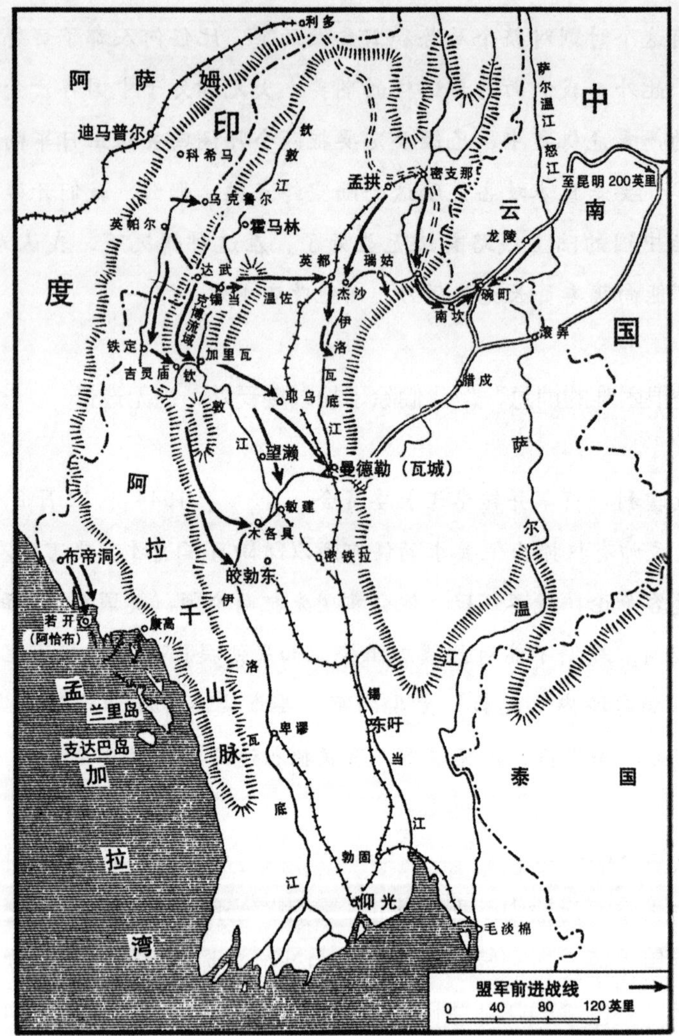

缅甸，1944 年 7 月—1945 年 1 月　　（照原图译制）

越过伊洛瓦底江在与钦敦江合流处南面建立桥头堡时，斯托普福德将军的第三十三军在英国皇家空军二二一大队的支援下，从合流处溯流而上占领了伊洛瓦底江的北岸。第十九印度师已经在曼德勒北面四十英里处两个地点渡河。到了 1 月末，萨尔顿将军的部队已经进抵老的缅滇路上的南康，并在更往东处与云南部队接上了。1942 年春天，因日军入侵缅甸而遭封锁的通往中国的陆路又重新打开了。从阿萨姆出发的头一批陆上护送车队，于 2 月 28 日开抵中国边境。

首相致蒙巴顿海军上将（东南亚）　　1945 年 1 月 23 日

我谨代表英王陛下政府，对你实现魁北克会议上给你的指令
的第一个部分，即重新打开通往中国的陆路——表示最热烈的庆 152
贺。尽管此间多次答应要给你的增援延缓了，使你失望，但你仍
在此情况下取得这一战线。此举给你本人，给你的野战指挥官们，
特别是给第十四集团军久经考验的部队带来了最大的光荣。

正如你自始至终已做到的那样，英王陛下政府以感激的心情热烈表彰美国部队以及中国部队用一切可能的方法随时给我们提供的协助。

*　*　*

缅甸中部往后的发展情况，放在另一章里叙述，可是，若开的冬季战斗，虽属辅助性的，却是重要的一场战斗，在这里必须加以叙述。它的重要性表现在两个方面。给在曼德勒平原上的第十四集团军进行空运，几乎已经达到“达科塔”型飞机所能承担的最高限度。不但如此，所有用此法向前方运送的军需品，都必须经由运输频繁的阿萨姆铁路转运至发货机场。如果克里斯蒂森将军的第十五军能在若开（阿恰布）南面建立几个飞机场，那么，装运直接来自印度的海运物资的飞机从那里起飞，就能够在第十四集团军从曼德勒向仰光推进的南线突击战

中，供应其所需的物资。其次，如果孤立无援的一个日本师，面对着我方在若开的优势兵力而迅速被击溃，那么，我方就可以将二或三个师以及在空军准将班登伯爵指挥下支援他们的皇家空军第二二四空军大队，调至别处作战。

若开的攻击战于 12 月 12 日揭开，取得良好的进展。到了月底，我军已进抵把若开（阿恰布）岛同内陆分隔开来的海湾，并正在作进
151 攻的准备。1 月 2 日，我方炮兵侦察机上一个军官发现那边完全没有敌军的迹象，于是，就在若开（阿恰布）机场降落，当地居民告诉他：日军已经撤走了。大部分城防部队都被抽调到更远的北方进行战斗；剩下来的一个营于两天前撤退。这就是将近三年来曾使我们苦难备尝、失望叠至的若开（阿恰布）之战这段漫长故事的奇异的收尾。不久，第十五军占领兰里岛，在那里建造一些前进机场，并经过一场激烈的战斗之后，在大陆上占领康高。1 月底，第十五军也和位于更北面的部队一样，达到了它的主要目标，准备更向前挺进。

注释：

[1] 参阅《从德黑兰到罗马》第十四章。

[2] 伦敦每年平均降雨量大约为二十四英寸。

[3] 指已故温盖特将军指挥的深入敌后的远征军。

第十二章　莱特湾战役 153

在海洋上对日本作战——英国太平洋舰队的建立——美国海上实力的增长——美国的战术与日本的防御——6 月 15 日在塞班岛登陆——6 月 20 日海军上将斯普鲁恩赢得一场决定性的胜利——攻占马里亚纳群岛——东京的惊慌失措——向菲律宾群岛推进——台湾的空战——10 月 20 日美军在莱特湾登陆——日军总司令决定进行阻挠——海军上将哈尔西和敌人的圈套——苏里高海峡的夜战——美军登陆行动的险境——自杀轰炸机的到来——海军中将栗田要折转回去——二十七艘日本军舰被摧毁——1945 年 1 月 9 日在林加延湾登陆——攻陷马尼拉——美国赢得对中国南海的控制

对日本的海战现在正达到高峰。从孟加拉湾到中太平洋，盟国的海上实力日益占了上风。到了 1944 年 4 月，英国的三艘主力舰、两艘航空母舰和一些轻型舰艇已在锡兰集结。这些又得到美国航空母舰“萨拉托加”号、法国战列舰“黎塞留”号和荷兰的一支分遣队的加强。英国一支强有力的潜艇小队也已于 2 月间到达，并立即开始使马六甲海峡的敌人航运遭受损失。不久，又有两艘英国航空母舰到达，“萨拉托加”号也回到太平洋来。有了这些舰只，海军上将萨默维尔更能大显身手。他的航空母舰于 4 月间袭击苏门答腊北端的萨榜，5 月间又袭击爪哇泗水的炼油厂和机器厂。这次作战行动历时二十二天，舰队航程长达七千英里。在其后的几个月中，日军到仰光的海路被英国的潜艇和飞机所切断。

154 从1942年3月起的整个困难的岁月里，海军上将萨默维尔一直统率东方舰队，1944年8月，他的职务被海军上将布鲁斯·弗雷泽爵士所接替。不久，前者就接任原由海军上将诺布尔担任的英国驻华盛顿海军代表团团长的职务。一个月后，欧洲战事的进展，使我们有可能把本土舰队减缩到只剩下一艘战列舰和若干辅助舰艇。向远东的移动加快起来，两艘现代化的战列舰“豪”号和“英王乔治五世”号，加入了海军上将弗雷泽的舰队。1944年11月22日，英国太平洋舰队正式成立，它随后所参加的一系列作战行动，归到后面另一章去谈。

* * *

在太平洋方面，美国的部队编制和生产正在阔步前进，而且达到惊人的规模。单举一个例子就足以说明美国努力的规模和成功。1942年秋天，争夺瓜达卡纳尔岛的战争达到高峰时，海面上美国航空母舰只有三艘；一年以后有五十艘；战争末期则超过一百艘。这一成就可与毫无逊色的飞机增产相媲美。这些庞大军力的进展，是在一个积极的战略和一种精心筹划的、新颖的、卓有成效的战术激发下取得的。他们面临的任务是异常艰巨的。

一串链条般的岛屿群从日本向南跨越太平洋直到马里亚纳群岛和加罗林群岛，延伸约达二千英里。这些岛屿中许多均已由敌人建筑要塞设防并设有一些良好的机场，而这一连串岛屿的最南端则是日本在特鲁克岛的海军基地。在这些像保护盾般的群岛后面，有台湾、菲律宾和中国，而在这些岛屿的掩护下，又是为更前沿的敌人阵地往来输送补给品的通路。因此，进攻或轰炸日本本土就成为不可能。这个链条必须首先打断。要攻克和制服每一个设防的岛屿将会需时过长，美军于是采取交互跃进的方式向前推进。他们只夺取较重要的一些岛屿

而绕过其他岛屿，但他们现在的海上实力既然如此之大，增长又如此
之快，他们就有可能建立他们自己的交通线，同时，破坏敌人的交通 155
线，使得被绕越过的岛屿上的守军不能动弹和无能为力。他们突击的方法同样是成功的。先是用航空母舰上起飞的飞机作进攻前的猛烈轰炸，然后，从海上进行猛烈的、有时是持续的炮轰，最后来一个两栖登陆和岸上搏斗。当某个岛屿被攻克并有部队戍守时，以陆地为基地的飞机随即进驻，以打退敌人的反攻。同时，他们又支援下一次的进攻。舰队排成梯阵进行作战。当某一组舰队进行作战时，另一组就为一次新的跃进作好准备。这就需要很大量的资源力量，除了供当前作战之用以外，还要供沿着前进路线建立基地之用。美国人不费气力地予以解决了。

*　　*　　*

美国跨越太平洋的两路进攻，前面几册里已有叙述，而当这方面的记述从 1944 年 6 月又开始的时候，这种进攻已经大有进展了。在西南，麦克阿瑟将军攻取新几内亚业已接近完成；在中央，海军上将尼米兹也已向着一连串设防的岛屿逐步深入推进。两支部队都正在集中到菲律宾来，对这一地区的争夺战，不久将导致日本舰队的毁灭。日本舰队原已大大削弱，航空母舰十分缺少，但是，日本继续生存的希望是寄托于海战的胜利上。为了保全它的实力以准备应付可怕的、生死攸关的危险，它的主力舰队已从特鲁克岛撤走，现在分布在东印度群岛与它的本土水域之间，但是，形势却很快迫使它出来应战。6 月初，海军上将斯普鲁恩斯出动航空母舰上的飞机轰炸马里亚纳群岛，15 日他在设防的塞班岛登陆。如果他攻占了塞班岛及毗邻的提尼安岛和关岛，那就攻破敌人防线的外缘。这是可怕的威胁，因而日本舰队决定出来阻挠。那一天，发现他们的五艘战列舰和九艘航空母舰，正在菲律宾附近向东驶行。斯普鲁恩斯有充分时间进行部署。他的主要目的

是保护在塞班的登陆。他就这样做了。他随即集结了他的舰只，其中有十五艘是航空母舰，就在该岛西边等待敌人。6 月 19 日，日本航空母舰的舰载飞机，从四面八方袭击美国的航空母舰的舰队，空战整日不停。美国人略有损失，而日本的空军大队损失惨重，致使其航空母舰不得不撤退。

156 那个晚上，斯普鲁恩斯搜索消失了的敌人，但无结果。20 日过了午后已经很久，他才发现他们已经远在大约二百五十英里以外的地方。恰在日落前的一阵袭击中，美国飞行员炸沉了一艘航空母舰，重创四艘航空母舰，还有一艘战列舰和一艘重型巡洋舰。头一天，美国潜艇已经击沉两艘大航空母舰。当时，继续攻击已不可能，敌人舰队的残余挣扎逃遁，但它的离开决定了塞班的命运。守军尽管苦战，但美军继续登陆，源源不断集结兵力，到了 7 月 9 日，一切有组织的抵抗终于结束了。邻近的关岛和提尼安岛也被攻克。到了 8 月初，美国已完全控制了马里亚纳群岛。

塞班岛的陷落对日本最高统帅部是一个极大的震动，并且间接导致东条政府的下台。敌人的忧虑是有充分根据的。这个要塞离东京才一千三百英里略多一点。他们曾经认为它是攻不破的，现在却丢失了。他们南面的防御地区已被切断，美国重型轰炸机从此赢得可以轰炸日本本土的第一流的基地。长时间以来，美国潜艇早已不断在中国沿海击沉日本商船，现在又为其他军舰打开参加攻击的道路。倘若美国人再稍微向前推进一步，日本的石油和原料便将断绝。日本的舰队仍然强大，可是不平衡，驱逐舰、航空母舰和空勤人员的力量是如此薄弱，如果没有地面基地起飞的飞机就不再能够进行有效的战斗。燃料缺乏不仅妨碍训练，而且使得船舰不能集中在一个地方，因此，这一年夏末，大部分的重型舰只和巡洋舰便放在新加坡和东印度群岛的石油供给地附进，而寥寥无几的残余的航空母舰则留在本土水域，在那里他们新建的空军大队正在完成他们的训练。

日本陆军的处境也好不了多少。数量虽还强大，但它分散在中国和东南亚的四面八方，有的就在无法支援的辽远的岛屿上自生自灭。敌人的领导人中头脑较为清醒的一些人，开始探索结束战争的一些途 157
径；可是，他们的军事机器对他们来说实在是过于强大，使得他们无能为力。最高统帅部从满洲抽调增援部队，并且命令在台湾和菲律宾两地的部队战斗到底。在这些地方和在本土，部队必须死守。日本海军省也同样坚决。如果在一场争夺这些岛屿的迫在眉睫的战役中打了败仗，来自东印度群岛的石油就要被切断。他们争论说，没有燃料，保全船舰又有什么用。他们以必死的决心，求胜利的希望，决定于8月间把全部舰队投入战斗。

*　*　*

9月15日，美国人又迫近一步。麦克阿瑟将军攻占了位于新几内亚西端和菲律宾群岛两地中途的莫罗太岛；此时业已担任美国海军司令的海军上将哈尔西，则为他的舰队在帕劳群岛夺得一个前进的基地。这些同时发生的进展是至关重要的。同时，哈尔西竭尽全力继续探查敌人的防御设施。他希望这样来挑起一场大海战，使得他有可能摧毁日本的舰队，尤其是残余的几艘航空母舰。下一个跳跃将是以菲律宾群岛本身为目标，而美国的计划现在却发生了一个戏剧性的改变。直到那个时候，我们盟国原拟进攻菲律宾最南端的岛屿——明达瑙（棉兰老）岛，从哈尔西的航空母舰出动的飞机，已经袭击了在那里和在北边的吕宋大岛的日本机场。它们摧毁了大量的敌机，而在战斗的交锋中却发现日本在莱特岛的守军出乎意料地薄弱。位于较大但战略上较不重要的明达瑙（棉兰老）和吕宋的两大块陆地中间的这个面积虽小而现在出名的岛屿，成为美国显著的袭击目标。9月13日，盟国还在魁北克会谈的时候，海军上将尼米兹，由于哈尔西的建议，极力主张立即进攻该岛。麦克阿瑟同意，两天之内美国三军参谋长联席会议便作出决定，于10月20日发动进攻，比原计划提早两个月。这就是

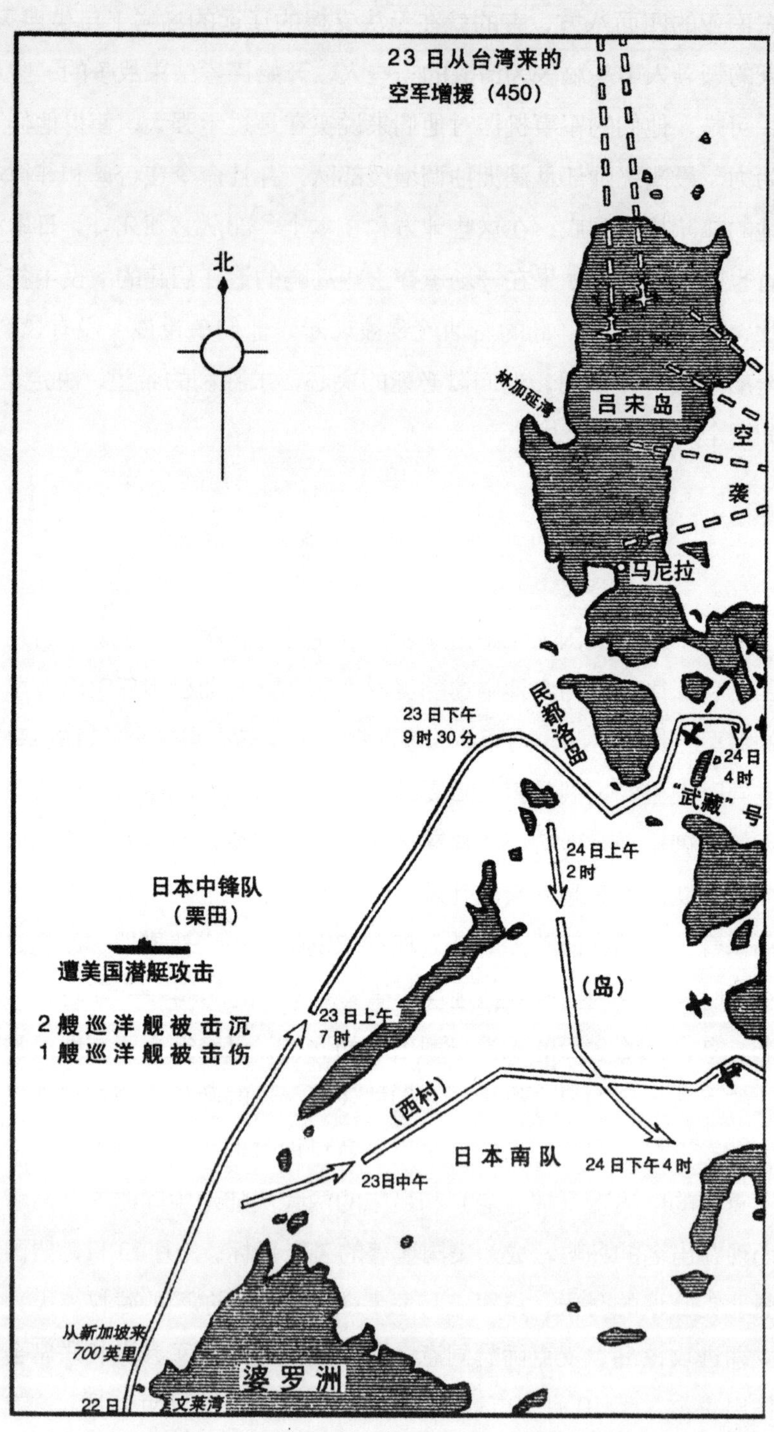

菲律宾莱特湾战役：逼近与接触　　（照原图译制）

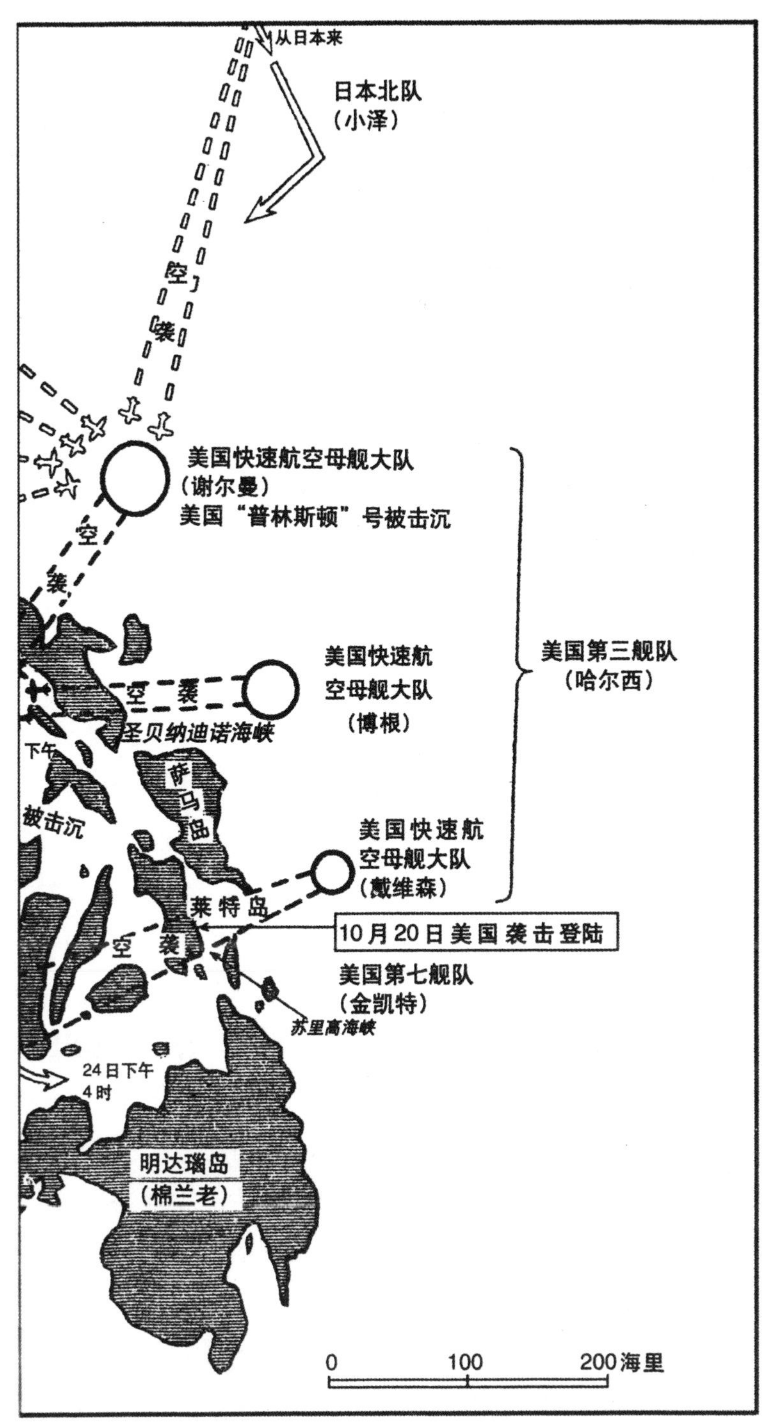

1944年10月22—24日　　（照原图译制）

莱特湾战役的由来。

美国人于10月10日对日本与菲律宾之间的机场进行空袭，以此开始了这一战役。对准台湾进行破坏性的轮番轰炸，激起了极为强烈
158 的抵抗，从12日到16日相继发生航空母舰舰载飞机与陆地起飞的飞机之间的大规模的、持久的空战。美国人在空中和在地面都给敌人造成惨重的损失，自己则损失较少，他们的航空母舰舰队也顶住了陆地起飞的飞机强有力的空袭。这次空战具有决定性的结果。在莱特湾交战之前，敌人的空军已被打得七零八落了。许多日本海军的飞机本来已分配给它的舰队的航空母舰，现在却不顾将来的需要被派往台湾增援，但在那里却被摧毁了。这样在濒临的特大海战发生之际，日本的航空母舰仅仅配备至多不过一百名受过不完全训练的驾驶员。

* * *

为着了解下面讲到的交战，有必要对附图作一番研究。菲律宾的两个大岛，吕宋在北边，明达瑙（棉兰老）在南边，中间为一群较小的岛屿所隔开，而莱特岛则是其中的关键和中心。这个中央群岛被两个可以通航的海峡所贯穿，这两个海峡都预订要支配这个著名的战役。迤北的海峡是圣贝纳迪诺，迤南约二百英里直接通向莱特的是苏里高海峡。我们已经知道，美国人打算夺取莱特，日本人下决心加以抗击，并摧毁美国的舰队。它的计划是简单而不顾一切的。麦克阿瑟将军统率的四个师将要在美国舰队的大炮与飞机的掩护下在莱特岛登陆——他们知道或猜测到的就是这些。将这支舰队引走，把它诱到北边辽远的地方去进行一场次要的战役——这是第一步。然而，这只不过是一个引子。等到美国的主力舰队一被诱走，日本的两支强有力的舰队就会驶进海峡，一支通过圣贝纳迪诺，另一支通过苏里高，一齐向登陆地点集中。所有的眼睛都将盯着莱特的海岸，所有的大炮都将瞄准海滩，那时候能抵挡这种冲击的仅有重型舰只和大型航空母舰，但这些舰只

却还在遥远的北方追击那支诱敌舰队。这一计划十分接近成功。

10 月 17 日，日本总司令向他的舰队发出起航命令。最高司令官、海军中将小泽统率的诱敌舰队直接从日本开来，向吕宋进发。这是一支包括航空母舰、战列舰、巡洋舰和驱逐舰的混合舰队。小泽的任务是出现在吕宋岛东岸，跟美国舰队作战，将其引离莱特湾的登陆地点。
他的航空母舰既缺少飞机也缺少飞行员，但没关系。它们只是钓饵， 159
钓饵就是安排让你上钩。与此同时，日本的主攻舰队却向两个海峡出动。较大的或不妨称之为中锋队，从新加坡开来，由五艘战列舰、十二艘巡洋舰和十五艘驱逐舰组成，在海军中将栗田指挥下，向贝纳迪诺前进，绕越萨马岛进入莱特；较小的或称南队，又分为两股，全部共有两艘战列舰、四艘巡洋舰和八艘驱逐舰，则驶经苏里高。

10 月 20 日，美军在莱特岛登陆。起先一切顺利。岸上的抵抗软弱无力，很快建成一个桥头阵地，麦克阿瑟将军的部队开始向前推进。他们受到麦克阿瑟指挥下的、由海军上将金凯特率领的美国第七舰队的支援，其中较旧的战列舰和小的航空母舰很适于两栖作战之用。在北边更远的地方，布置着海军上将哈尔西的主力舰队，借以掩护他们免遭从海面来的袭击。

此时我正在从莫斯科回国途中，但陆军元帅布鲁克和我认识到正在发生的事件的重要性，我们于是发出如下的电报：

首相和帝国总参谋长致麦克阿瑟将军　　1944 年 10 月 22 日

衷心祝贺你在菲律宾的出色进攻。

祝愿一切成功！

但是，危机还没到来。10 月 23 日，美国潜艇在婆罗洲沿岸海面发现了日本的中锋队（海军中将栗田），击沉它的两艘重型巡洋舰，其中的一艘就是栗田的旗舰，另又击伤一艘。翌日，10 月 24 日，从海军上将哈尔西的航空母舰上起飞的飞机参加了攻击。装有九门十八英

菲律宾莱特湾战役：决战形势　　　　（照原图译制）

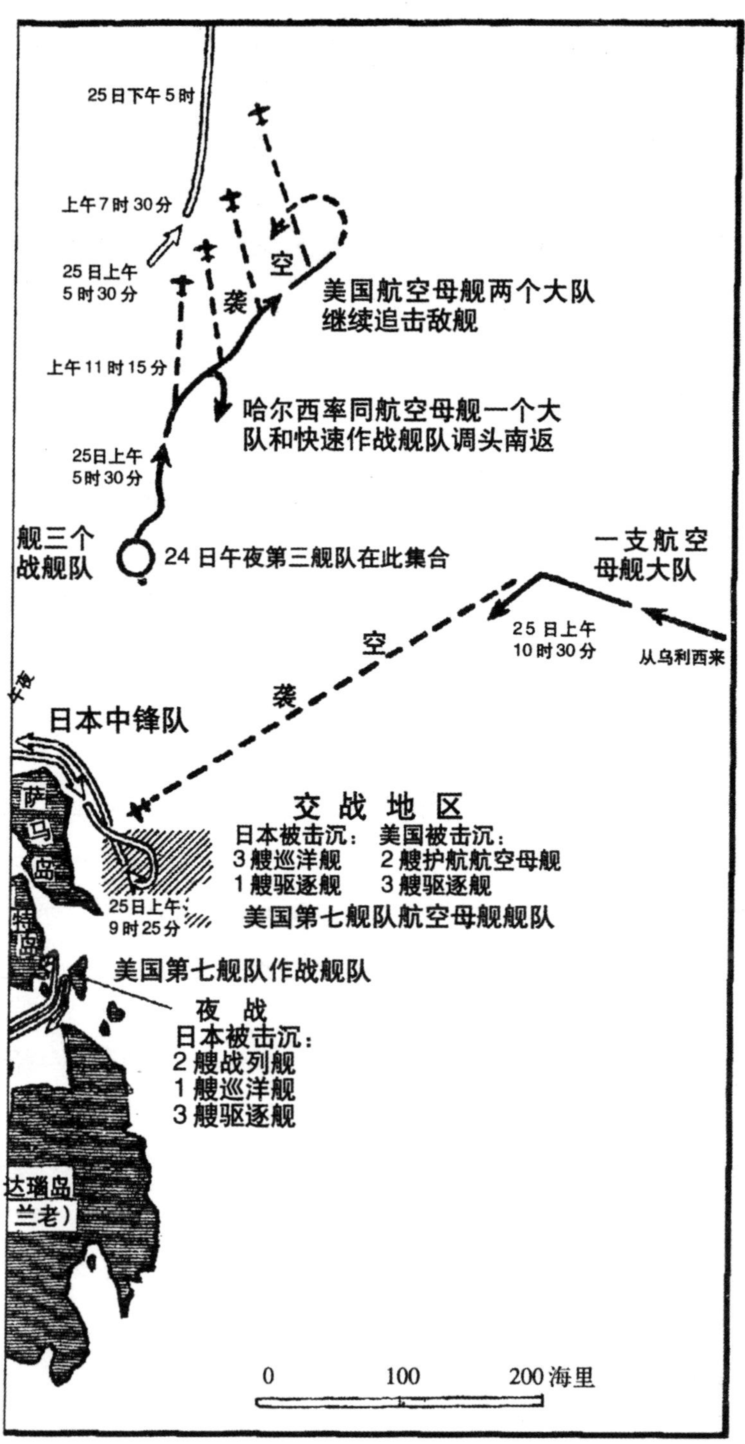

1944年10月25日　　　（照原图译制）

寸口径大炮的硕大无比的战列舰“武藏”号被炸沉，其他舰只也受重创，栗田因而折了回去。美国空勤人员携回的报告是乐观的，但多半是使人容易产生错误想法的。哈尔西不无理由地断定，这一战役已获胜利，至少是这一回合已获胜利。他知道另一支，或者说敌人的南队，正在驶近苏里高海峡，但他也还正确地判断那是可以由金凯特的第七舰队予以击退的。

然而，有一件事却使他感到不安。白天里，他曾受到日本海军飞机的袭击。虽然打落了其中的许多架，可是，他的航空母舰“普林斯顿”号也受重创，后来只好将其弃置了。他推论那些飞机大概从航空母舰

160 上来。敌人舰队出动而不带航空母舰，这是极不可能的事，可是，一艘也没有被发现。栗田率领的日本主力舰队已经被找到了，显然正在退却中，但栗田并没有航空母舰，南队也没有一艘。肯定还有一支航空母舰舰队，这就使他非将其找出不可。因此，他命令向北来一个搜索，而在10月24日下午晚些时候，他的飞行员突然发现了海军中将小泽的诱敌舰队，正在从吕宋岛的东北方向很远的地方朝南驶来。四艘航空母舰、两艘装有起飞甲板的战列舰、三艘巡洋舰和十艘驱逐舰！他断定，麻烦的源泉和真正的目标就在这里。他和他的参谋长、海军上将卡尼，有理由认为，如果现在他能够摧毁这些航空母舰，那么，敌人舰队干扰未来作战的力量便将无可挽救地被粉碎了。这是他头脑中起支配作用的一个因素，并且对麦克阿瑟日后进攻吕宋必然会特别有利。哈尔西没能知道他们的实力多么脆弱，也不知道他所曾经经受的大部分空袭都不是来自航空母舰，而是来自吕宋本地的机场。栗田的中锋队正在退却中。金凯特能对付南队，并保护莱特的登陆，进行最后打击的道路已经扫清，因此，哈尔西下令，他的舰队全部北驶，以便次日摧毁海军中将小泽。哈尔西就这样落入圈套。同一天下午，10月24日，栗田又掉头向东，再一次驶向圣贝纳迪诺海峡。此时没有任何东西阻止他了。

* * *

其时，日本的南队正在接近苏里高海峡，当晚他们分成两股进去。
一场鏖战接着发生了。从战列舰到海岸轻型舰艇的各种类型的船舰短
兵相接，激烈交战。[1]第一股敌舰被金凯特的舰队所歼灭，那时他的
舰队在海军少将欧登多尔夫出色的指挥下，正集中在海峡北面的出口
处；第二股试图冲进去，但却被赶跑了。一切似乎很如意，但是，美 161
国人还得跟海军中将栗田决一雌雄。正当金凯特在苏里高海峡作战、哈尔西远在以北地方穷追诱敌舰队之时，栗田却已经没有受到挑战地乘黑通过了圣贝纳迪诺海峡，于10月25日凌晨向正在支援麦克阿瑟将军登陆行动的一支护航航空母舰舰队发动袭击。这些舰只措手不及，动作过于迟缓，既来不及逃避，也不能够马上重新配备飞机，以击退来自海面的突袭。在两个半小时之间，美国的这些轻型舰只，只得在烟幕掩护之下，勇敢地且战且退。他们损失了两艘航空母舰、三艘驱逐舰和一百架以上的飞机，其中有一艘航空母舰为自杀轰炸机所袭击；但是，他们成功地打沉敌方三艘巡洋舰，击伤其他许多舰只。[2]援助的远水救不了近火。金凯特的重型舰只，远在莱特以南，在击溃南队后，弹药、燃料均告缺乏。哈尔西同他的十艘航空母舰和所有快速战列舰则更远了，因而，尽管曾经被他派遣去重新加油的另一队航空母舰现在正被召回，可是，在几小时内是到达不了的。胜利似乎掌握在栗田手中。没有什么办法能阻止他把舰队驶入莱特湾，去消灭麦克阿瑟的两栖舰队。

但是，栗田又一次折了回去。他为什么这样做，迄今原因不明。他的许多舰只曾被金凯特的轻型护航航空母舰所轰炸和驱散，并且他当时知道南队已遭重创。他没有关于以北诱敌舰队碰到好运气的情报，也不知道美国主力舰队到底在什么地方。侦听到的信号使他认为，金凯特和哈尔西正在以压倒的力量向他夹攻，而麦克阿瑟的运输舰又已

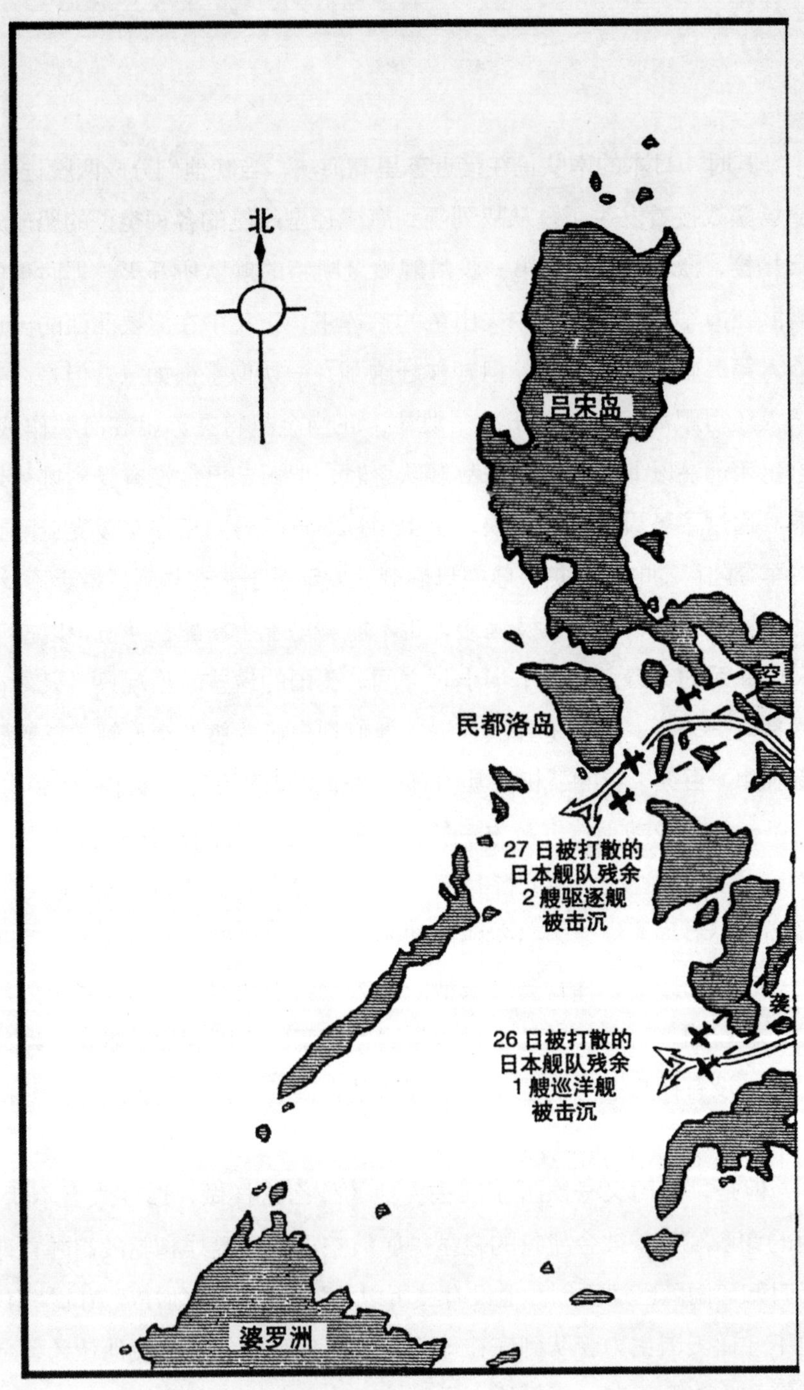

菲律宾莱特湾战役：追击　　(照原图译制)

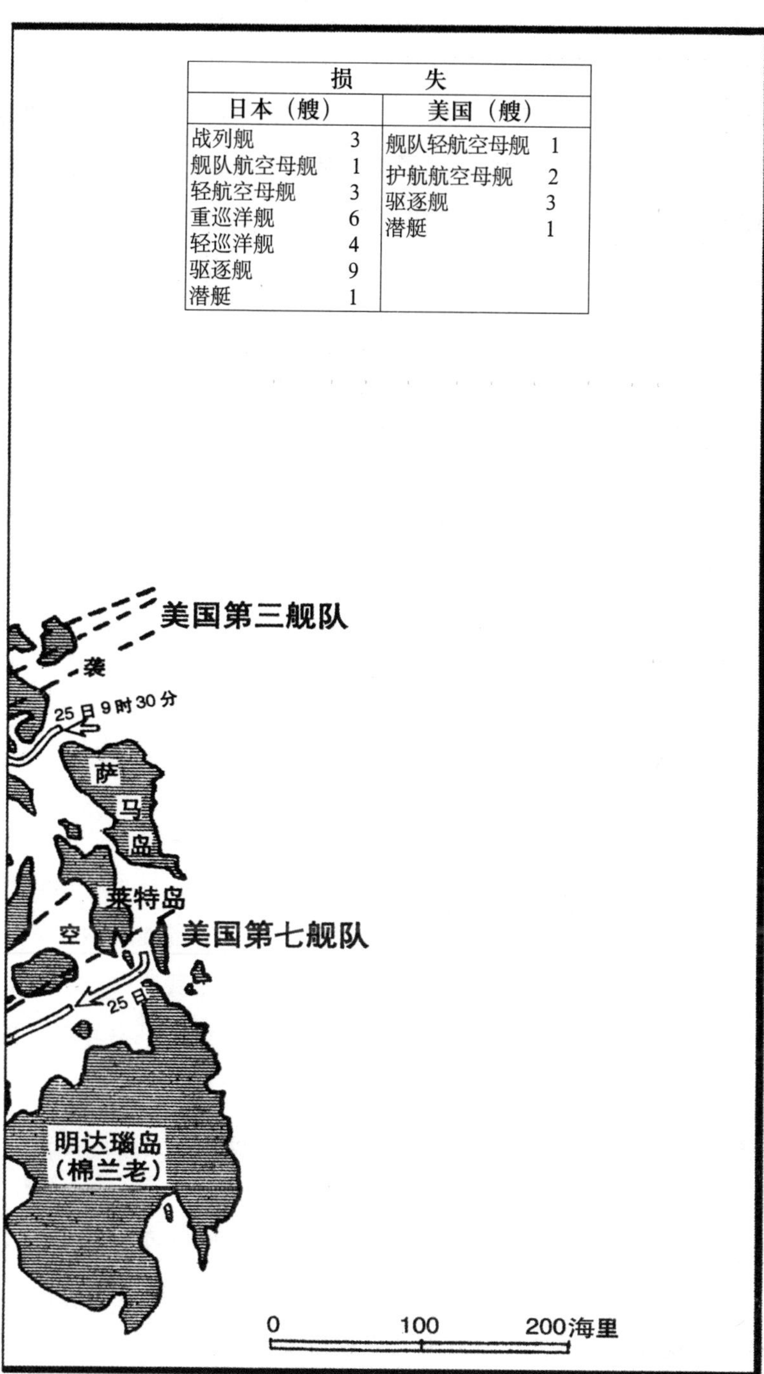

损失			
日本（艘）		美国（艘）	
战列舰	3	舰队轻航空母舰	1
舰队航空母舰	1	护航航空母舰	2
轻航空母舰	3	驱逐舰	3
重巡洋舰	6	潜艇	1
轻巡洋舰	4		
驱逐舰	9		
潜艇	1		

1944年10月26—27日　　　(照原图译制)

设法逃脱。此时，他孤军作战，别无支援，于是，放弃了他的成功希望甚微的冒险。为此，他已经作出这么多牺牲，战利品眼看就要到手了，他没有试图直捣莱特湾，却掉头走开，再度向圣贝纳迪诺海峡驶去。他希望在途中同哈尔西的舰队作最后一战，然而，就是这个他也未能如愿以偿。响应金凯特一再请援的呼吁，哈尔西确实随即带着他的战列舰赶了回来，留下两批航空母舰继续在北面跟踪追击。在这一天里头，这些航空母舰摧毁了小泽所有的四艘航空母舰。但是，哈尔西本人赶到圣贝纳迪诺时已经太晚了。双方舰队未曾遭遇。栗田逃跑了。翌日，
162 哈尔西和麦克阿瑟的飞机追击这位日本海军中将，又击沉一艘巡洋舰和两艘驱逐舰。这是这一战役的结束。很可能，栗田在逼人的形势下，已经被弄得晕头转向。三天以来，他受到纷至沓来的攻打，损失惨重，他的旗舰才从婆罗洲出发，就一下子被炸沉。让那些受到与此相似的严酷考验的人们去评判他吧。

*　　*　　*

莱特湾战役是决定性的。美国人自己以三艘航空母舰、三艘驱逐舰和一艘潜艇的代价，取得对日本舰队的胜利。战斗从 10 月 22 日持续到 10 月 27 日，共计击沉敌人战列舰三艘、航空母舰四艘和其他战舰二十艘。从此以后，留给敌人的唯一有效的海军武器只有自杀轰炸机了。作为一种绝望的工具，它仍然是致命的，然而，它并不能带来胜利的希望。

至此，结果已无疑问，我们赶紧发出我们的贺电。

首相致罗斯福总统　　　　1944 年 10 月 27 日

对美国海空军在最近对日本的重大战役中所赢得的辉煌胜利，请接受我谨代表英王陛下政府致以最诚挚的祝贺。

我们还十分欣慰地得悉英王陛下澳大利亚巡洋舰队的一个中

163

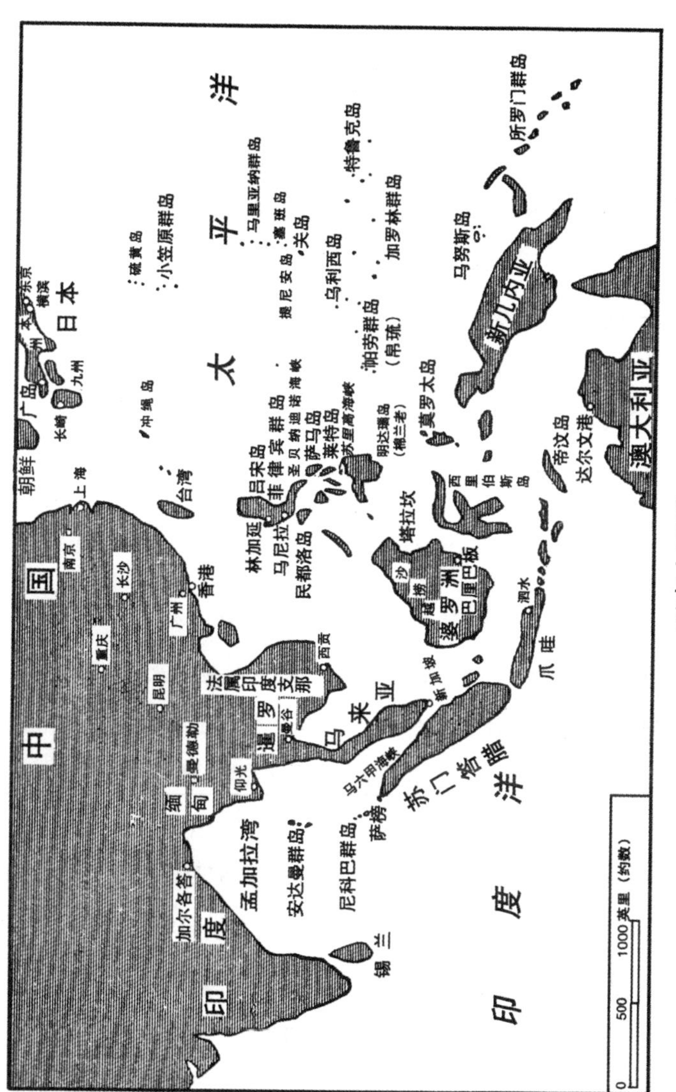

西南太平洋

（照原图译制）

队，在这个值得纪念的事件中，能有参与的荣幸。

这次战役双方损失的轻重可从附表加以衡量：

全部损失

日本	美国
三艘战列舰	一艘舰队轻航空母舰
一艘舰队航空母舰	二艘护航航空母舰
三艘轻航空母舰	三艘驱逐舰
六艘重巡洋舰	一艘潜艇
四艘轻巡洋舰	
九艘驱逐舰	
一艘潜艇	

这次胜利在美国历史上将受到长久珍视。除了英勇、技巧和胆量之外，它比我们所曾经见过的任何一次胜利对未来作战产生更加生动，更加深远的影响。它给人展示了一场更多地是靠空中优势而不是靠大炮来进行的战役。我原原本本地讲述这个故事，是因为在这个时候，苦恼的欧洲世界对它几乎全无所知。从研究这些事件中得出的最重要
164 的唯一的结论，可能是：像此时发生于麦克阿瑟和哈尔西之间的这一类协同作战的行动，急需以统一指挥取代通过合作来掌握的概念。美国人接受了这个教训，因而在计划对日本本土进行最后的一些作战行动时，他们打算把最高指挥权或者交由海军上将尼米兹，或者交由麦克阿瑟将军独自行使。这种做法在任何特定的时候都将是适宜的。

在以后的几周里，争夺菲律宾的战斗扩大而且发展了。到 11 月底，将近二十五万人的美军已经在莱特岛登陆。到 12 月中，日本人的抵抗已被粉碎。麦克阿瑟加紧他的主力的推进，不久就在离马尼拉一百英

里多一点的民都洛岛登陆，没遇到什么抵抗。1945 年 1 月 9 日，又以
四个师在马尼拉北面的林加延湾登陆而打开一个新局面。三年前，这 157
里曾经是日本大举入侵的战场。精心布置的迷惑敌人的措施使敌人总是猜测下一次的打击终将落在哪里。但进攻总是出乎敌人意料的，因而只遭到轻微的抵抗。直到美军冲向马尼拉的时候，抵抗才变得顽强起来，但是，他们又在西岸两个地方登陆，因而包围了这个城市。敌人进行了殊死的保卫战，一直坚持到 3 月初，当最后一些残兵败将被歼灭时才告结束。在废墟中计算出日本人死亡的数目达一万六千名。自杀飞机的袭击造成相当可观的损失，一天当中十六艘船舰被击中。巡洋舰“澳大利亚”号又碰上坏运气，四天当中被击中五次，但仍能继续作战。然而，这种拼死以求侥幸一逞的办法，并不能制止舰队的活动。1 月中，海军上将哈尔西的几艘航空母舰，不受干扰地开进中国南海，广泛地沿着海岸游弋和袭击向西到西贡的各个机场和船只。1 月 16 日，给香港造成普遍的破坏，在广州引起石油大火。

尽管岛屿上的战斗继续进行了好几个月，可是，中国南海的支配权已经转移到胜利者手中了，随之而来的是控制了日本所依赖的石油和其他补给品的来源。

注释：

[1] 船只当中有两艘澳洲军舰，一是巡洋舰“希罗普郡”号，一是驱逐舰“阿隆塔”号。

[2] 日本自杀轰炸机在莱特作战行动中首次出现。澳大利亚的巡洋舰“澳大利亚”号协同金凯特的舰队作战，曾在前几天遭到一架自杀轰炸机的袭击，有些伤亡，但舰身损坏并不严重。

165 第十三章　西欧的解放

9月1日艾森豪威尔将军就任统帅——德军的危境——盟军分路猛攻——蒙哥马利的反建议——跃进——9月3日布鲁塞尔解放——加拿大集团军的进攻——9月12日勒阿弗尔投降——占领迪埃普、布洛涅、加来——攻克布鲁日、根特——美军的追击——攻陷沙勒罗瓦、蒙斯、列日、卢森堡城——“霸王”和“龙骑兵”会师——关于“德国抵抗能力”的报告书——抢占下莱茵河——9月17日袭击阿纳姆——争夺奈梅亨大桥——9月25日蒙哥马利下令第一空降师撤出——10月9日我给史末资的电报——清除斯凯尔特河口——攻陷布雷斯肯斯“岛”——伐耳赫伦岛争夺战——突击队得胜——11月28日第一队护航船队到达安特卫普——我战略空军的猛攻——施佩尔预示德国生产面临大灾难

艾森豪威尔将军按照原先协议的安排，从9月1日起担任法国北部地面部队的直接指挥。这包括原由蒙哥马利元帅所统率的英国第二十一集团军群和奥马尔·布雷德利将军所统率的美国第十二集团军群（作战行动原由蒙哥马利指挥）。艾森豪威尔一共部署了五个集团军。蒙哥马利的第二十一集团军群里有克里勒将军率领的加拿大第一集团军和登普西将军率领的英国第二集团军，共计十四个师和七个装甲旅。他们右方的美国第十二集团军群管辖着霍奇斯将军率领的第一集团军，巴顿将军率领的第三集团军，还有辛普森将军率领的尚未投

入作战的第九集团军。这样，艾森豪威尔总共指挥了三十七个师以上， 166
或五十万以上的作战人员。此外，每个集团军群都有自己的战术空军，由利·马洛里空军上将统一调遣。

这样一个阵容雄壮的大军正紧追着西欧德军的残兵败卒，日夜以我们占优势的空军困扰他们。敌人还剩下约十七个师的兵力，但在得到整编和国内的增援以前，大部分是没有斗志的。曾经担任过隆美尔的参谋长的斯派达尔将军在描述德军的惨境时说：

> 有秩序的撤退已经不可能。盟军的摩托化大军把行进迟缓、精疲力竭的德国步兵师分别包围起来，加以歼灭……德国已经没有任何有效的地面部队可以投入作战了。至于空军，也差不多被打光了。[1]

艾森豪威尔打算使用最大可能的兵力，动用他最大限度的物资，向东北发动猛攻。英国第二十一集团军群预定担任主攻，沿着海峡沿岸猛进，希望不但占领各飞弹发射场，而且要攻下安特卫普。因为缺少这个城市的巨大港口，就不可能越过莱茵河下游，进入德国北部的平原。美国第十二集团军群也将追击敌人；其第一集团军和英军应保持等速前进，其余部队则向东直逼凡尔登和默兹河上游，准备向萨尔进攻。

蒙哥马利提出了两个反建议。第一个是在 8 月下旬提出的，里面主张他的集团军群和美国第十二集团军群结合成一个拥有大约四十个师的大兵团，一同向北出击；第二个是在 9 月 4 日提出的，认为只能向一个目标猛攻：不是鲁尔就是萨尔，一旦进攻路线决定之后，担任攻击的部队应当得到他们所需的全部物资和给养。他强调其他战线切勿轻举妄动，以便策应主攻；主攻只能由一个人指挥：不是他自己，就是布雷德利，看具体情况而定。他相信这样也许可以一直打到柏林，并认为鲁尔比萨尔更为有利。

167 但是，艾森豪威尔坚持他的计划。德国本土仍有后备力量，所以，他相信如果用相对小的兵力过远地越过莱茵河猛力前冲，只会给敌人帮忙。因此，据他的想法，第二十一集团军群最好是尽力在莱茵河对岸取得一个桥头阵地，而第十二集团军群则极力向齐格菲防线推进。

战略家们也许会对这两种不同的见解长时间争论下去。

但他们的讨论并没有影响对敌军的追击。究竟我们能够维持多少个师？这些部队的前进速度和范围应当怎样？这一切完全依赖于港口、运输和补给品这三种因素。弹药的消耗相对说来并不算大。但是，粮食，尤其是汽油，支配着每一个行动。我们仅有瑟堡和阿罗芒什的“桑葚”港这两个港湾。而它们和前进部队的距离一天天拉长。前线仍要靠诺曼底直接补给。每天大约有两万吨的补给物资以及许多修路、架桥和建造飞机场的器材都要沿着逐日延长的路线运上去。布列塔尼半岛诸港一旦落入我手，又嫌它们距离更远。惟有勒阿弗尔以北的海峡各港口，尤其是安特卫普——如果我们能够抢先占领，免其遭到严重破坏——才算得是具有重大意义的目标。

安特卫普于是成为蒙哥马利集团军群的直接目标，而该军群也第一次遇到机会来显示其机动的作战能力。第二集团军首先从塞纳河以北开拔；它下令部下的一个军驻留原地不动，将其运输工具腾出来，协助其余的军向比利时进发。担任前锋的就是第三十军。该军的第十一装甲师 8 月 31 日打到亚眠，俘虏了正在用早餐的德国第七集团军司令。不久，他们就打到阿拉斯、杜埃、利尔以及其他许多这类的边境城镇。这些城镇对 1940 年曾经来过的英国远征军来说，是尽人皆知的；即使对四分之一世纪前来过的老一辈远征军，起码也是熟知其名的。布鲁塞尔的德军仓皇退却，警卫装甲师在 9 月 3 日进城。像在比利时境内其他地方一样，我们的军队受到盛大的欢迎，还得到组织完善的抵抗军的有力援助。警卫师接着由该地向东面的卢万前进，而第十一装甲师则于 9 月 4 日进入安特卫普。使我们惊喜交集的是，他们发现那里的港口几乎是完好无损的。原来，我们的进展过于神速，不到四

天就前进了二百英里，敌人疲于奔命，来不及进行例行的、周密的破 168
坏工作。往西的第十二军所遇到的抵抗较强，但也于 9 月 5 日打到他们的主要目标——根特。

当然，这样的速度是不能长久保持下去的。在我们乘轮船出发去魁北克之前，这种跃进已经过去，阻滞的现象已经明显了。敌人设法破坏了艾伯特运河从安特卫普到哈塞尔特中间的各个渡口。第三十军遇到沿河守敌约十个营的抵抗，其中不少是刚来增援的。9 月 6 日警卫师在哈塞尔特以西一个地方强渡，经过了四天的苦战，才进到默（兹河）－斯（凯尔特河）运河，夺取了一座完整的桥梁。

*　　*　　*

同时，加拿大的第一集团军担负着肃清西侧翼的艰巨而责任重大的使命。总司令克里勒将军指挥着英国的第一军和加拿大的第二军(包括波兰装甲师)。他们的主要任务就是肃清盘踞在由勒阿弗尔港往北海峡各港口的残敌,夺取飞弹发射场,并在斯凯尔特南岸建立阵地。原来，安特卫普虽然已经落在我们手中，但我们的船只必须首先通过曲折而难以航行的斯凯尔特河河口；而且，河的两岸还在德军手中。这个艰苦而代价高昂的作战任务主要将落在这个加拿大集团军的肩上。他们的成功真是大局所系。

于是，英国第一军在鲁昂附近渡过塞纳河后往左转。9 月 2 日它的第五十一高地师占领了圣伐勒里。这就是 1940 年 6 月原部队遭厄的地点。该军的左翼折向勒阿弗尔前进，遇到那里一万一千多名驻防军的猛烈抵抗。德军不顾海军十五英寸口径大炮的狂轰和空军一万多吨炸弹的猛炸，一直顽抗到 9 月 12 日才投降。同时，英军右面的加拿大军团 [2] 一路行动迅速，9 月 1 日拿下了迪埃普，和敌人算清了 1942 年的旧账；9 月 6 日包围了布洛涅、加来，还有敦刻尔克。到了 9 日加拿大集团军已经肃清了整个加来海峡省的残敌；包括占领了那里的飞弹

截至9月10日的盟军进军路线
[1]那慕尔
0 40 80 120英里
英吉利海峡
海峡群岛
布列塔尼
诺曼底
巴黎
荷兰
比利时
德国
瑞士
阿登山脉
孚日山脉
美国第三集团军
科隆
伦敦
布雷斯特
圣马洛
阿弗朗什
瑟堡
卡昂
勒芒
南特
圣纳泽尔
洛里昂
奥尔良
特鲁瓦
兰斯
凡尔登
南锡
梅斯
斯特拉斯堡
米卢兹
贝尔福
里昂
图尔
布尔日
内韦尔
第戎
贝桑松
亚眠
鲁昂
布鲁塞尔
安特卫普
根特
列日
蒙斯
里尔
加来
敦刻尔克
多佛
布洛涅（布伦）
迪埃普
勒阿弗尔
普利茅斯
南安普敦
卢瓦尔河
塞纳河
马恩河
默兹河
摩泽尔河
莱茵河
拉罗歇尔
普瓦蒂埃
昂热
拉瓦尔
雷恩

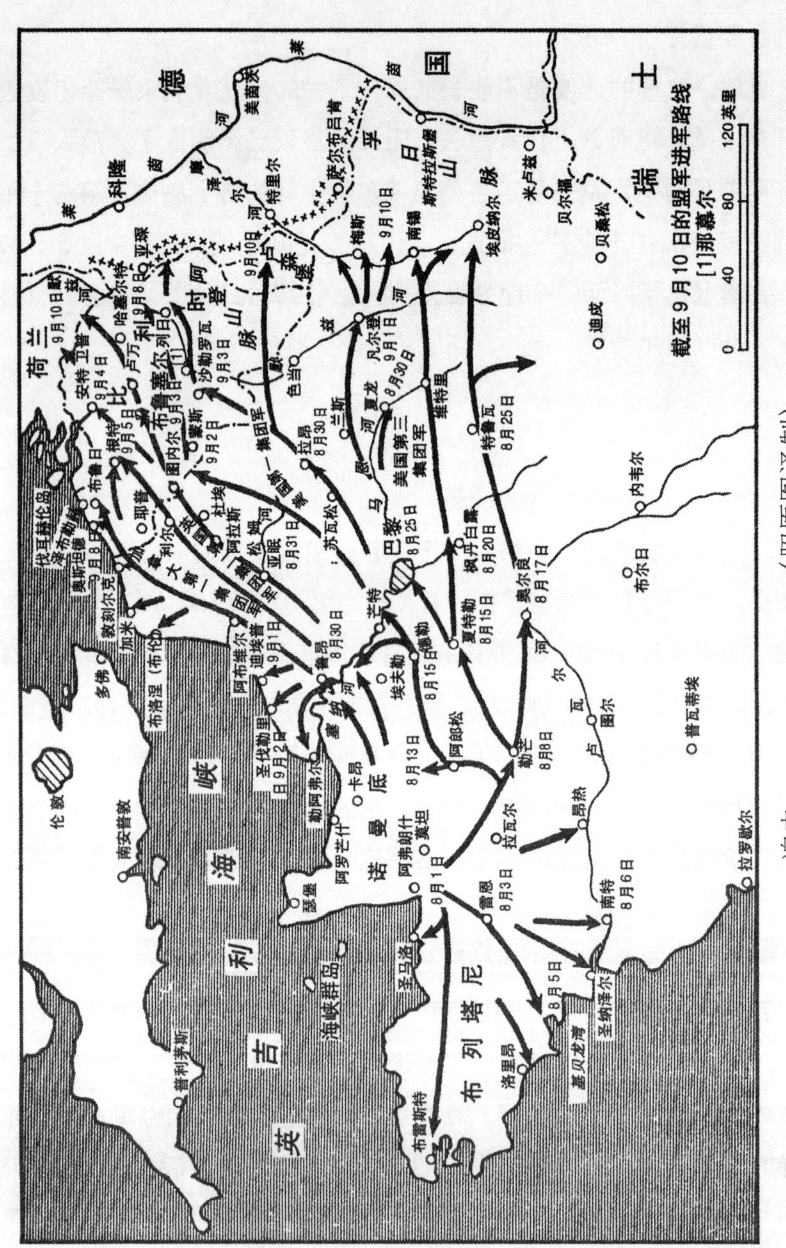

追击

（照原图译制）

发射场，直抵布鲁日。根特是由波兰装甲师拿下的。布洛涅在9月22日攻下，俘虏了近一万名的德军。加来也在30日落入我手。至于敦刻尔克，我们仅设法牵制住那里的一万二千名驻防军，因为远为重要的任务是向斯凯尔特河挺进。现在暂把加拿大集团军的行动搁下，腾出笔来补叙美国集团军群的战绩。 170

这个集团军群越过巴黎向前挺进，仍然保持着布雷德利将军和他的忠诚部下所具有的勇往直前的锋芒。美国第一集团军，在英军的右方渡过塞纳河之后，即以那慕尔和列日作为目标。9月3日他们已经到达沙勒罗瓦和蒙斯，并在蒙斯的东南切断了一大股三万名德军的去路，然后把他们全部俘虏了。接着，他们挥师东进，在9月8日解放了列日，两天之后又解放了卢森堡城。尽管敌人的抵抗逐渐加强，该集团军到十二日已经集结在德国边境长达六十英里的防线上，并在亚琛以南突破了齐格非防线。他们在两个星期内解放了卢森堡全境和比利时的南部。第三集团军在8月31日夺取了凡尔登，渡过默兹河。一周之后，他们得到充分的汽油供应，到达摩泽尔河边。敌人拼凑足够的兵力沿河设防；驻守梅斯的敌军力量的确不弱，而且斗志坚强。尽管这样，到了9月16日第三集团军仍能在南锡和梅斯正南的地方建立几个敌前阵地。如前所说，美国的第七集团军和法国的第一集团军（现已编进第六集团军群，由德弗斯将军指挥）自从在法国南部海岸登陆向北推进后，9月11日已在迪戎的西面和巴顿的集团军[3]的前哨会合。于是，这两个集团军将队伍转向东面，自埃皮纳尔往南直达瑞士边境一线，同总的进攻成并行之势。大规模的追击到此结束。往下的几个月，我们都要在极端艰巨的战斗后才能取得进展。敌人的抵抗处处都在增强，而我们的补给物资再也接不上了，非加以充实不可。前方的部队也需要增援、补充，以迎接即将到来的秋季战役。

* * *

当我们去魁北克的航行途中，我们的联合情报委员会送来了一份关于“德国抵抗能力”的报告。我认为稍微乐观一些。为了这件事，我曾写过如下信件给参谋长委员会提醒他们注意。

首相致伊斯梅将军并转参谋长委员会　　1944年9月8日

1. 我已经看过这份报告，里面所说的事实我全知道了。总的来说，我认为报告偏于乐观。目前，我们实际上处于胶着状态中，进展将极为缓慢。我相信俄国在东线发动一次决定性攻势的假设
171 是会实现的，但就目前来说，这种攻势还只是个假设而已。

2. 另一方面，我们还必须注意到某些因素。除了瑟堡和阿罗芒什外，我们还没有取得任何大的港口。德军企图防守斯凯尔特河口，仍在安特卫普的北郊进行抵抗。布雷斯特还没有攻下，尽管那里的战事激烈；一旦占领之后，至少还要等六个星期才能使用。德军仍坚守着洛里昂。我们还没有袭击夺取圣纳泽尔港并清除港内障碍物，该港几乎比布雷斯特加倍地好，攻打起来也是事半功倍的。我们也还没有试图把波尔多夺过来。除非形势显著地好转，否则到了秋分时节刮大风的时候，盟军将仍然缺乏港口设备。

3. 在我们取得显赫的进展之后，大概会出现短时间的沉寂。这是人人都能预见到的。巴顿将军的部队正在梅斯－南锡一线激烈交战。蒙哥马利元帅对艾森豪威尔将军将来的计划也说出了他疑虑不安的理由。除非第二十一集团军群扫平了海峡诸港的顽强抵抗，解决了伐耳赫伦岛和安特卫普以北的德军，否则就很难想象该部队能够以大军直逼德国的边境……

6. 没有一个人能够预言将来要发生什么事情。是盟军部队在9月份以大军突破齐格菲防线进入德国呢？还是部队受补给接应

> 困难及缺乏港口的限制而使德国人能沿该防线固守下来呢？德军会不会从意大利撤退？——如果那样，他们就会大大加强他们在国内的地位。他们能否从波罗的海各国调回自己的军队（估计一度达到二十五个师到三十五个师之间）？我们不应低估，当敌人在自己的国门口站稳脚根准备抵抗时所起的加强防守和强化力量的作用。**希特勒到1月1日还在作战，或是在这以前已经崩溃了，两者的可能性至少一样大。**[4] 如果他真的在1月1日以前垮了台，那多半是由于政治上的原因，而不是纯军事上的原因。

我的话不幸言中了。

*　　*　　*

但是，越过下游莱茵河的机会仍然存在。艾森豪威尔认为其价值非常重大，因此放在比肃除斯凯尔特河口两岸和开放安特卫普港来优先的地位。为了补充蒙哥马利的作战力量，艾森豪威尔给他增拨了美
国运输工具和空运补给。由美国的布里尔顿将军指挥的第一空降兵集 172
团军是由英国第一、第六空降师及三个美国师、一个波兰旅组成的，拥有大量的英、美飞机，在英格兰待命出击。蒙哥马利决定由空降兵部队和第三十军采取联合行动，在阿纳姆夺取一个桥头堡，因为后者正好在靠近荷兰边境的默（兹河）－斯（凯尔特河）运河对岸的一个桥头堡里作战。他计划将英国第一空降师和后继的波兰旅空投在下游莱茵河的北岸以便夺取阿纳姆桥；由美军第八十二师去占领奈梅亨和格腊夫两地的桥梁；而美国第一百零一师则去夺取从格腊夫通往埃因霍温的公路。然后，第三十军由警卫装甲师作前导，沿着公路向埃因霍温强力推进；到达那里以后，再沿着空降后所开辟的一条像“地毯”似的狭长走廊[5] 进抵阿纳姆；一路上希望能找到已由空降兵所牢牢掌握的桥梁，从而克服由三道主要河流构成的障碍。

173

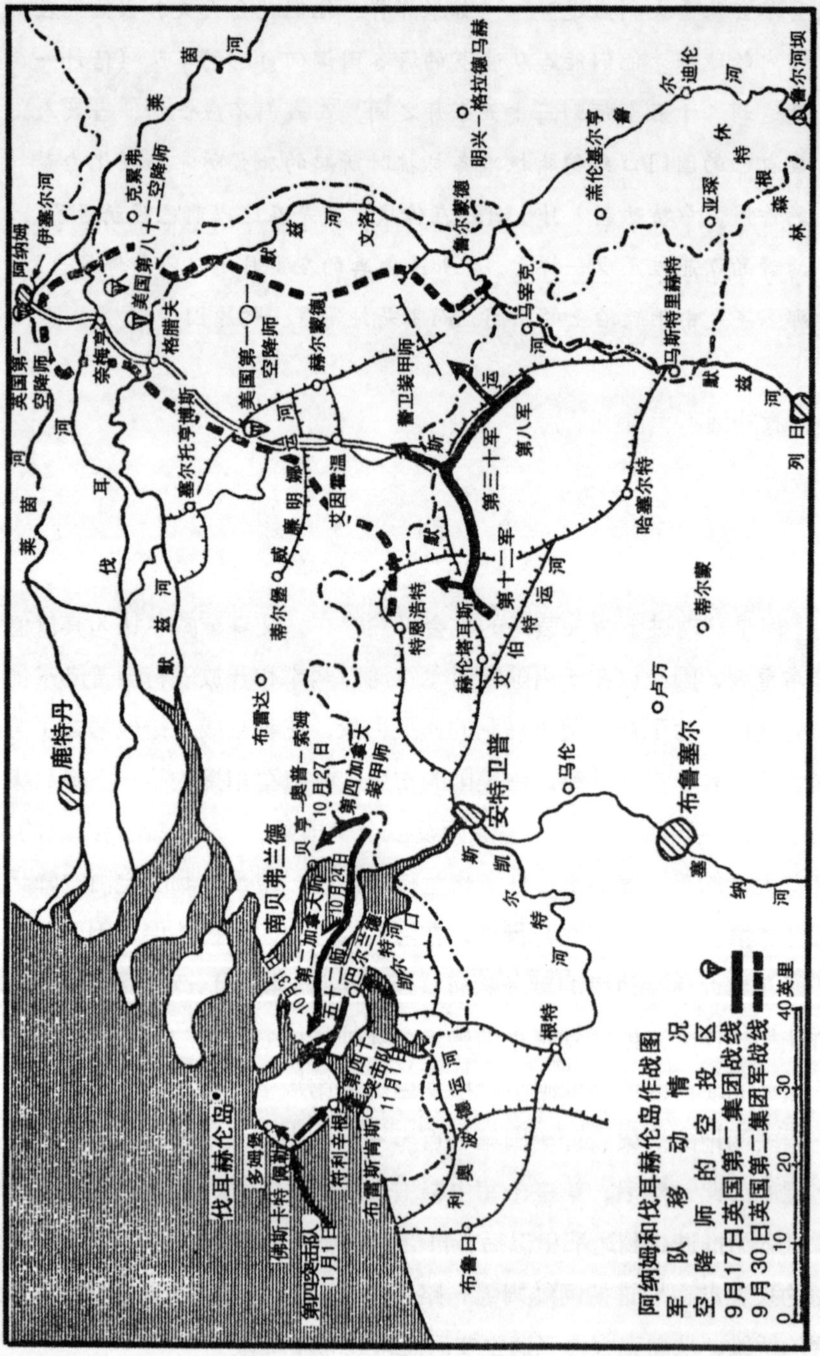

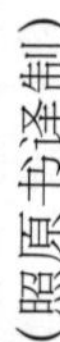

荷兰南部

（照原书译制）

由于敌人的力量日益增强，这一大胆的进攻——堪称此类作战行动的空前壮举——要求既繁杂而又急迫的准备工作。但一切竟能如期在 9 月 17 日完成，真是了不起的事情。因为飞机不足，无法同时空运全部大军，这个行动不得不分成三天来完成。多亏盟国空军干得出色，三个师的先头部队都于 17 日当天安全而确实地运到了目的地。美国第一百零一师完成了他们大部分的任务；但是，由于通往埃因霍温的路上有一座运河桥被炸毁，该镇直到 18 日才打下来。美国第八十二师也打得不错，但是，奈梅亨的主桥没有拿下来。 174

来自阿纳姆方面的消息稀少，但是，看来我们的伞兵团的某部已经在桥的北端扎了根。第三十军的警卫装甲师由掩护炮火和回转式火箭飞机开路，当天下午开始沿着通往埃因霍温的公路前进。第八军在右侧,第十二军在左侧分别掩护着第三十军的两翼。沿途德军负隅顽抗。警卫师打到 18 日下午才同美军接上。第二天，德军发动对埃因霍温－奈梅亨凸出阵地的进攻而且不断加强兵力。第一百零一师要维持道路畅通感到非常吃力,时常要暂时断绝交通以便打退敌人。打到这个时候，阿纳姆方面传来了不妙的消息。我们的伞兵虽然仍保住桥梁北端的阵地，但敌人仍然固守在镇中。而在镇以西着陆的第一空降师的其余部分无法冲进来增援。

运河在 18 日架设好一道桥梁。第二天清早，警卫师长驱直抵格腊夫，同美国第八十二师会合。到了夜幕降临的时候，他们已经逼近防守坚强的奈梅亨桥。20 日那一天夺桥之战非常激烈。美军在镇以西渡河后向右回转，夺取了铁路桥的远端。警卫师则冲过公路桥。守敌皆寡不敌众。两桥都完好无损地转入我们手中。

现在距阿纳姆只剩下最后一段路了。因受恶劣气候的影响，向那里空运兵员、粮食和弹药的工作大受限制。第一空降师的处境因而极端危急。该师的其余部分因无法攻到桥梁而局限在北岸的环形小阵地里，遭受猛烈的冲击。南岸的友军用尽办法救援他们，但总压不倒敌人。警卫师、第四十三师和波兰伞兵旅接连空投到公路的附近，但他

175 们进行援救的勇敢的尝试也都一一失败了。战斗绝望地又持续了四天。25 日蒙哥马利下令撤回第一空降师幸存的英勇将士。他们连夜登上小船，冒着近距离的炮火，抢渡湍急的河流。到天亮，原有一万名士兵中，只有二千四百名安全抵达自己的河岸。

甚至在阿纳姆当地的战事已经完全结束之后，我们为了巩固战果，还继续进行了两周的苦战。德军认为我们这个凸出阵地威胁着整个莱茵河下游的西岸。后来事态的发展证明他们的判断是正确的。他们一再发动有力反扑，想夺回奈梅亨。他们用飞机轰炸那里的桥梁，使用泅水的爆破手破坏，使之受到损害，虽然没有把它摧毁。我第二集团军的三个军逐渐把这长达五十英里的凸出阵地加宽到二十英里之多。虽然还是太窄，但总算可以应急了。

在阿纳姆的战斗中，我们冒了很大的风险。这是因为我们眼看着胜利果实马上到手，值得一拼。如果不是天气作对，偏要在紧要的关头限制了我们的制空权，我们本来是很有可能成功的。勇敢的人们，包括参加争夺阿纳姆的荷兰抵抗军在内，都没有因为这次冒险而丧胆。

*　　*　　*

直到我从加拿大（辉煌的战报已经传到那里）回来，才对战役的情况有了全面的了解。史末资将军由于把这场战事看成败局而感到伤心，我就给他打了一份电报：

首相致史末资元帅　　　　1944 年 10 月 9 日

我对西线形势的发展感到满意，尤其是大部美军源源而来。我们希望不久就会攻下安特卫普。至于阿纳姆，我认为您对那里形势的估计没有抓到要害。战斗本身是肯定胜利了。问题在于，当先头的那个师理所当然地要求更多的援助时，他们所得到的太少了。我对这一次的事情并不感到半点失望；相反，倒是为我们的指挥官们甘冒这样一场风险而感到欣慰。

＊　＊　＊

清除斯凯尔特河口和开放安特卫普港的行动一直因阿纳姆方的猛攻而被推延下去。从今以后，它就被当作首要的作战任务了。9 月的下半月，一系列的预备行动已开始了。加拿大第二军已经把敌人从安特卫普—根特—布鲁日这条战线赶回到南面以利奥波德运河为界的布雷斯肯斯的狭小“孤岛”去了。安特卫普以东，第一军（也是归加拿 176
大集团军指挥的）已到达并渡过了安特卫普－特恩浩特运河。

现在要从三个方面来解决问题：攻取布雷斯肯斯“孤岛”；占领南贝弗兰德半岛；从东、西、南三面夹攻来夺取伐耳赫伦岛。第一、第二两方面同时并进。布雷斯肯斯“孤岛”是由一个久经战阵的德国师守卫着，很顽强，不易下手。我军为了渡过利奥波德运河而与其进行了激烈的战斗。双方正相持不下之际，加拿大的一个旅扭转了危局。它在上游登船，沿河而下，在“孤岛”的东端登陆，沿着河岸杀出一条路，直奔布雷斯肯斯，并在 10 月 22 日攻下该地。与此同时，第一军从安特卫普－特恩浩特运河向西北稳扎稳打。沿途敌人的抵抗步步增强。但我方终于包围了南贝弗兰德地峡。于是，继续向西进攻伐耳赫伦岛的计划可以着手制订了。

这个艰巨的任务是由加拿大第二师承担的。该师涉过水深及腰的大片大片的泛滥地区，向西强力推进。他们得到了第五十二师大部分士兵的增援。后者系由渡船载过斯凯尔特河，在南岸[6]的巴尔兰德登陆。到了月底，经过了巨大努力之后，整个地峡已经夺下来了。同时，敌人在布雷斯肯斯“孤岛”上的几个孤立据点也被一个接一个地拔除掉。进攻伐耳赫伦岛的准备工作到此便全部完成了。加拿大集团军的胜利是此后更辉煌的作战行动的重要开端。在四周的苦战中，他们在科宁厄姆空军中将的第二战术空军特别有力的支援下，至少俘虏了 177

一万二千五百多名德军。这些都是并不愿意投降的顽敌。

* * *

伐耳赫伦岛的形状像一个茶碟。边缘有沙丘环绕，阻止海水冲刷岛心的平原。在岛的西边缘，靠近佛斯特卡佩勒地方，沙丘中间有一个缺口，靠一道高三十英尺，底部宽一百多码的堤坝来阻挡海水。那里大约一万名的驻军都安置在坚固的人造防御工事里，由三十座炮台防卫着，其中有些是构筑在混凝土掩体里面的大口径炮。岛上密布着防坦克障碍物、地雷和铁丝网，因为敌人足足用了四年的时间来经营这个安特卫普的门户的防御工事。

10 月初旬皇家空军首先出击。在一连串猛烈的空袭中，他们在佛斯特卡佩勒的堤坝上炸开了一个宽约四百码的大缺口，海水随之冲入这个茶碟的中心，淹没了那里边的炮台和防御工事。但是，岛上力量最强的炮兵阵地和障碍物却都是构筑在茶碟的边缘上的。攻取这些防御工事的事迹已经有人描写得非常生动了。[7]我在这里只能概括地说一下。进攻的目标是很集中的。东路，加拿大第二师力图从南贝弗兰德半岛通过两岛间的海堤进军。他们在第五十二师的一个旅的协助下，最后夺得了一个桥头堡。中路，第四突击队于 11 月 1 日从布雷斯肯斯乘船过来，在符利辛根海岸英勇登陆；第五十二师的士兵紧接在后面，一路杀入该镇。西路由莱斯特准将率领三个由海军陆战队组成的突击队，担任主攻。他们在奥斯坦德登船，驶向佛斯特卡佩勒。到了 11 月 1 日上午七点钟，他们已经可望见那里的灯塔了。当他们逼近目标的时候，得到了一个海军轰击中队开炮掩护。其中包括英国军舰“沃斯派特”号和两艘装有十五英寸口径大炮的低舷重炮舰“埃里伯斯”号和“罗伯茨”号，加上一中队的武装登陆艇。这些登陆艇一直进逼到距离海岸很近的地方，冒着严重的伤亡，不停地发挥自己的火力，直到先头的两个突击队安全登陆。第四十一突击队在海堤缺口的北端登陆，夺得佛斯特卡佩勒村后，即向多姆堡推进，第四十八突击队在缺口以南登陆，不久就遇到顽强的抵抗。海军的掩护火力固然有说不尽的价值，但我们还缺少一个主要的辅助因素。我们原来计划在前一天进行一次大规模的轰炸。但飞机遇雾无法起飞。固然，在关键的时刻，登陆的行动曾得到战斗轰炸机非常有力的支援，但由于敌方的防御工
事还远没有受到严重的破坏，因而我们陆战队所遇到的抵抗也就比原 178
来所预期的顽强得多。

当天晚上，第四十八突击队沿着岛的边缘向符利辛根仅推进两英里，就被混凝土掩体里面的强有力的炮火阻住了，于是，集中了加拿大第二军的全部大炮，隔岸从布雷斯肯斯向这里的目标开火；飞机对准敌人的炮眼发射火箭。傍晚的时候，突击队把守敌抓的抓，杀的杀。第二天早晨，他们继续向前推进。中午，占领了索乌特兰德。第四十七突击队从那里接替了进攻的任务，趁着敌人的防御已经逐渐削弱，一口气打到符利辛根的郊外。11 月 3 日，第四突击队在镇内经过了顽强的逐屋争夺战之后，和他们会师了。再过几天，全岛转入我们的手中；八千名敌军成了我们的俘虏。

在战斗中，突击队另外还立下了许许多多的特殊功勋。虽然其他部队和其他军种的人员都在这场非凡的战斗中起了充分的作用，但皇家海军陆战队的英勇是特别突出的。于是，这种突击队策略又一次胜利了。

*　　*　　*

夺取了符利辛根之后，扫雷的工作马上开始。接下去的三个星期，我们动用了一百艘船只去清理这条七十英里长的水道。11 月 28 日第一支护航船队到达。安特卫普向英军和美军开放了。敌人的飞弹和火箭还对这个城市骚扰了一些时候，并且造成了很大的伤亡，但对战局进展的干扰最多不过像对伦敦那样的干扰而已。

安特卫普的严峻考验不是我们要把德军追赶得更远些的唯一理由，还有其他的原因。当加拿大的第二师向西进入南贝弗德的时候，在默兹河以南和奈梅亨走廊以西的一个孤立据点里还留有四个师的德军。这是一个碍事的凸出阵地；到 11 月 8 日才被第一军 [8] 和十二军拔除掉。奈梅亨走廊的另一侧，另有一股顽敌盘踞在默兹河以西、文洛周围的一个孤立据点里。往南，美国第一集团军在 10 月的第一个星期就在亚琛北面突破了齐格菲防线。这个镇在三面夹攻下于 10 月 21 日投降。在第一集团军侧翼的第三集团军已经进到离摩泽尔河以东二十英里了。第七集团军 [9] 和法国第一集团军平行前进，直探孚日高地和贝耳福山峡。美军在 9 月份的闪电式进军中几乎耗光了他们的补给品。现在他们必须停下来积聚物资，并准备迎接 11 月份的大规模作战。

* * *

179

盟军向法、比边界的进军中，战略空军起了重大的作用。到了秋天，它重新担负起了轰炸德国本土的主要任务，把炼油设备和运输网作为特定目标。敌人的雷达屏和警报系统已被赶到它自己的边界以内，而我们的导航、引导投弹设备却相应地向前推进了。我们的伤亡率下降；我们的进攻在强度和精确性上都提高了。长期持久的猛攻迫使德国把工厂疏散到极为广阔的地域上。现在敌人要为它付出重大的代价，因为疏散得越广，就越要依赖于完善的交通系统。急需的煤炭堆积在矿坑附近；由于车皮缺乏而无法启运。每天有成千列或更多的货车由于燃料缺乏被迫停驶。工厂、发电厂和天然气工厂开始关闭。油的产量和贮藏急剧下降，这不仅影响了部队的快速运动力，而且影响了空军的活动，甚至空军的训练。

到了 8 月，施佩尔曾警告希特勒说：整个化学工业由于合成汽油厂供应不上副产品而要逐渐减产。接着，情况一天不如一天。到了 11 月，他报告说：如果铁路的运输量继续下降，就会造成一种“决定性的生产大灾难”。到了12月，他竟然赞扬起我们的“机智而影响深远的计划”了。[10] 由此可见，我们的伟大的轰炸攻势终于开始奏效了。

注释：

[1] 见斯派达尔著：《我们防守诺曼底》，第152—153页。

[2] 指加拿大第二军。——译者

[3] 按即巴顿将军率领的美国第三集团军。——译者

[4] 作者自己事后添上的着重点。

[5] “地毯”系当时蒙哥马利的原话。意思是由空降兵先开辟一条跨过这些河流和低洼地带的狭长通道或走廊，以便后面大队陆军前进。——译者

[6] 指贝弗兰德半岛南岸。——译者

[7] 见H. 圣乔治·桑德斯：《绿色的贝雷帽》。

[8] 第一军在这个时候可算是盟军合作的楷模。它的四个师分别由英、加、美、波四国的部队组成。

[9] 指美国第七集团军。——译者

[10] 见特德著：《战争中的空军力量》，第118——119页。

180

第十四章　访问莫斯科的序幕

俄国攻势的进展——红军到达波罗的海诸国——10 月 20 日贝尔格莱德解放——我渴望再次同斯大林会晤——我们关心波兰与希腊的未来——世界组织和敦巴顿橡树园会议的僵局——史末资将军的来电——我计划访问莫斯科——美国总统赞成——斯大林发出盛情的邀请——俄国与远东——10 月 5 日我动身前往莫斯科——意大利战役

1944 年夏季俄国的巨大攻势，本书以前只叙述到 9 月底，那时由于罗马尼亚革命的协助，苏军从多瑙河流域进抵匈牙利边境，随后就停下来休整和补充给养。现在我们要往下讲到秋末。

我们怀着极大的兴趣和日益殷切的希望，密切注视着这个巨大战役的命运。北面波罗的海诸国的德国驻防军由于俄国的向南深入进军，实际上去路已断。要加以拔除，也颇为费力。9 月中头几次对他们的攻击来自派帕斯湖[1]两端。攻势迅速向前扩展，在三个星期之内便伸展到从里加至北部的整个波罗的海沿岸。

9 月 24 日，南部战线再度战火燃起。一个沿多瑙河南岸攻入南斯拉夫国境的攻势开始了。俄国人在他们的左翼得到了幡然返正的保加利亚军队的支援。接着他们又一起跟铁托的非正规部队取得联系，这就有助于扰乱德国人从希腊所进行的艰苦战役中巧妙的撤退。希特勒不顾波兰那边明显的迫在眉睫的危险，却对匈牙利战役十分重视，并

且执拗地给予增援。10 月 6 日，俄国人在罗马尼亚军队的协助下，发
动主攻，由东南面直指布达佩斯，并以从北面喀尔巴阡山区进行的突 181
击作为助攻。俄军越过多瑙河两岸，贝尔格莱德于 10 月 20 日解放，
该地的德国驻军遭到歼灭。

*　*　*

为了分头负责照料受军队行动影响的个别的国家，我同总统在夏天里所作的安排，已我们协议规定的时限顺利渡过三个月了。可是，一临近秋天，东欧的一切都变得更加紧张了。我觉得有必要再次亲自同斯大林见面。自从德黑兰会议以来我再没见过他，尽管发生过华沙的悲剧，可是，我感到“霸王”作战行动成功开始后，我和他又有了新的联系。俄国军队此时正在巴尔干战场穷追猛打，罗马尼亚和保加利亚都已落在他们的掌握之中。由于伟大同盟的胜利只不过是个时间问题，俄国的野心也就很自然地随之滋长起来。在炮声隆隆的俄国战线背后，共产主义抬头了，俄国是救世主，共产主义就是它带来的福音。

我从未觉得过去我们与罗马尼亚和保加利亚的关系需要我们付出任何特殊的牺牲，但波兰和希腊的命运却唤起我们强烈的感情。为了波兰，我们参加了大战；为了希腊，我们曾经作出艰苦的努力。这两国的政府都流亡在伦敦，我们认为我们有责任帮助他们光复自己的国家，只要这确是他们的人民所真正希望的。总的说来，这些感情也为美国所共有，然而，他们对共产主义影响的高涨却领会得十分迟钝，这种影响从前是渗透进来的，现在又随着克里姆林宫指挥的大军长驱直入而到来。我希望利用同苏联的较好关系，在东西方之间揭开的这些新问题上达成圆满的解决。

除了这些事关整个中欧的重大问题之外，世界组织的问题，现在也正在我们大家的脑海中萦回。8 月到 10 月间，在华盛顿附近的敦巴顿橡树园那里已经召开了一个冗长的会议。会上美国、英国、苏联和

中国制定了现在众所周知的维持世界和平的方案。他们倡议一切爱好
182 和平的国家都要参加一个称为联合国的新组织。该组织由一个大会和一个安全理事会组成。大会要讨论和研究如何促进和保持世界和平，并向安全理事会建议如何实行。每个国家都得成为大会的会员国，并各有投票权。然而，大会只能提出建议和通过宣言；它并无执行权。安全理事会要调查联合国之间的任何争端，并且实际上可以在无法和平解决时采取武力解决争端。这与国际联盟迥然不同。根据这种新方案，大会可以讨论和建议，只有理事会才能够采取行动。理事会的自由裁决不受“侵略”定义的限制，也不受什么时候可以使用武力、什么时候可以实行制裁的条例的限制。

关于谁应成为安全理事会的理事，以及他们应如何行使其重大权力的问题，曾经进行过大量的讨论。最后确定下来：“三大国”和中国应为常任理事国，到适当的时候，法国也可以参加进来，大会应另行选出六个国家参加该理事会，一次任期定为两年。剩下的是表决权问题。大会的每个会员国虽然都有投票权，但只能研究和提出建议，就是这个，也很少有实质性的价值。确定安全理事会内部的表决办法更是困难重重。讨论中已经暴露出了三大盟国之间的不少分歧，这可以在本章往下叙述时看到。克里姆林宫不打算加入一个国际组织，在那里他们将会被一大批小国家的多数票所压倒，尽管这些国家不能影响战争的进程，可是，它们在胜利时肯定会要求平等的地位。我确信，我们只有在由于共同敌人把我们联合起来成为伙伴关系的时候，才能够同俄国达成妥善的解决。希特勒和希特勒主义是注定灭亡的了，然而，在希特勒之后，又将是什么呢？

* * *

史末资将军在南非草原农庄的冥想引起他沿着同样的思路去考虑问题，会议期间他给我发来如下电报：

陆军元帅史末资致首相 1944年9月20日

同俄国在世界组织问题会谈中的僵局所引起的危机，使我深 183
感关切。无论如何，它恰恰发生在战争结束之前的最不幸的时刻。我担心在这一事件上，就像在其他事件上一样，我们会在仓促间以一种极为危险的速度被迫作出重大决定。所有的电讯、国际航讯等等，都在散布同样的流言蜚语。既然这个僵局无论如何可能给这里造成显然的灾难性的后果，我不揣冒昧发出这封警告信。

开始时，苏联的态度使我感到荒谬，他们所持的论点不仅不会被其他大国所接受，就连一些较小国家也完全可能予以拒绝。但是，继而一想，我又倾向于不同的看法。我认为莫洛托夫是认真表达苏联的态度的，卡多根和克拉克·克尔也正确地说明了这一点，这里面关系到苏联在盟国中间的荣誉和地位的问题。它在问，它是否得到信任和平等待遇，还是它仍被看作是流氓和应受排斥的无赖。这里面的误解实际上超过了仅仅是分歧的程度。由于触犯俄国的自尊心而且引起了自卑感，这可能造成具有深远后果的欧洲关系的恶化。俄国意识到自己的力量，就会变得比以往更加贪婪。它的反应和权力感就表现在它那方面不作任何努力去探讨解决办法。它同诸如德国、日本，乃至法国这些国家未来的关系将会是怎样的呢？那些较小的国家更不用说了。倘若建立一个世界组织而不把俄国包括在内，它就会成为另一集团的力量中心。这样，我们就将走向一场大战，即第三次世界大战。如果联合国不建立这样一个组织，它就会在历史面前显得愚蠢无用。这就产生一种十分严重的进退维谷的局面，而我们必须无论如何避免自己可能于不知不觉中陷入这种境地。

考虑到这些危险，小国必须准备对俄国的自尊心作出让步，不能在这个问题上要求理论上的平等地位。如果坚持这一要求，就会给小国带来极为严重的破坏性的后果。在讨论有关力量和安全的问题时，提出主权平等的理论上的争论是极不明智的，美国和联合王国要利用它们的影响来支持常识和安全第一，而不是小国的地位。

就得失而论，大国之间的一致性的原则有许多可取之处，至少紧接着战后若干年内是如此。倘若这个原则在实践中证明不是切实可行的，那么，可在已经建立互相信任和确立一个更加切实可行的基础时，再对局势加以重新审议。当前应该不惜一切代价
184 避免破裂。倘若几个大国的一致性原则被采纳，甚至包括在与它们的利益直接有关的问题上的表决权也解决了，这一结果还需要美国和英国发挥它们的一切影响促使俄国的行动克制和明智一些，而不要蔑视世界的舆论。在这点上，这两个国家在很大程度上是可能成功的。如果俄国表现不妥协，联合国组织就可能需要采取行动，那就要归咎于它。一致性的原则在最坏的情况下只能有否决权的效力，也即阻止采取可能是明智的，或是必要的行动的效力。但其效果将是消极的；它妨碍采取行动，然而，这也同样使得俄国不可能推行美国和英国所不同意的行动方针。

对那些因刚获得力量而陶醉的人们来说，像一致性这样的制约办法并不是一件太坏的事。我并不为它辩护；我讨厌它；可是，我不认为在当前它是如此之坏的工具，以致其结果必将牺牲世界和平与安全的前途。

会谈迄今俱在官方顾问这一级里进行，虽然更高一级无疑是要参与进来的。在最高一级作出明确决定之前，我认为有必要对整个形势就其全部深远含义作一番极其慎重的复审，几个大国应该力求达成一些暂定条约，即使只是些临时性质的也好，这样就可以避免一场灭顶大灾。既然是这么严重地关系到未来的大问题，那我们就绝对必须一致，而经不起意见相左。

接着又来一电：

陆军元帅史末资致首相　　1944年9月26日

祝你在加拿大辛勤工作的结果，证明你做出的努力是正确的……我热诚地祝贺你和丘吉尔夫人平安回国。

正当意大利战役又比预计的进展慢得多，而且雨季的临近甚至可能使你对那个地区的希望落空之际，亚历山大仍能继续推进以保持我们在巴尔干这一地区的威信。铁托虽然只从我们这里得到各种援助，他的行为并不忠于我们，我担心我们的利益将因他在南斯拉夫取得最高权力而蒙受损害。

希腊所发生的一切似乎更坏。民族解放阵线正在攫获控制权。不幸的是，大都由于我们帮了忙。我希望仍能着眼于我们在地中海的重大利益以及那些受难的希腊人民的利益来对这种局面加以制止，这样我们的忠实的希腊朋友或许会由于我方的积极行动而受到鼓舞。帕潘德里欧很快就要受到民族解放阵线分子的势力的 185
控制，这些人无疑地是仰仗于苏联的支持的。我希望你能抽空与希腊国王商讨保护我们和希腊的重大利益的最好办法。未来地中海组织雏型正在迅速发展之中，但在某种程度上对我们是不利的。

我这样说并不含有任何敌视俄国的意思。我们不久的将来的最大希望寄托在三个大国之间的紧密合作上。我对敦巴顿橡树园会议的僵局所提出的忠告就是它的一个证明。不过，现在俄国越是使自己在马鞍上坐得牢，将来它就越会骑得远，而我们的控制就会变得越发靠不住。我们在地中海和在西欧的地位必须加强，而不能削弱。在这两个地区，我们都将得不到俄国的支持，甚至也可能得不到戴高乐法国的支持。站在这个立场来看，有关德国未来的种种处置，对我们所具有的重要性，可能远远超过或者大大不同于当前所显现出来的那个样子。由于德国经过这场战争而被淘汰，欧洲及世界对我们来说将形成一个新的局面。这就要求我们就整个未来的对外政策进行一番彻底的重新考虑。正当需要

186 有一个世界组织的时候，我们的联邦和帝国也应该作为从这场严峻的考验中挣脱出来的尽可能强大和有影响的因素出现，使我们在各方面都不愧为其他两个大国的平等伙伴，这一点同样是十分重要的。

基于这种观点，我也对你们各政党间的公约日益濒于破裂的倾向深表遗憾。这个公约曾取得了极其辉煌的战时成就。我希望你的伟大影响足以阻止破裂局面过早地以及在达成一个新的欧洲与世界的解决办法之前出现。事情还没结束，为此，敬请注意珍摄。

陆军元帅史末资致首相　　1944年9月27日

对你的所有四封电报，深为感谢。电报是在你回国时我给你去电之后收到的。敦巴顿橡树园会议的僵局在前两封电报中谈到，我注意到你的意见和为今后会议提出的方针。从许多观点来看，这些意见是极可钦佩的。你的第三封电报谈到了有关欧洲和亚洲的作战计划，我很欣赏你为意大利和巴尔干战役所作的部署。既然敌人看来正在撤离希腊，那么，一个明智的办法看来就是，我们应当赶快在那里出现，以免希腊沦入民族解放阵线之手，并指责我们抛弃他们。出于对大英帝国的特别关心，这件事已在我的上一封电报中提及了。

关于太平洋战争问题，值得担心的是对德战争胜利之后，美国的战争热情将会冷却下来，美国人的热情将转到贸易和工业方面去。所以，他们对你的全力参加是一定会感谢的。我也高兴地得知蒙巴顿虽然曾经受过不公正的待遇，现在又将在缅甸和马来亚一显身手。就中国当前事态演变来看，可能日军在被驱出所占领的岛屿之后，就会盘踞在中国大陆上，把他们赶走将不是一项容易的任务。斯大林将来如参战对那里会很有用处。除非他出兵参战，否则对日战争将会比我们现在所设想的延长得更久。

联合王国和美国之间在德国占领区的划分看来是公平合理

的，而普鲁士在俄国人的占领下，其命运很可能会使其成为布尔什维克苏联的一个行政省或者是一个保护国。这就是希特勒所梦想的结局。然而，这表明欧洲两千年来的德国老问题仍旧像向来一样大。

*　*　*

敦巴顿橡树园会议没有达成协议便结束了。可是，我感到迫切需要见见斯大林，我一向认为可以和他像一个普通人对另一个普通人那样谈一谈。

首相致空军参谋长（只供你看）　　1944 年 9 月 27 日

我和艾登先生或许需要前往莫斯科。乘一架新座机固然舒服，但照约定要到 10 月 15 日才能弄到，然而，我们可能要提前出发。我想我们用这种新座机可以一次直飞开罗，而坐约克式飞机要分成两站，我想要在那不勒斯或马耳他加油。在开罗必须十分仔细注意气象。在晴天美国总统可以飞越五六千英尺的高山，我肯定可以在八千或一万英尺的高空作短时间的飞行。1942 年 8 月，我们乘 C46 型运输机飞过高加索山脉时究竟飞了多少高度？我记得我们飞过了一万一千英尺，不过那时只是一段短时间而已。我想飞越整个山脉用不到三个小时。过了这一段，就进入便于低空飞行的里海和俄罗斯平原了。再没有必要像我们前次那样绕道而行。根本问题是要在开罗或德黑兰等待天气绝对晴朗。

请给我一份报告和明确的计划。

我在同一天给斯大林发了一份电报：

首相致斯大林元帅　　　　1944 年 9 月 27 日

187 1. 我欣慰地从克拉克·克尔大使那里获悉你对英美军队在法国作战行动的赞扬。我们十分珍视英雄的俄国军队领袖的这种表彰。

我将利用明天在下议院的机会重申我以前说过的话，是俄国军队把德国战争机器的内脏撕裂了，而且目前还把很大一部分的敌军牵制在自己的战线上。

2. 我和总统进行了一番长时间会谈后刚刚回国。我可以向你保证，我们深切地确信全世界的希望寄托在英、美、苏三国的一致上。得悉你近来身体欠佳，医生不同意你作空中长途旅行，我感到很遗憾。总统曾有过这种意见，认为海牙将是最宜于我们会晤的地方。可是，我们至今尚未将其攻克，但是，甚至在圣诞节之前，也许战争的进展就可能大大改变波罗的海沿岸的局面，以致使得你的旅程就不会疲惫或艰难了。但是，在我们的这种计划能够实现之前，还会有许多艰苦的战斗。

3. 绝密:总统计划在大选之后,无论当选与否,立即访问英国,然后,访问法国和低地国家。根据我的情报来看,我相信他会当选。

4. 我极为迫切地希望（就我所知，总统也是一样）苏俄将按照你在德黑兰所作的诺言，在德军被打垮和摧毁之后立即参加对日作战。俄国开辟一个对日战场将迫使他们焦头烂额，尤其是在空军方面，这将大大加速他们的失败。从我所了解的全部有关日本国内的情况以及日本人的绝望心情来看，我相信一旦纳粹溃败后，从我们三个大国发出的对日本的三方联合招降可能具有决定性的作用。当然，我们必须一起来详细研究这些计划。只要我能从这里走得开，我将乐意在 10 月间前往莫斯科。如果我走不开，艾登将代替我前往。顺致我对你和莫洛托夫的最诚挚的祝愿。

*　*　*

史末资的见解给罗斯福以深刻印象。

罗斯福总统致首相　　1944 年 9 月 28 日

我读到你〔9 月 20 日〕转来的陆军元帅史末资的电文深感兴趣。我想我们都会同意他的意见，即在几个大国为防止世界大战而成立的任何联合组织中，必须把苏联作为一个得到充分承认的平等成员来看待。

应该有可能做到通过各个有关方面的妥协来调整分歧，而这样做应当能够顺利度过几年，直到这个婴儿学会走路时为止。

“婴儿”在这里指的就是世界机构。

我复电如下：188

首相致罗斯福总统　　1944 年 9 月 29 日

……几天前的一个晚上，约大叔〔斯大林〕在同克拉克·克尔和哈里曼谈话时，十分健谈和友好。可是，他“对自己的健康发了牢骚”。他说只有在莫斯科他才感到身体好些，就连到前线视察对他的身体也有坏处。他的医生们反对他坐飞机。从德黑兰回来后，他休息了两个星期才恢复过来，等等。

鉴于这些情况，安东尼和我正在认真地考虑一下，打算尽快飞往那里。现在航期已经缩短了。斯大林对我们的建议迄今未作答复。我们心中的两大目标是：第一，坚持要他参加对日作战；第二，争取对波兰实行友好的解决。还有一些有关南斯拉夫和希腊的问题，我们也要讨论。我们会把每一个细节都不断地通知你。艾夫里尔·哈里曼如能协助，我们当然是欢迎的，也许你会把斯退丁纽斯或马歇尔派来。我确实感到私人接触是绝不可少的。

德国不会在今年之内被击败，这一点我是十分清楚的。我在一份电报上看到奥马尔·布雷德利已经在考虑11月中旬渡过莱茵河的一份作战计划，我也发觉德国人有加强抵抗的某些迹象。

非正式地说一下：我津津有味地拜读你的演讲词，十分高兴看到你是如此精神抖擞。

祝一切顺利。

同一天我又收到斯大林的如下电报：

斯大林元帅致首相　　1944年9月29日

我已收到你和罗斯福先生发来的有关魁北克会议的电报，其中谈到你们的进一步的军事计划。你们的来电中清楚地说明了英美武装力量所必须解决的那些重大任务。请允许我祝愿你们和你们的军队一切顺利。

目前苏军正忙于歼灭波罗的海沿岸威胁我军右翼的德国部队。不歼灭这些部队，我们便无法深入德国东部。除此之外，我们的军队当前还有两个迫切的任务，即：使匈牙利退出战争，并以我军发动一次进攻的办法来摸清德国在东战场的防御情况。如果条件有利，就攻破它的防线。

总统赞成我们前往莫斯科的计划。9月30日他发来了如下电报：

189 你从约大叔处得到复电，明确你和安东尼到达莫斯科的日期之后，请即告诉我。据我看来，斯大林此刻对任何怀疑他要在东方帮助我们的意图是敏感的。

应你的要求，我将指示哈里曼按照你的要求给你提供任何帮助。至于由斯退丁纽斯或马歇尔代表我出席一事似不甚妥，也没什么好处。

这时候斯大林对我发来了盛情邀请。

斯大林元帅致首相　　1944 年 9 月 30 日

我已收到你 9 月 27 日的来电。

我和你同样确信，三个大国的坚定的一致对未来和平将构成一个真正的保障，并符合一切爱好和平的人民的最美好的希望。在我看来，我国政府在战后期间继续执行像我们在这次伟大战争中所采取的政策，将具有一种决定性的影响。当然，我很希望能和你以及总统会见。从我们共同事业的利益着眼，我认为这次会见的意义十分重大。但就我个人来说，我还得有一个保留，因为医生们劝阻我作长途旅行，我必须在相当一段时间内注意这一点。

我热烈欢迎你在 10 月间到莫斯科来的意愿。我们要对许多非常重要的军事问题和其他问题进行研究。倘若你因任何事情无法前来莫斯科，我们当然会准备会见艾登先生。你转达总统计划到欧洲旅行的消息使我深感兴趣。我也深信他会在这次大选中获得胜利。至于日本问题，我国的立场一如在德黑兰会议时那样。

我和莫洛托夫向你问候。

就这样，我把事情安排妥当。

首相致克拉克·克尔爵士（莫斯科）　　1944 年 10 月 1 日

1. 你谅已见到斯大林元帅 9 月 30 日的电报，电文极其友好。如果天气好的话，安东尼和我打算星期六夜间出发。眼下旅途已缩短了很多，我们可以避免绕道大西洋和西班牙，也不必经过高山地区和德黑兰。此行无须超过三天，可能只要两天。空军部当与莫斯科作出安排。

2. 我认为最好是作为俄国政府的客人前往，因为他们高度的热情好客精神对办事情有帮助。不过我们当然也得在大使馆举行宴会。是否就此事向他们进行探询?

3. 我正在考虑丘吉尔夫人要不要与我同行。目前她在那里办个红十字会，况且英国人民会高兴地知道她就在身边照顾我。我不知道此举是否恰当。当然，她不指望参加克里姆林宫宴会，因
190 为宴会只有男士出席。可是，我认为除了她自己的红十字会以外，还有一些东西她也可以看看。是否这将使俄国人感到为难? 因为斯大林已经断弦。请你就这一点直率地提出意见。

盼立即答复。

第二天大使回电说，他和俄国方面对我已经决定前往并有安东尼同行表示高兴。“趁热打铁，俄国人期待你到他们这里作客，丘吉尔夫人拟同行的意见深受欢迎。”

然而，我的妻子却又决定不在这个时候走。我要求罗斯福告诉斯大林说他赞同我们前往，并由哈里曼先生参加讨论。我还询问对美国的远东作战计划我能说些什么。

首相致罗斯福总统　　　　1944 年 10 月 4 日

……我们想要使他们答复,即在德国覆灭之后,需要多长时间,优势的俄国军队才能集中在满洲国边境与日本对峙，并听取他们对这个战役问题的意见。这些问题由于较近一些时期内交通线易受攻击而显得突出起来。

当然，我们的事情大部分将是有关波兰人的问题。然而，我和你在这点上的想法如此相似，以致我不需要请你特别加以指点。

敦巴顿橡树园会议的问题肯定会提出来，所以，我得告诉你，我们都很清楚唯一的希望是几个大国的同意(即:一致)。确实遗憾，

我竟然得出这种和我最初的想法相反的结论。你对这个问题有什么希望我做的，请明示，并酌情给艾夫里尔以指示。

总统随即来电表示他最充分的赞同和亲切的善意。

罗斯福总统致首相　　1944年10月4日

我能完全理解你感到在我们三个人碰头之前你跟约大叔之间有必要立即会见的理由。你们要在那边讨论的问题，当然，也是一些美国真正关心的问题，就我所知，你是会同意的。因此，我已指示哈里曼从旁协助，并以我的观察员的身份参加会谈，倘若你和约大叔同意的话；我照此告知斯大林。当然，艾夫里尔的地位不能代表美国承担任何责任——我不能允许任何人预先代表我承担任何责任——然而，他可以随时把情况详尽地向我报告。同时，我已告诉他，会议一结束就要回来并向我汇报。

我因未能亲自和你们在一起而感到抱歉。然而，我准备等这里大选过后的任何时候，我们三人能举行一次会晤。你和约大叔
的会见对这个会议应当是一个有用的序幕，我已把这点告诉了约 191
大叔。

我和你同样认为我们三国之间的继续团结极为重要。可是，很抱歉，我不能同意你要在这个时候提出表决权问题。我相信那是我们三人之间可以共同解决的事情，因此，我希望你在我们三人会见之前暂勿讨论这个问题。它毕竟不是那么亟待解决的，这是直接关系到美国、英国以及联合国所有成员国的舆论的问题。

我正在要求我们在莫斯科的军事人员把我们参谋长联席会议送致斯大林的意见书也送给你一份，供你使用。

祝你成功，我殷切等待事态进展的消息。

首相致罗斯福总统　　1944年10月5日

1. 无比感谢你的意见和祝愿。我很高兴艾夫里尔将列席所有

主要会议，可是，我相信你是不希望因此而妨碍我和约大叔的，或者安东尼和莫洛托夫之间面对面的秘密会谈，因为事情往往是在这种情况下才能取得最好的进展。你可以放心，除了艾夫里尔拟送的报告外，我一定会把有关我们共同利益的一切情况经常通知你。

2. 从你最后的第二句话里，我得悉你已将你的太平洋计划的总说明寄给你们在莫斯科的人员，并将递交约大叔，而且在我到达时便可看到，这将给我以极大的方便。

3. 倘若约大叔提出表决权问题（他很可能会这样做），那么，我会告诉他关于这个问题不必着急。等到我们三方会见时，我相信我们是能够把问题解决的。

一切主要问题就这样解决了，剩下的只是计划旅途的事了。

首相致斯大林元帅　　　　1944 年 10 月 4 日

1. 你的下属很担心有人建议我走的航线。我不宜在超过八千英尺以上的高空飞行，尽管必要时我可以在这个高度上飞上个把小时。我们认为飞越爱琴海和黑海风险较少。总之，我已查明这
192 是最好的航线，而且没有不稳当的危险。

2. 只要我们在必要时能够在辛菲罗波尔，或者是在你们选定的任何其他沿海的作战着陆场安全降落加油，我将对所提供的便利感到十分满意。我的飞机随带我所需的东西。唯一要紧的事情是我要预先派一架飞机去跟你们建立一个联合的通讯站，以便调整我们的指挥站领航和着陆。请发出必要的命令。

3. 我正盼望这次能在 1942 年 8 月以来所创造的愉快得多的条件下重游莫斯科。

斯大林元帅致首相　　　　1944 年 10 月 5 日

已安排在辛菲罗波尔附近的萨拉布兹机场着陆，请派你们的信号飞机到该机场来。

*　　*　　*

艾登和我，以及布鲁克和伊斯梅于5日夜间分乘两架飞机出发。到那不勒斯时，我们同威尔逊和亚历山大两位将军讨论了四个钟头。

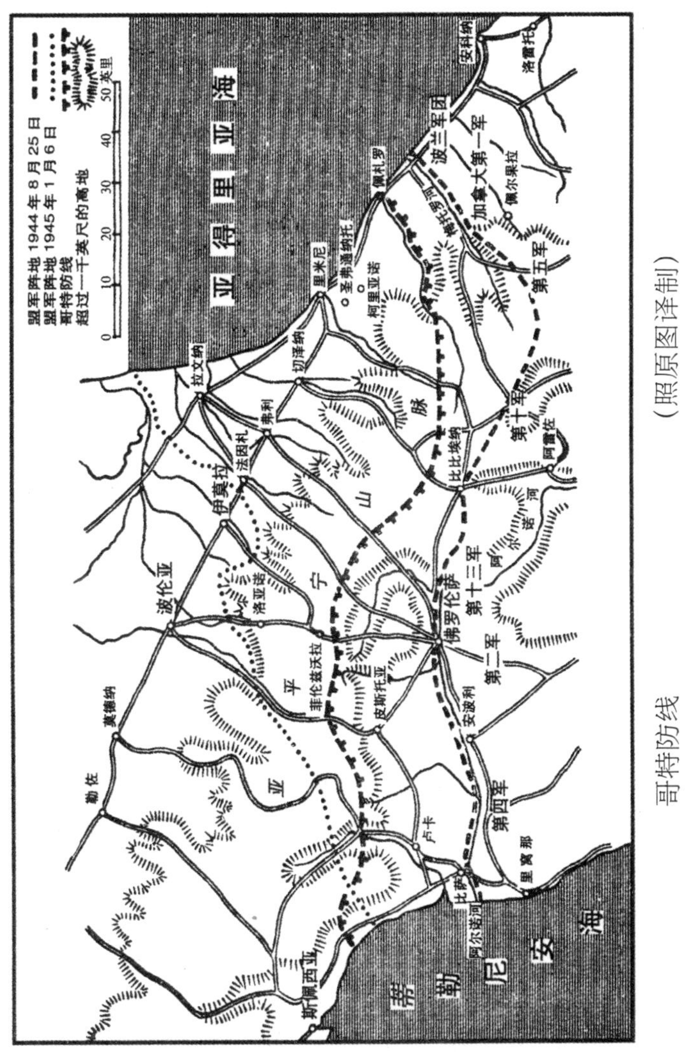

哥特防线

（照原图译制）

他们的报告使我感到苦恼。自从亚历山大在8月份最后的几天开始发动进攻以来，我离开意大利已经五个星期了。为了方便起见，我把整个情况往下一直讲到秋季它的结束期为止。

第八集团军的攻击一度很成功，兆头很好。这使德国人大为吃惊，
到了9月1日便在一条二十英里长的战线上穿越了哥特防线。像从前
一样，凯塞林很快就恢复过来，开始从其中央战区调来援兵。他们十
193 分及时地把人马布置在柯里亚诺山脊，封锁通往里米尼的道路。一个
星期来，他们顶住所有的进攻，后来我们还是把它拿下来了。

首相致亚历山大将军　　1944年9月15日

衷心祝贺此次攻占柯里亚诺山脊和马腊诺河通道的胜利。我明白这是所有参战部队的一次辉煌战果。请转达我对他们的祝贺。我希望这次的成功将使你面前的前景展望得更光明了。

凯塞林从其中央战区和右翼调来了七个师，因而在圣弗通纳托激战了三天。由于地空攻击的巧妙配合，这个地方终于拿下来了，敌人随即撤退，里米尼也于9月20日被攻克。

凯塞林的中央战区的削弱，给了亚历山大属下的第五集团军以等待已久的机会。敌人从其前沿阵地撤出以节约兵力，而我们却可以无须进行预备性的攻击而将兵力集结到敌人的主要阵地。9月13日，第五集团军出击。两天之后，第八印度师带领我们的第十三军越过没有路的山地向前推进，并在通往法恩札的路上突破了哥特防线。到了18日，英军和其左边的美国第二军便出现在分水岭的山顶。哥特防线的东端已遭到第八集团军的迂回攻击，现在它的中央地段也被突破。

尽管付出了严重伤亡的代价，却取得了巨大的成功，而且前途看来是乐观的。然而，凯塞林得到了更多的增援部队，他的德国师最终增加到总共二十八个师。他从没有战事的战区搜罗来了两个师之后，

开始猛烈反攻。这样一来，加上我们山路补给困难，使得我们的第十三军向伊莫拉的挺进受阻。因此，克拉克将军把他的猛烈的攻势转向通往波伦亚的公路。于是，美国第二军连同四个师于 10 月 1 日向前推进。几天之后，他们到达了洛亚诺。敌人的防守是顽强的，地形崎岖不平，加之大雨滂沱，10 月 20 日至 24 日之间，当他们到达离伊莫拉路上只有四公里的波伦亚东南的一个据点时，战斗形势达到了最高峰。我们从面对第八军的敌人背后插进去这一招的成功几乎唾手可得。
然而，用亚历山大的话说："借助于倾盆大雨和狂风大作，以及第五集 194
团军的筋疲力竭，德军防线得以坚守。"

10 月份对第八集团军来说也是挫折的一个月。麦克里里将军已经接替了李斯将军的指挥，李斯将军刚被调去东南亚担任更高的职务。10 月 7 日，他开始沿着里米尼－波伦亚公路的轴线前进，辅以英国第五军，随后加拿大军队也参加进来；同时，第十军则在南面的山区作战。气候十分恶劣，大雨把无数的河流和灌溉沟渠都淹没了，开垦过的田地也被淹没，又变成开垦前那样的沼泽了。离开路面常常无法行动，然而，就在这种困难重重的情况下，部队仍然跋涉前进，直趋波伦亚。

尽管如此，10 月 19 日还是赶到了切泽纳，代替了在南翼的第十军的波兰军团，朝着弗利—佛罗伦萨公路奋勇前进，这条路的重要性就在于它提供了与马克·克拉克的集团军进行横的联络的捷径。如我们所知，这个集团军正在迫近波伦亚，然而，就在这个危急的形势下，德军司令采取大胆的决策，从东线调遣三个精良的师到他的中央战线来。这些师无疑地正好在他的防线的中部及时挽救危局。第八集团军又有所减员。第四印度师和希腊旅还得被派遣去对付希腊的危机，这件事留待后面一章再说。

* * *

10月10日我从莫斯科把到目前为止的事态进展的全部情况告知总统，并加进下面的话：

1．我感到荷兰突出部队的压力似乎越来越严重，我们的前进缓慢而且损失很大。鉴于这些情况，我们曾不得不深为遗憾地提出这样的意见：我们必须把“吸血鬼”行动〔对仰光的两栖进攻〕从3月份推迟到11月份，把英国第三师留在法国，同时，把第五十二师也调到那里去，这个师是我们最精锐的师之一，约有二万二千人，并把第六空降师派往荷兰。艾森豪威尔正指望把这
195 些部队用于即将到来的莱茵河作战行动。当然，这是输送增援部队到法国去的最快速的办法。

3．你能否调出两个美国师，三个更好，到意大利战线，以便加入马克·克拉克的第五集团军并给亚历山大增添所需要的力量。他们最好能在三至四星期内到达那里。我觉得我们即将给艾森豪威尔派去这额外的两个师这件事，可以供你慷慨地加以考虑。

4．关于伊斯的利亚、的里雅斯特等问题，威尔逊将军正在将他的计划提交联合参谋部。这个计划将与整个战略目标相协调一致，即把凯塞林军队从意大利逐出或就地予以摧毁。

过了几天他回电如下：

罗斯福总统致首相（莫斯科） 1944年10月16日

我感谢你提供关于意大利战役的报告。在那里至今为止，我们双方联合作战所付出的代价已达将近二十万人的伤亡，其中九万人是美国人。我的参谋长们同意威尔逊的这种估计，即目前

我们不能指望在今冬摧毁凯塞林的军队，波河流域的地形和气候会阻碍今年内有任何决定性的进展。他们进一步考虑到，德国人完全能够从意大利调遣五六个师到西战场，只要他们认为这样做比起把这些师用来牵制我们在波河南面的力量更为有利的话。提供另外的美国师不会影响今年的意大利战役。现在我们都面临不曾预料的人力不足的情况，而比一切其他军事问题更为迫切的是必须迅速准备新的部队增援艾森豪威尔打进德国和结束欧洲战争的战役。由于参加从 8 月 25 日以来的现在这场战役的战斗，在意大利的这些师实在是疲惫不堪。而艾森豪威尔现在正在进行对德国的决定性战役，他的那些师自从 6 月初在诺曼底登陆以来一直处于连续不断的战斗之中。需要从瑞士到北海的漫长战线上，集结增援的师，这是当务之急。然而，更加刻不容缓的是要有新增的部队来给艾森豪威尔提供机会，让我们前线的士兵休息一下，这些士兵从诺曼底登陆的第一天起就一直冲锋在前。我们现在正以马歇尔将军对目前形势的报告为根据，采取紧急步骤，先从其他部队派出增援师的步兵团，以便艾森豪威尔将军能够轮换一些我们前线精疲力竭的士兵。

把任何兵力调至意大利都将使法国得不到迫切需要的新部队，而是把这些兵力投到无决定意义的北意大利冬季战役的高度消耗中。对我们在意大利的军队所面临的和即将面临的艰巨任务，我是了解的。然而，我们不能把德国战役这一主要作战努力所需要的兵力扣留下来。 196

鉴于马歇尔将军报告中提及的艾森豪威尔将军目前所面临的问题，我相信他们两人会赞同我不把派往法国这个目的地的任何一个师调走的主张。

往后的事很快就要讲到。尽管决定性的胜利的希望已经消失，但对那些在意大利的军队来说，他们的首要职责仍然是保持压力，阻止敌人抽调部队去增援在莱茵河一带处于困境中的德军。因此，第八集团军每逢天气稍有放晴便奋勇前进，11 月 9 日攻下了弗利，不久又迅速扫清了通往佛罗伦萨的一切道路。此后再没有发动较大的攻势的可能，但一有机会就发起小规模的进军，只是到了来年春季，军限位才获得了来之不易的，本来在当年秋季就几乎要得到的胜利。

注释：

[1] 爱沙尼亚东部与普斯科夫西部之间的一个大湖，现称楚德湖。——译者

第十五章　十月在莫斯科 197

10月9日我到达莫斯科——我们在克里姆林宫的第一次会见——半张纸——10月11日我致总统的电文——斯大林出席英国大使馆的宴会——我给哈里·霍普金斯的消息——巴尔干的纠纷——10月11日我对东欧问题所拟的信稿——10月12日我给内阁的报告——俄国与罗马尼亚——大不列颠与希腊——10月13日我与波兰人的会见——莫斯科大剧院举行招待演出——俄国对日作战计划——10月15日在克里姆林宫的第二次军事会议——寇松线——10月16日我呈英王的电文——波兰国庆节——10月22日我电告总统——德国的未来——与苏联的接触比以往更为紧密

我们在10月9日下午飞抵莫斯科，受到莫洛托夫和许多俄国高级人员的全套礼仪的盛情迎接。这次我们住在莫斯科市内，备受关照，起居舒适。我住在一幢设备完善的精选的小房子里，安东尼住在附近的另一幢。我们对让我们单独在一起膳宿这一点感到满意。当天夜里十点钟，我们在克里姆林宫举行第一次重要会议。会上只有斯大林、莫洛托夫、艾登和我，由伯尔斯少校和巴甫洛夫担任翻译。大家同意邀请波兰总理、外交部长罗默先生和格腊布斯基先生，一位胡子灰白、颇有魅力和才干的老院士，立即前来莫斯科。为此，我电告米科莱契克先生，说我们希望他和他的朋友前来与苏联政府和我们，以及卢布林波兰委员会进行讨论。我明确指出，不肯前来参加会谈等于是对我们的建议的断然拒绝，这将使我们不再承担对伦敦波兰政府的责任。

198 当时的时机适于商谈问题，所以，我便说：“我们来解决巴尔干地区的事情吧。你们的军队在罗马尼亚和保加利亚，我们在这些地方也有我们的利益，有各种派遣团体和代理机构。不要为了枝节问题致使我们意见相左。就英俄两国而论，怎样做才能使俄国在罗马尼亚占百分之九十的优势，英国在希腊也有百分之九十的发言权，而在南斯拉夫方面则平分秋色呢？”我乘着正在翻译这段话的时间，在半张纸上写出：

罗马尼亚

　　俄　国…………………………90%

　　其他国家………………………10%

希腊

　　英　国…………………………90%

　　(与美国一致)

　　俄　国…………………………10%

南斯拉夫……………………50—50%

匈牙利………………………50—50%

保加利亚

　　俄　国…………………………75%

　　其他国家………………………25%

我把字条递过去给斯大林，此时他正在听翻译。稍停片刻，他拿起蓝铅笔在纸上勾一勾表示同意，然后，把字条又递给我们。一切就这样解决了，比把它写下来还要快。

当然，我们对我们的主张已经考虑很久了，这时只不过是处理一下眼前的战时安排而已。一切较大的问题双方都打算留待以后再说，当时我们所希望的就是战争胜利之后能有一个和平会谈。

这之后沉默了一阵。铅笔划过的纸条放在桌子中央。最后我说:“似乎我们在处理这些涉及千百万人生死攸关的问题上，用这种草率的态度，不会被人说是玩世不恭吗？让咱们把字条烧掉算了。”“不，你保存着。”斯大林说。

我也提起了德国的问题，会上同意由我们的两位外长以及哈里曼 199
先生对此进行深入研究。我告诉斯大林，在我们今后进行讨论时，美国人会把他们的 1945 年太平洋作战计划向他作略述。

*　*　*

于是，我们给罗斯福发去一封联名信，介绍第一次会谈的情况。

首相和斯大林元帅致罗斯福总统　　1944 年 10 月 10 日

我们同意不在我们的讨论中涉及敦巴顿橡树园会议的问题，这些问题须待我们三方会见时再予提出。我们必须考虑采取最好的途径来取得一个对包括匈牙利和土耳其在内的巴尔干各国的一致政策。我们已作出安排让哈里曼先生以观察员的身份参加一切拟处理重大事务的会议，并安排迪恩将军出席一切有关军事问题的会议。我们已对我们的高级军官和迪恩将军之间在军事方面的技术性接触作了安排，并对我们两人和两位外长今后可能有必要同哈里曼先生一起商谈的会议都作出了安排。我们会亲自把我们取得的进展情况详细告知你。

借此向你致以衷心祝愿，并对美军的英勇善战以及艾森豪威尔将军在西线指挥作战表示祝贺。

我接着私下向总统作了报告。

首相致罗斯福总统　　　　　　　　　1944 年 10 月 11 日

1. 我们感到这里有一种特别有诚意的气氛，我们两人已向你发出了联名信。你完全可以相信我们在处理一切事情时不会使你受到约束。我们为艾夫里尔所作的安排，我认为是会使他感到满意的，而不会有碍于必要的私人接触，因为这是我们取得成效所必需的。关于这些情况，我会向你如实报告。

2. 绝对有必要的是：在巴尔干半岛各国的问题上，我们要尽量达成共识，这样，我们才可能防止一些国家发生内战，避免在内战发生时也许你和我同情这一边，而约大叔则同情另一边。我会不断地把这一切告知你，所有英国和俄国之间取得的初步协议，如果未经同你进一步讨论并和你协调一致，任何事情都不会确定下来。在这种基础上，我相信你对我们试同俄国人作开诚布公的会谈不致有什么介意。

3. 我尚未接到你的说明，不知道对你们的太平洋作战计划有哪些部分我们可以向斯大林及其军官们提及。我希望对这点心中有数，否则，在与他交谈中我可能会越出你认为可以说的界限，当然，我会十分谨慎的。我们没有谈及敦巴顿橡胶树园会议，除
200 了按你的希望把会议的事先放一边。然而，斯大林在今天的午宴上对会议及会上已取得极大程度的一致意见表示赞赏。斯大林还在这个午宴上严厉谴责日本是一个侵略国。根据我们会谈的情况，我对他在击败德国后将立即对日本宣战这一点很少怀疑。但是，可以肯定的是，艾夫里尔和迪恩应当都能够不仅要求斯大林做某些事情，而且，最少还能扼要地告诉他有关你自己想做的以及我们想协助你做的那一类事情。

*　*　*

10 月 11 日晚上斯大林来到英国大使馆参加宴会。这是英国大使首次成功地做出这样的安排。一切戒备都由警察担任。我的一位客人维辛斯基先生在走过那些在阶梯上的俄国秘密警察的武装卫兵时说："显然，红军又取得了另一个胜利，把英国大使馆都占领了。"我们在一种无拘束的气氛中进行了全面的讨论，直至凌晨二三点钟。除了其他问题外我们还讨论了下一届的英国大选。斯大林说他深信大选的结果是保守党得胜。在政治舞台上，真是知己不易，知人更难。

*　*　*

我也把若干问题电告哈里·霍普金斯。

首相致哈里·霍普金斯先生　　1944 年 10 月 12 日

1. 这里的一切都十分友好，然而，巴尔干半岛各国却处于可悲的混乱状态之中。铁托得到我们的保护在维斯岛住了三四个月，突然潜逃，不留地址，可又在他的洞穴留下守卫，让人以为他还在那里。随后，他跑到莫斯科来了，就在这里商谈。昨天，莫洛托夫先生已向艾登先生承认这个事实。俄国人把这种无礼举动说成是由于铁托的多疑的农民教养所致，并说他们没有通知我们是出于尊重他的保密要求。保加利亚人对待我们很不友好，逮捕了我们一些还留在希腊和南斯拉夫的军官。我看到一篇关于他们如何残酷对待那些成了俘虏的美国军官的描述。俄国的态度是，他们当然愿意向保加利亚指出许多不当之处，但只不过是以一种慈父的口吻说说——"这个事伤我的心比伤你的心还严重。"他们现在对匈牙利深表关切，他们错误地提及：这个国家是他们的

邻居。他们要求对罗马尼亚负有完全的责任，但对希腊准备采取
201 公允的态度。所有这些问题正在由艾登先生与莫洛托夫尽力磋商解决之中。

2. 在我们的严厉要挟之下，米科莱契克和波兰人接受了我们从俄国人那里硬争来的邀请。我们希望他们明天就到达这里。

3. 我们常常和艾夫里尔见面，明天晚上他准备举行一个宴会，按德黑兰方式行事，即那里只有几个不露面的人物。他正在参加军事讨论和关于德国前途问题的谈判，当然，波兰对话一开始他也会参加。目前，对巴尔干半岛各国既然有这么多的有争执的问题，所以，我们就宁可就这些问题在稍微深入一点的两人之间进行会谈，这样，比起大型会议更能坦率地交换意见。我在一两天内会把有关的一切电告总统。可否烦请你把这个情况转告给他？我很乐意听取他的意见。

总统给我们送来了令人鼓舞的讯息。

罗斯福总统致首相及斯大林元帅　　　　1944 年 10 月 12 日

感谢你们 10 月 10 日发来的联名信。

我毋任欣慰地得悉你们双方正在就国际政策问题取得一致意见。鉴于我们当前与今后必须共同努力阻止世界战争，我们对这些国际政策都是关切的。

* * *

在我们第一次会谈之后，我对我们与俄国在整个东欧的关系作了回顾。为了澄清我的主张，我就这个问题向斯大林草拟了一封信，夹附一份备忘录，申明我们对那个在桌面上被接受的百分比的理解。后来，因为考虑到事情已经办得蛮不错了，无须再去管它，所以，我就没有

把这封信发出去。我把它印出来仅仅是想要作为我思想的一个真实的记录而已。

莫斯科

1944年10月11日

我认为英国和俄国必须在巴尔干半岛各国的问题上有一个共同的、使美国也可以接受的政策，这一点十分重要。英国和俄国订有二十年的盟约这个事实，对我们广泛协作和易于信任地一起共事，具有特别重要的意义。我认为我们在这里所能做的事情，不外是为我们三方共同聚集在胜利的会议桌上采取最后决定而作准备。尽管如此，我仍然希望我们能够取得互相谅解，并且在有些情况下达成协议，这样将有助于我们处理紧急的意外事情，并为世界持久和平提供一个坚实的基础。

我所写下来的百分比只不过是这么一种办法，即借此在我们的 202
思想上看清我们彼此之间的接近程度如何，进而抉择必要的步骤以便我们取得全面协议。正如我说过的，这些东西一摆出去让各国外交部和外交家一推敲，就会被认为是草率的，甚至是不合情理的。因此，这些东西绝不能作为任何公开文件的基础，尤其当前更是如此。然而，这些东西可以作为处理我们一些事情的指导方针。把这些事情处理得妥善一些，我们就有可能制止一些有关的小国家发生内战、流血事件和争执。我们的大原则就是让各国建立符合本国人民意愿的政府形式。我们绝不打算把君主政体或者共和体制强加给任何巴尔干国家。我们毕竟已同希腊国王和南斯拉夫国王建立了一定的信任关系。他们向我们要求保护以免遭受纳粹敌人的危害，我们认为一旦正常的稳定状态得到恢复，敌人一经赶走，这些国家的人民就应当有一个自由的公平的选择机会。也许甚至需要在大选期间在那里派驻三个大国的监督人员，以便监督人民确有一个真正的自由选择。这一点是有一些好的先例的。

尽管如此，除了体制问题之外，在所有这些国家中还存在着极权主义式的政府与我们称为由普选制约的自由事业两者之间的意识形态问题。你们自己宣布反对试图以武力或共产主义宣传来改变各巴尔干国家现有的制度，我们对这一点深感欣慰。让他们在未来的岁月里掌握自己的命运吧。我们无论如何也不能允许的唯一的事就是任何形式的法西斯主义或纳粹主义。这些东西给劳苦民众带来的既不是你们的制度所提供的保障，也不是我们的制度所提供的保障。相反，这些东西将导致在国内建立暴政，在国外进行侵略。原则上我觉得英国和俄国应该对这些国家的国内政府感到放心，一旦他们和我们自己所经历过的这场可怕的血洗成为过去，社会安宁重新恢复之后，我们两国也不应当对这些国家感到担忧，更不应对他们进行干涉。

基于这个观点，我力求对我们各自在这些国家所感到的关切程度描出个轮廓。我们这样做要取得对方的完全同意，还得经过美国的认可，因为美国可能会长时间跑得远远地，可是，随后却会出人意料地以雷霆万钧之势回到这里来。

我在向你写信时，由于你富有经验和智慧，用不着与你进行大量的争论。西欧对这个咄咄逼人、诱人离经叛道的共产主义所怀有的普遍恐惧心理，希特勒一直企图加以利用，而眼前他的失败却是注定无疑的了。然而，你很清楚，这种恐惧存在于每个国家，因为无论我们不同的制度是好是坏，没有一个国家愿意采取流血革命的手段，尽管在人们的社会生活、习惯以及观点产生激烈变化之前，这种手段肯定是必要的。我们觉得我们正确地理解
203 了你们取消共产国际的做法就是表明苏联政府不干涉别国内政的决定。这一点越是深入人心，事情的进展就越是顺利。另一方面，我们(我肯定美国也是如此)有着建立在非常广阔的基础上的政府，这里面特权与阶级是在不断经受检查和纠正的。无论是纵观还是横看，我们觉得我们在制度之间的分歧都将越来越小，而我们为

谋求群众生活得更富有更快乐的共同基础却是逐年增大。也许只要有五十年的和平保证，这些当前可能引起世界严重麻烦的分歧，就会成为只是一些学院式的讨论而已。

基于这一点，斯大林先生，我要求你深信，在英国的心目中，有这么一个伟大的愿望，即在我们两国之间，建立长久的坚实的友谊与合作，这样，再加上美国，我们就能把世界的火车头纳入轨道。

我给国内的同僚们发出如下信件：

首相致国内的同僚们　　　　1944 年 10 月 12 日

1. 百分比的方法并非想要规定参加各个巴尔干国家的委员会的名额，而是表示英国政府和苏联政府在接触这些国家的问题时所抱有的关切和感情而已；这样，两国便能通过一种彼此可以了解的方式开诚相见。这充其量只能当作一个指针；当然，绝不会给美国加上任何约束，也不是想要确立一个利益范围的严格体系。可是，当问题全部摆出来时，这个方法有助于美国看清它的两个主要盟国对这些地区的感觉如何。

2. 由此可见，苏俄很自然地在黑海沿岸的一些国家是有着重要利益的，其中之一就是罗马尼亚。苏俄一直遭受罗马尼亚二十六个师的极为疯狂的进攻；另一个国家就是保加利亚，苏俄与它有着悠久的关系。英国觉得应该格外尊重俄国对这两个国家的观点，也应该格外尊重苏联希望以共同事业的名义，实际上带头指导这两个国家。

3. 同样地，英国和希腊有着悠久的传统友谊，而且作为一个 204
地中海的强国对希腊的前途也有直接的利害关系。在这次战争中，英国在抵抗德意入侵希腊时丧失了三万人，现在英国仍希望在引导希腊摆脱当前困厄之中起领导作用，同时，保持与美国紧密一致，这种一致迄今为止还在这个区域显示着英美政策的特征。英国会在军事意义上率先帮助现存的希腊王国政府在尽可能广泛与统一的基础上建立于雅典，这一点在这里也要取得谅解。苏俄也将像英国承认俄国和罗马尼亚之间的亲密关系那样，承认英国有这种地位和职责。这样便可防止希腊境内由于敌对派系的发展而彼此发生内战，进而避免英俄政府之间的争论纠纷以及政策上的抵触。

4．至于南斯拉夫问题，数字标志五十比五十是用来作为目前两个密切介入的大国之间的联合行动和一致政策的基础的，以便在那里的各种力量在驱逐纳粹侵略者中最大限度地联合起来之后，创建出一个统一的南斯拉夫。这样做是为了防止，譬如说，一方是克罗地亚人与斯洛文尼亚人，另一方是强有力而人员众多的塞尔维亚人双方之间发生武装冲突，同时，也便于制定一个对待铁托元帅的共同的友好的政策，同时，保证提供给他的武器用来反对共同敌人纳粹而不是用来打内战。这样的政策如为英国和俄国所共同遵奉，而毫无偏私利己之意，就能真正于事有益。

5．由于苏军正在取得对匈牙利的控制，主要影响自然会来自他们，然而，终究要得到英国也许还有美国的同意，尽管我们没有直接参与在匈牙利的作战，可我们是把它当作一个中欧国家而不是当作一个巴尔干国家看待的。

6．必须强调指出，苏联与英国对上述国家的感情的明确表态仅仅是作为最近的将来的战争期间的临时性指针而已，因而将由三个大国在停战之后或在和平桌上对欧洲问题全面解决时再予审查。

*　*　*

10月13日傍晚五点钟，我们在名叫斯皮里多诺夫卡的苏联国家
205 迎宾馆开会，听取米科莱契克和他的同僚们阐明立场。谈判是为下一步会议作准备的，英美的代表将在会上与卢布林波兰人会见。我力劝

米科莱契克考虑两件事，就是事实上接受寇松线，包括居民互为交换，和同卢布林波兰委员会进行友好磋商，以便成立一个统一的波兰。我说，变化就要发生，但要是统一的问题能在当前战争即将结束的时候实现，那是再好不过的了。因此，我要求波兰人当天晚上仔细考虑这个问题。艾登先生和我将听候他们的意见。与波兰委员会接触，接受寇松线作为初步的协议，以便于提交和平大会讨论，这对他们来说是最重要的。

同一天晚上十点钟，我们会见了所谓波兰民族解放委员会的成员。我们马上就看透，卢布林波兰人只不过是俄国的走卒而已。这些人把自己的台词练习、预演得太认真了，甚至连他们的主子也显然觉得过分做作。譬如，那个领头的贝鲁特先生就讲出这样的话："我们在这里代表波兰提出要求，利沃夫必须属于俄国。这是波兰人民的意愿。"当这些话从波兰语译成英语和俄语时，我瞧了瞧斯大林，看到他那富有表情的眼睛在会意地一眨一眨，似乎是说："我们苏联教得不差吧！"另一个卢布林头头奥索布卡·莫腊斯基作了一通冗长的发言，同样令人感到沉闷窒息。艾登先生对这三个卢布林波兰人的印象真是坏透了。

整个会议开了六个多钟头，可是，收效甚微。

* * *

14 日，大剧院举行招待演出，开始是一场芭蕾舞，接着是歌剧，最后由红军歌舞团表演精彩的歌舞。斯大林和我坐在贵宾包厢里，全体观众对我们发出了一阵热烈的掌声。戏看完后，我们在克里姆林宫进行了一次最有趣的最成功的军事讨论。斯大林由莫洛托夫和安东诺夫将军陪随，哈里曼随带迪恩将军，我由布鲁克、伊斯梅以及我们在莫斯科的军事使团团长伯罗斯将军等人陪同参加。

我们一开始就把我们对西北欧、意大利以及缅甸的意图告诉了他 206

们。迪恩将军接着发表了关于太平洋战役的讲话，并大略提到了一旦苏联对日作战，苏联可以提供什么样的特别有价值的支援。之后，安东诺夫将军对东线的形势作了一番坦率的阐述，提出了苏军所面临的困难以及他们今后的计划。斯大林不时插话，把特别重要的各点加以强调，末了他向我们保证苏军一定大力进逼，直捣德国，并要我们不必有丝毫顾虑对德国人可能从东线抽出任何部队。

毋庸置疑，苏联打算在战败德国之后，一俟它能在远东集中必要的兵力和物资，就立即参加对日作战。斯大林不愿意保证一个明确的日期，他只说要在德国战败之后的“几个月”期间内。我们的印象是这大概可以理解为三四个月之内。俄国人同意立即着手储备粮食和在自己的远东油田储备燃料，并让美国人使用他们的战略空军所需的沿海各省的机场和其他设施。斯大林似乎并不担心这些准备对日本人将会产生什么影响。事实上，他希望他们会来个“不成熟的攻击”，这会鼓舞俄国人起来竭力奋战。他说，“俄国人必须懂得他们为什么而战斗。”

15日我发高烧，无法参加那天晚上在克里姆林宫召开的第二次军事会议。艾登代替我去，由布鲁克、伊斯梅和伯罗斯等人陪同；斯大林除莫洛托夫和安东诺夫陪同外，远东苏军参谋长舍甫琴科中将也参加了。哈里曼又再次出席，同迪恩将军在一起。会上只讨论苏联参加对日作战问题，实质性的决议终于达成了。

斯大林首先赞成我们应协调我们的各项作战计划。他要求美国帮
207 助在远东储备两三个月使用的燃料、粮食和运输工具。他说如果这点能够做到，一些政治性问题能够澄清，苏联就可以作好准备在击败德国后三个月左右对日作战。同时，他答应在沿海一些省份为美国和苏联的战略空军准备机场，并立即接受美国的四引擎飞机和教官。苏联与派驻莫斯科的美国军事人员的会议可以立即召开，而且他还答应亲自参加第一次会议。

*　*　*

日子一天天过去，唯独苏波事务这个脓疮少有改善。波兰人准备承认寇松线“作为俄国与波兰的分界线”。俄国则坚持要使用“作为俄国与波兰双方国境线的基础”这些字眼。双方都不让步。米科莱契克宣称他会被自己的人民所抛弃，而斯大林在我和他单独进行两小时又一刻钟的谈话结束时说，在那些与他共事的人当中，赞成对待米科莱契克“温和”一点的只有他和莫洛托夫两人。我确信在这个背景里面存在着党和军队两方面的强大压力。

斯大林认为国境线问题如果未经取得一致意见，就不好着手组织波兰统一政府。倘若这个问题得到解决，他十分乐意让米科莱契克来领导新政府。我自己认为，在讨论波兰政府与卢布林波兰人合并的问题上，一定会碰到同样棘手的困难，卢布林的代表一直给我们留下极坏的印象，因此，我对斯大林说，他们“只是苏联意志的表达而已”。他们无疑地也怀有统治波兰的野心，因而充当了吉斯林一类的角色。既然如此，最好的办法就是让这两个波兰代表团回到原来的地方去。我深深感到我和外交大臣有责任为苏波问题的解决拟出一些提案。即使是只把寇松线强加于波兰都会引起责难。

在其他方面却取得了巨大的成效。苏联政府决心在消灭希特勒之
后攻击日本这点是显而易见的。这对整个斗争的缩短有着无可估量的
意义。对巴尔干半岛各国所作的安排，我确信是再好不过的了。这些 208
安排再配合上军事行动方面的成功，现在在拯救希腊上必然是有效的。
同时，鉴于铁托的行为和俄国指挥的俄国部队和保加利亚部队开到并
支援他的东翼的情况，我确信我们协同奉行对南斯拉夫五十比五十的
政策，对解除我们的困难是最好的。

毋庸置疑，在我们的狭小范围里，我们进行了两国之间从未有过的无拘无束、自由自在和诚心诚意的交谈。斯大林几次表示了个人的

敬意，这些我觉得确实是真诚的。可是，我更加确信的是：他绝非只是个人说了算。就像我回国时对我的同僚们所说的："骑马者的后面，总坐着个阴沉而忧虑的人。"[1]

* * *

首相呈英王　　　　　　　　　　　　　1944年10月16日

1. 首相恭祝陛下躬临荷兰慰劳三军，旅途畅遂，视察成功，今已安抵国内。但愿陛下经过此次跋涉后，一切平安。

2. 莫斯科气候既晴朗又寒冷，政治气氛十分融洽。此种情况过去从未有过。首相和艾登先生在几次与斯大林元帅和莫洛托夫先生的交谈中，都能以毫不挫伤感情的坦率和真诚态度处理一些最微妙的问题。首相观赏了一场专门演出的十分精彩的芭蕾舞，受到了许多观众的长时间的鼓掌欢迎。当斯大林在这场战争期间第一次来到包厢站在我的身旁时，立即受到全场几乎是狂热的欢迎。无论是在漫长的宴会席间，还是在席后，借着热情洋溢的频频祝酒，都能以轻松的方式谈及许多重大的事情。夜晚熬得很晚，甚至到了凌晨三四点钟，首相也同样坚持到很晚，而且一过中午就开始投入繁忙的工作，还有各种各样的会议。

3. 我们花了三个钟头对整个军事局面进行研究。在布鲁克陆军元帅和首相分析了形势并解释了西方、意大利和缅甸的计划之后，美国的哈里曼先生和迪恩将军对太平洋战局的过去、现在和未来进行了全面介绍，斯大林对此深感兴趣。随后，俄国的副总
209 参谋长把俄国对德作战计划的许多情况告诉了我们，这是我们从未听说过的，其中的要点十分令人满意。为了保密起见，我在回国之前，暂不进一步谈及他所说到的一切。今晚六点我们期待俄国发表一个对远东战场的声明，这个声明很可能是令人满意的和极为关心的。

4. 前天是“波兰国庆节”。我们的那些从伦敦来的人，正如陛下所知，看起来庄重正派，但却软弱无能。可是，对卢布林代表，就我们对这些人的看法，是不能寄以任何幻想的。在我看来，这些人纯粹是工具，讲话像背诵台词一样，精心训练得准确无误。我相当严厉地盘问过他们，斯大林在某些问题上也支持我。今天我们要与我们的（伦敦）波兰人奋斗一天，要寻出一个解决办法还是有希望的。否则，我们就只好把事情秘而不宣，延迟到（美国）总统大选之后再说。[2]

5. 还有许多问题需要讨论，譬如德国未来的处理问题。

陛下之忠仆卑职丘吉尔先生

*　*　*

10 月 17 日晚上我们举行了最后一次会议。正好得到消息说因为德国在匈牙利的战线濒于崩溃，作为预防措施，霍尔蒂海军上将已被德国人逮捕起来。我表示希望尽快到达卢布尔雅那山峡，并且进而说明我不认为战争会在春季之前结束。接着我们举行了对德国问题的第一次会谈。我们对摩根索计划的优缺点进行了讨论，决定欧洲咨询委员会务必详细研究这个问题。

*　*　*

在乘飞机回国的途中，我把我们会谈的更多详细情况告诉了总统。

首相致罗斯福总统　　　　1944 年 10 月 22 日

1. 我们逗留在莫斯科的最后一天，米科莱契克见到了贝鲁特。贝鲁特承认了自己的困难。上个月他的人有五十名被处决了。许多波兰人宁愿逃到森林里去而不愿参加他的部队。在俄国军队使用一切运输工具向前推进的时候，战线的后方在冬季临近的条件下是困难重重的。然而，他坚持说如果米科莱契克出任总理，他(贝
210 鲁特)必须在内阁里占有百分之七十五的人选。米科莱契克提议五个波兰政党都要有各自的代表，在这些政党的五名优秀人选中，要由他挑选四名人品不错的不致使斯大林感到讨厌的。

2. 后来在我的请求下，斯大林会见了米科莱契克，同他进行了一个半小时的极为友好的谈话。斯大林答应帮助他，米科莱契克答应组织和领导一个对俄国人完全友好的政府。他解释了自己的计划，但斯大林明确表示卢布林波兰人必须占大多数。

3. 克里姆林宫宴会之后，我们直截了当地向斯大林提出，除非米科莱契克取得五十对五十的比例再加上他本人，否则西方世界无法确信这个和解的办法是有诚意的，也无法相信一个独立的波兰政府业已组成。起初，斯大林表示他是同意五十比五十的，可是，一下子又自己纠正过来，提出一个更糟糕的数字。同时，艾登也采取同样的立场，同莫洛托夫商讨，后者似乎更为通情达理。我不认为一旦其他的一切都解决了，政府的组成问题还会成为一个无法解决的障碍。米科莱契克事先已向我解释，可能会有一个声明来挽救卢布林政府的威信，而且在幕后在这些波兰人中间会另外有一个安排。

4. 除上述情况之外，米科莱契克打算力劝他的伦敦同僚们接受寇松线，包括把利沃夫给俄国人。我希望在下两个星期之内我们能够寻出一个解决办法。倘若如此，我会把准确的文本电告你，以便由你决定此件是否需要发出或是暂缓一下。

5. 在主要战犯问题上，约大叔采取了一种意想不到的极为可敬的方针，即未经审判不得处决，否则全世界将认为我们不敢审判他们。我指出国际法中的一些困难，可是，他回答说如果不经审判就不要判处死刑，只能判处无期徒刑。

6．我们也对未来德国的划分问题进行了非正式的讨论。约大叔要把波兰、捷克斯洛伐克和匈牙利组成一个反纳粹、亲俄国的国家的独立区域，前两个国家可以合并起来。与他先前表明的观点相反，他希望看到维也纳成为南日耳曼联邦的首府，联邦包括奥地利、巴伐利亚、符腾堡和巴登。如你所知，把维也纳变为一个大多瑙河联邦的首府，这个主意一直吸引着我，然而，我还更希望加上匈牙利，尽管斯大林对这一点是强烈反对的。

7．至于普鲁士问题，约大叔希望把鲁尔和萨尔分离出来，使其不起作用，或者置于国际管辖之下，组成莱茵兰的一个单独的国家。他同时希望把基尔运河国际化。我对这个主意也不反对，然而，你可以相信我们在三方会议之前并没有作出确定的结论。

8．我从约大叔那里欣悉你建议 11 月底左右在黑海的一个港口举行三方会谈。我认为这是一个好主意，希望你在适当的时候把有关情况告诉我。你们双方愿意在什么地方开会我都愿意奉陪。

9．约大叔也正式提到了蒙特勒公约[3]，希望作些修改以便俄国军舰自由通行。对这个问题我们原则上没有什么异议。修改显然是必要的，因为日本是一个签字国，而且伊诺努也于去年 12 月丧失了市场。我们把这个问题留下来，由俄国方面去制定出详细的提案。他说他们会做到恰如其分。

10．关于承认目前法国行政机构为法国临时政府问题，我回国后将和内阁商讨。联合王国的意见是十分强烈要求立即承认的。戴高乐不再唯我独尊了，而是比以前更好驾驭了。我仍然认为一旦艾森豪威尔宣布把一个很大的内政地区移交给法国，那 211
么，这种有限的承认方式就不可能再拖延了。毫无疑问，戴高乐有着法国国民的大多数作其后盾，而且法国政府需要得到支持以便对付广大地区所潜在的无政府状态。总之，我会从伦敦再次电告你。

此刻我正在给人幸福回忆的阿拉曼上空，谨致衷心问候。

他的回电：

罗斯福总统致首相　　　　1944年10月22日

欣悉你在莫斯科为波兰问题的折中解决方案取得了进展。

一旦解决的时间和条件到来时，务必与我商量在这样的观点上推迟大约两个星期发表是否恰当。你懂得这个意思。

当前这里的一切都很好。

你所说的约大叔目前在对待战犯、德国的未来和蒙特勒协议等问题的态度令人感到非常有趣。我们会在即将到来的三方会谈上对这些事情连同我们在太平洋战争作出的努力一起进行讨论。

* * *

经过这次十分有趣的两周时间，我们和我们的苏联盟友比以往，或者说从今以后，更加密切了，因之，临别之时我给斯大林写道：

首相致斯大林元帅　　　　1944年10月20日

艾登和我现已离开苏联，我们从我们和你，斯大林元帅以及你的同事们的多次讨论中得到了鼓舞和勇气。这次令人难忘的莫斯科会见表明，只要我们开诚布公，友好讨论，我们之间的事情
212 就绝非无可调和。俄国的好客一向闻名遐迩，这次在我们访问期间，招待之周，远非一般能比。无论是在莫斯科，还是在克里米亚，我们都度过了令人愉快的时刻，处处都为我和我的一行人员的舒适而精心考虑。对此，我向你和所有那些负责这一切安排的人员表示衷心的感谢。希望我们很快再见面。

注释：

[1] 这句话出自罗马诗人贺拉斯（Horace）的一首诗。——译者

[2] 罗斯福先生于11月7日以超过三百五十万选票的多数第四次当选美国总统。

[3] 指1936年7月20日订立的《海峡制度公约》，由土耳其出面邀请有关国家在蒙特勒签订关于达达尼尔海峡、马尔马拉海和博斯普鲁斯统称“海峡”的通行和航运的规定条例，该公约对各国军舰通过海峡有一定限制。——译者

213

第十六章　巴　黎

需要一个有代表性的法国政府——戴高乐将军的民族委员会——9月28日我在下议院的讲话——10月14日我致罗斯福总统电——10月20日民族解放委员会改为法国临时政府——11月10日我飞抵巴黎——11月11日爱丽舍田园大街上的欢迎队伍——孚日之行——11月15日我致罗斯福总统和斯大林电——法国军队和德国的占领——和戴高乐互致贺电——11月20日斯大林来电——关于成立西方集团的谣言——11月25日我给斯大林的电报——西方的冬季战役——戴高乐将军访问莫斯科——斯大林12月2日和3日分别发给我的电报——我的答复，12月5日——与总统通信——12月10日法苏条约签字——关于签订英法条约的问题

随着我们的军队向东和向南推进，成立一个统一的、有广泛代表性的法国政府就变得愈来愈迫切了。我们渴望不要从国外搞一个现成的委员会强加给法国。随着解放事业的进展，我们希望首先估量一下法国人民的情绪。我考虑这个问题很久了，早在7月10日我就给艾登先生写了一份节略：

首相致外交大臣　　　　1944年7月10日

在罗斯福总统和戴高乐最初的和谐期公开化以前，如果我们就作出决定，向美、苏提议，要求他们和我们一起承认法国

民族解放委员会为法国临时政府，将会是极不明智的。显而易见，我们前进的步调一定要和美国取得一致。等美国公布了他们 214
的决定以后，我们可以推他们前进一步。如果罗斯福总统完全改变了他的看法，和戴高乐达成了协议，我们就可以向议会提出这个非常好的事实来说明过早地辩论这一问题是多么愚蠢。这样做也许早已将这次愉快的接触破坏掉了。

五星期后，从诺曼底出击告捷。巴顿已在巴黎门口，但我还是不愿采取任何决定性的步骤，并再次写了节略：

首相致外交大臣　　1944 年 8 月 18 日

在没有把战火所产生的结果弄得更清楚之前，关于法国问题我不赞成作任何决定。如果我们的作战行动取得了伟大的胜利，解放了包括巴黎在内的法国西部和南部（这一点看来是不难的），那将有一个广大的地区，一个真正的临时政府可能会从这里产生，而不是只由法国民族解放委员会单独组成临时政府。这个委员会想取得代表整个法国的权利的兴趣是显而易见的。

因此，我非常不赞成在目前阶段对法国民族委员会作出那些已达成的协议之外的任何承诺。人们完全不知道将来事态会有怎样的变化，还是不受束缚为好。我认为应等打好较广阔的基础后再作承诺。

在以后的几个星期里，我们注意到法国游击队集会以及社会舆论都趋向支持戴高乐将军的民族委员会。迄今为止，民族委员会迫于环境，还不能成为代表整个法国的团体，但到了九月底，情况已有了进展。28 日，我向下院发表战事评论说：

那个团体当然是已涌出一批新人物，特别是那些组织了游击

> 队和抵抗运动的人；那些在巴黎举行了光荣的武装起义的人。这次武装起义使我们想起了有名的法国大革命时期，当时法国和巴黎奋起战斗，为世界各国打开了广阔的道路。当然，我相信美国、苏联也和我们一样，迫切想看到成立一个真正称得上代表法国人民——代表全体法国人民说话的团体。现在看来，似乎可以执行阿尔及尔委员会法令了，凭着这个法令，作为一个暂时过渡阶段，可把咨询议会改为选举出来的团体，吸收法国国内的新成分来增
> 215 强其力量。法国民族解放委员会应对这个团体负责。这一步骤一旦采取，看来会得到法国人民的赞同，就会极大地增强法国的地位，法国临时政府就能够得到承认，从而也就使我们大家都希望实现的种种后果能够尽早成为事实。然而，形势还在不断地变化和发展，我是不会关门的。

在我看来，游击队欢迎法国民族解放委员会是决定性的一点，还有利于该委员会得到更正式的承认。为此，我致电美国总统：

> 首相（于莫斯科）致罗斯福总统　　　　　1944 年 10 月 14 日
>
> 1. 我一直在思考关于承认法国临时政府的问题。我认为现在事态已经发展到这样的时刻了，我们对这个问题可以作出符合你的政策，也符合我在下议院最近的声明的决定。
>
> 2. 你在来电里谈到：你认为在法国还没有肃清敌人以前，我们应该等待，意思是说，无论如何，戴高乐首先必须表示愿意从艾森豪威尔那里把法国的一部分作为内政地区的行政全部担当起来。就我而论，我在议会里提出的方针是：应在具有更广泛的代表性的基础上，先改组咨询议会，然后，才承认临时政府。
>
> 3. 我知道艾森豪威尔急于答应法国人业已向他提出的要求，即把法国一大部分国土划定为内政地区。最高司令部和法国人之间的谈判正不断取得良好的进展。看来我们可望法国有四分之三

的国土很快成为内政地区。

4．扩大咨询议会的工作也在取得很大的进展。据达夫·库珀报告：由于法国交通存在着种种实际困难，法国人认为继续执行原定的阿尔及尔计划，在解放区通过选举来确认代表的委任，用这个方法来增加扩大了的议会成员是行不通的。所以，他们提出一项代替办法，即从抵抗运动和议会团体中增选一些代表。我理解人们希望很快能解决这个问题，并且颁布新法令，确定改革后的咨询议会的职权，赋予它比执行机关更高的权力。估计本月底应该能够召开扩大会议。

5．毫无疑问，法国人和最高司令部一直在进行合作，大多数法国人民支持法国临时政府。因此，我建议我们现在可以放心地承认戴高乐将军的政府为法国临时政府。

6．程序应是，现在通知法国人，一旦扩大会议召开并投了戴 216
高乐政府的信任票，我们立即就承认法国临时政府。

7．如换另一项程序则是一旦内政地区正式建立，我们立即承认法国临时政府。我认为采取这种做法较好。因为这就把承认法国政府一事和那将会成为法国当局跟盟军在反对德国的共同事业中令人满意的合作关系的标志联系了起来。

8．请把你的意见告诉我。假如你同意用上面提出的两种办法中的任何一种解决这个问题，英国外交部和贵国国务院即可就我们承认法国临时政府的具体条件交换意见。虽然我们不一定需要使用一模一样的词句，但我们应该采取同样的方针，这一点是很重要的。我们当然也要把我们的打算通知苏联政府。

9．我们承认法国临时政府，当然，不牵涉到我们对法国在欧洲咨询委员会或类似机构中会员国的问题的看法。

总统复电：

罗斯福总统致首相　　　　　　　　　　　　　　1944年10月20日

我认为在法国人建立一个真正的内政地区以前，我们不要在承认他们为临时政府方面采取行动。这个咨询议会虽然已经扩大，也加强了代表性，但关于它的扩大的问题几乎依然很重要。我倾向于把有关承认的问题暂挂起来到这两件事都真正办好的时候。我是不满足于听戴高乐只是口头上说他要去办的事。

我同意你的看法，即使一旦我们承认了临时政府，也并不意味着欧洲咨询委员会里就没有法国的席位，等等。这些事情要根据他们以后的实际情况处理。

目前，我热切希望这个问题只在你我之间直接处理，同时，我还认为最好目前美国国务院和贵国外交部之间不要讨论这个问题的处理方法。

热切希望你体温正常，身体康复。

*　*　*

我们的讨论就按此方式进行。法国咨询议会吸收了抗德组织和旧议会团体的成员，得到了增强和扩大。早在八月，我们和法国临时政
217 府缔结了一项民政协定，把法国划分为两部分：前方地区归盟军最高司令部管理；内政地区由法国当局管辖。10月20日公布：经盟军最高司令部同意，包括巴黎在内的拥有大部分法国领土的内政地区业已建立。这样，民族解放委员会终于转变成为法国临时政府了。

这时我正准备和我们的盟邦一致行动，建议正式承认这个团体为法国解放区政府。在我访问莫斯科期间，正当我和俄国人讨论正式承认临时政府的最后步骤时，美国国务院经过最后一分钟的踌躇之后，宣布了承认法国临时政府的公告。消息来得比我预料的要早，我于是致电总统：

首相（从莫斯科）致罗斯福总统　　　　1944 年 10 月 23 日

贵国国务院采取急转的态度，不能不令我惊讶。到了这里，我才知道明天就要宣布。当然，我们要同时采取一致的行动。我想俄国人可能会生气。莫洛托夫在谈话中曾说：他猜测他们会被当作在阻碍这件事情的人物，其实，他们（俄国人）如果不是尊重美英的愿望，早就承认法国临时政府了。所以，我希望能让他们也和我们一起宣布。

*　*　*

10 月 27 日我在下院发表的讲话中说：

过去几个星期以来，我确信在戴高乐将军领导下法国现政府不但赢得了广大法国人民的充分支持，而且是唯一能够担负起赋予它的繁重使命的政府，只有它才能在完成立宪程序和议会程序之前的一段必须经过的中间过渡时期里使法国聚集力量，并宣布其目的在于恢复议会的职权，只有它才能恢复他们正常的作用。

我们就这样完成了从 1940 年以来那些黑暗而遥远的日子里就开始进行的工作。

*　*　*

人们认为我首次访问巴黎应在休战日为宜，并公布了这次访问。不少报道透露说有些通敌分子要谋害我，因此，采取了一些极其严密的警戒措施。11 月 10 日下午，我在奥利机场降落，戴高乐安排了仪仗队欢迎我。我们一起驱车经过巴黎郊外驶入市区，直抵法国外交部。
我和我的妻子及女儿玛丽在这里受到隆重的接待。这座建筑物曾长期 218

被德国人占据。人们使我确信，我睡的是戈林睡的床，用的是戈林用的浴室。这里的一切都修整、镶嵌得富丽堂皇。在这座华厦里，很难使人相信，我在前面有一卷谈到的 1940 年 5 月我和雷诺政府以及甘默将军在这里的最后会见，只不过是一场噩梦。11 月 11 日上午 11 点，戴高乐陪我乘坐敞篷汽车，在全副军装、身披胸铠的雄伟的共和国警卫队的护卫下，驶过塞纳河，经过协和广场。好几百名警卫队员在明媚的阳光照耀下，显得分外壮观。著名的爱丽舍田园大街整条林荫道挤满了巴黎市民，排列着军队。每个窗口都挤满了观看的人，悬挂着国旗。我们穿过狂热地欢呼的人群，来到凯旋门。我和戴高乐都向无名战士陵墓献了花圈。仪式完毕，在一群法国政界要人的跟随下，我和这位将军一起在我非常熟悉的公路上大约步行了半英里，接着又登上一座高台，检阅雄壮的法国和英国军队分列前进。我们的警卫团分遣队很雄壮！检阅完毕，我向克雷孟梭塑像献了花圈。在这激动人心的场合，克雷孟梭是我缅怀的人物。

戴高乐在陆军部举行盛大午宴招待我，在致辞中十分恭维我在战争中的贡献。不过，还有不少问题尚待解决。

12 日晚，在大使馆举行宴会后，我和戴高乐去贝桑松。这位将军很想让我看看拉特尔 · 德 · 塔西尼将军所指挥的即将发动的规模相当大的法军反击战。我们乘坐豪华的专用火车，这次旅行的安排都经过精心的准备。到达以后，离打仗还有一段充裕的时间。我们本打算到山上一个瞭望哨去，但由于严寒和深雪，道路阻塞不通，整个军事行动只得延期。我和戴高乐坐了一整天的汽车。在长途劳累的旅程中，我们谈了很多事情，中间有时视察军队。这次安排的参观计划一直进行到天黑以后很晚。法国士兵看来精神抖擞，列队前进，气宇轩昂，
219 满怀激情唱着名曲。由于我们在这样恶劣的天气里出来至少有十个小时了，我私人的随行人员——女儿玛丽和海军副官汤米怕我再得肺炎，但一切总算顺利。火车上的一顿晚餐是愉快而有趣的。戴高乐的军服上虽然只有一颗星，而其他六个高级将领军服上的星却有很多，但他

们对戴高乐都怀着敬畏之情，这给我留下了很深的印象。

夜间，我们的火车分道扬镳了。戴高乐回巴黎，我们这一半人继续往兰斯去，翌晨抵达那里。我前往艾克的司令部。下午，我乘飞机回到诺索尔特机场。

*　　*　　*

回到伦敦，我给总统写了一份报告，另抄一份给斯大林。

首相致罗斯福总统　　1944年11月15日

……感谢你对我巴黎之行访问戴高乐的良好祝愿。在爱丽舍田园大街我受到五十万法国人的热烈欢迎，在市政府还受到部分在野党的隆重欢迎。我和戴高乐重建了友好的私人关系。

我看到法国报纸和其他方面谈论我们两人在巴黎把一切事情都决定下来了。你可以相信，我和戴高乐只是根据一切须经三国进一步研究的原则来讨论重大事情的，特别是贵国在法国的军队最多，更应经贵国进一步研究。11日午餐后，我、艾登和戴高乐以及他的两三个人谈了两个小时。戴高乐询问了许多问题，我感到他们对已经决定了的或者正在发生的事情知道得很少。他当然迫切地想得到八个多师的现代化装备，这只有贵国才能提供。盟军最高司令部不无理由地主张：他那八个师不是准备用来在战场上打败德寇的，而海运一定要保证作战部队的给养，以便他们能赢得冬、春两季的战役的胜利。我支持这种主张。

同时，我对法国人的愿望寄予同情，他们希望多接管些战线，
希望在战争中或在剩下的战争中——可能还有很多仗要打——贡 220
献他们最大的力量；他们希望不要成为没有参加战斗的所谓战胜
者走进德国。我认为这是一个感情问题，但无论如何应予以考虑。
对法国来说，重要的是它应有一支军队，准备执行它必须实际上

担负起来的任务，即他们有责任首先在我们盟军前线的后方维持一个和平的有秩序的国家；其次，以后协助管辖德国的部分地区。

在第二个问题上，法国人强烈要求占领德国也要有他们一份，不是简单的作为英国或美国司令部属下的一个参加者，而是以法国司令部的资格参加占领。我对这一要求表示同情，因为我深知不要多少年，美军就得回国，英国在海外维持庞大的军队也会有很大的困难，因为这同我们的生活方式背道而驰，也和我们的资源条件不相称。所以，我敦请他们研究建立一支适合于这种目的的军队，这种军队在组织形式上和以师为单位的军队迥然不同，因为以师为单位的军队是专为击溃久经沙场的现代化敌军的抵抗而建立的。我的意见虽然对他们有所影响，但他们还是坚持自己的观点。

我看到一则路透社消息，这无疑是巴黎非官方发出的，说什么我同意给法国划分一些地区，像鲁尔、莱茵兰等地。没有这回事。显而易见，这类问题如未经与你协商同意是不能作出决定的。在这个问题上，我对戴高乐说的全部内容是，我们把德国划分为俄国、英国、美国的范围；大体上俄国在东部，英国在北部，美国在南部。我在代表英王陛下政府发言时还说，我们分得越少越高兴，我们当然赞成法国也接管他们力所能及的一份地方，但这一切必须在盟国会谈桌上解决。我当然可以就路透社不精确的报道发表否认声明，不过你可能会认为事情已经明白，不必多此一举。我打算把同样的意思立即电告约大叔。我们没打算对任何事情作出最后决定或是签订什么具体协定。

然而，很明显的是，有若干问题亟待比最高司令部更高一级的机构作出决议。没有这些决议，就没有明确的方针可遵循。这就是为什么如约大叔不来，我们应该召开三方会谈；如约大叔来了就召开四方会谈的另一个理由。如召开四方会谈，法国在某些
221 问题上可以参加，在某些问题上可以不参加。不能不意识到这一点：

不出五年法军必须担任控制德国的主要任务。艾登和皮杜尔讨论的主要问题是叙利亚。这问题很麻烦，很花时间，又没什么结果，而主要的是伤我们的脑筋。

报上可能还会登载有倾向性的报导，因此，我认为应把以上这些情况立即告诉你。

我很推崇皮杜尔，他活像个小雷诺，在言笑时尤其如此。他给我们的印象很好。无疑，他掌握有部分强大的权力。吉罗出席了宴会，他显然感到很满足。自从卡萨布兰卡以来，他的命运变化多大啊！总之，我感到面前是个有组织的、基础广泛、力量迅速增长的政府。我认为在这个困难而关键的时刻，如果我们作出任何在法国人看来是削弱它的事，都是最不明智的。虽然有共产党的威胁，我对这个政府却有相当大的稳定感。我们可以放心地对他们(法国人)更加信任。希望你不要以为我是在替法国人说话。你的意见如何，望告。会议情况，另行电告……

我也和戴高乐将军交换了热情的电报。

首相致戴高乐将军　1944年11月16日

我回国了。在法国刚度过的值得纪念的日子里，我和我的朋友们承蒙阁下和法国政府中你的同僚们给予隆重的接待，无限的亲切和礼遇，在此谨表深切感谢。我永远忘不了巴黎人民对他们的英国宾客首次访问解放后的贵国首都所给予的盛大欢迎，这是我一生中所经历的最使我自豪和感动的场面之一。我也极为感谢能有机会亲眼目睹法军那热情和高尚的品格。他们在精明能干的拉特尔·德·塔西尼将军的领导下，正在完成解放自己国土的事业。我们所受到的欢迎，的确是我们两国之间友好关系继续发展的令人愉快的象征，这种友谊对欧洲未来的和平安全是很重要的。

戴高乐将军致首相　　1944年11月20日

来电收悉，我谨代表我国政府表示谢意。法兰西和它的首都及其武装部队向你致以崇高敬意。你不仅是一位伟大国家的人民
222 所敬爱的首相，而且是一位在最暗淡最艰苦的岁月里坚持联合作战，并因此取得胜利的光荣的战士。让我对你表示我的愿望：我非常愿意再见到你。

首相致戴高乐将军（巴黎）　　1944年11月25日

你若认为适当，请把我以下电文转给德·拉特尔：

谨向你那年轻军队的辉煌战绩表示我的热烈祝贺。二十岁的法国人拿起精良的武器，为法兰西复仇并拯救法国，真是令人赞叹！

*　*　*

11月20日，斯大林就我11月15日的电报发来友好的复电。

斯大林元帅致首相　　1944年11月20日

承蒙告知你和戴高乐的会谈，谢谢。我以很大的兴趣读了你的来电。你建议召开我们三方和法国的会谈，只要总统也同意，我没意见，但必须先确定我们三方会谈的时间和地点。

戴高乐将军最近表示，希望来莫斯科和苏联政府领导人建立联系。我们已答复表示同意。法国人可望于本月底到达莫斯科。法国人尚未确定他们希望讨论的问题。无论如何，我们和戴高乐将军会谈后，我一定把情况告知你。

于是，欧洲未来的组织的整个问题就提了出来。报纸和其他方面谣传战争结束后要建立一个西方集团。这一计划虽然会使我们承担繁重的军事义务，但在外交界却似乎很流传。我感到内阁应很快磋商这

个问题，特别是法苏会谈即将举行。

经和艾登先生磋商，我给斯大林发出以下复电：

首相致斯大林元帅 1944年11月25日

1. 收悉你11月20日来电。我很高兴戴高乐即将和你会晤，
希望你们一起讨论各方面的问题。报上已有关于建立西方集团的
议论，我对此尚未考虑。首先，我信赖我们的同盟条约，认为和
美国的紧密合作是组成世界性组织的主要支柱，并以此确保和促 223
使遭受苦难的世界实现和平。只有在建立这样一个世界性机构以
后并从属于它，才能着手建立欧洲各国之间的良好的伙伴关系。
在这些事情上我们绝不会对你保密，我深信你会同样把你的想法
和需要告诉我们。

2. 西线战争激烈，道路泥泞可怕。主要的冲突是在埃克斯拉夏佩勒--科隆这一轴线上展开。虽然艾森豪威尔还有雄厚的后备力量可以投入，但局势对我们显然绝非有利。西北的蒙哥马利部下各军正朝北方前进，把德国人逼退到荷兰马斯河战线上。马斯河使我们在这条战线上节省了兵力。东面，我们的战斗虽然进展缓慢但稳步前进，并连续不断同敌军交战。必须赞扬美国人攻克了梅斯和把德寇赶回莱茵河的光辉胜利。南面，法国人取得了辉煌的胜利，特别是在一条广阔的战线上直驱莱茵河，攻克了斯特拉斯堡。这些十八到二十一岁的法国青年士兵，证明他们无愧于担当洗净法国国土所蒙受的耻辱这一光荣使命。我很是钦佩拉特尔·德·塔西尼将军。戴高乐和我曾到过那里，想要从一个良好的观察点看看这场战役怎样打响。但当夜下了一英尺深的雪，一切行动只得推迟三天。

3. 七天或十天后，就可估计德军是否会在莱茵河西面受到决定性的打击。如果德军受到决定性打击，我们就可以不管气候如何，继续挺进。否则，在严寒的冬季，可能会出现一个间歇期，等到

冬季过后再大举进攻，击溃德国人在西部有组织的抵抗。

4. 你是否认为今冬是个严寒的冬天？是否适合于你的战略？我们都很喜欢你最近所发表的讲话。如果发生什么麻烦事，务请秘密通知我，以便我们能排除障碍，并水泄不通地继续紧紧包围纳粹的国土。

与此同时，戴高乐已到达莫斯科，并开始与俄国人会谈。斯大林及时告诉我会谈要点。

斯大林元帅致首相 1944 年 12 月 2 日

戴高乐和他的法国朋友已经到了莫斯科，有各种迹象表明，他们会提出两个问题：

1. 缔结类似英苏条约的法苏互助条约。

我们大概不会反对，但我想知道你对这个问题的看法，请提
224 出意见。

2. 戴高乐可能会提出改变法国东部边界，并把法国边界扩展到莱茵河左岸的问题。成立国际共管的莱茵兰—威斯特伐利亚省的计划是人所共知的。也曾考虑过法国可能参加国际共管的问题。这样一来法国改变边界的提议就和建立国际共管的莱茵省计划有矛盾了。

请你也谈谈对这个问题的看法。

我已给总统发去一封同样的电报。

翌日斯大林又来了一封电报：

斯大林元帅致首相 1944 年 12 月 3 日

和戴高乐将军的会晤提供了一个就法苏关系问题友好地交换意见的机会。在会谈中，正如我所料，戴高乐将军坚持两个主要

问题：法国在莱茵河的边界；缔结英苏条约式的法苏互助条约。

关于法国在莱茵河的边界问题，我表示了我的看法，大意是说：我们主要盟国的军队正在法国国土上进行一场反击敌寇的解放战争，没有他们的了解和同意，问题是不能解决的。我强调指出了解决这个问题的复杂性。

关于法苏互助条约的提议，我指出有必要从各方面来研究这个问题，有必要澄清这个条约的法律方面的问题，特别要弄清法国在目前条件下，谁来批准这个条约。

因此，法国人还需要提供一些解释，但至今我们尚未接到他们的解释。

谨将情况奉告。如蒙复电并告知你对这些问题的意见，我将十分感谢。

我已给总统发去同样的电报。

祝好！

12 月 4 日，内阁开会研究成立西方集团的可能性以及戴高乐在莫斯科的会谈。我向同僚们宣读了我和斯大林最近的来往电报。12 月 5 日清晨，我把我们考虑的结果电复斯大林。

首相致斯大林元帅　　　　1944 年 12 月 5 日

1．承电告戴高乐的访问以及他将提出的两个问题。我们不反对类似英苏条约的法苏互助条约。相反，英王陛下政府认为法苏 225
条约是合乎愿望的，使我们大家之间增加了一层联系。说真的，我们还想到最好在我们三国间缔结一个能体现现有的英苏条约，并且有所改进的三国条约。这样，我们各方的义务就会完全相同并联在一起了。请告诉我，你对这个想法是否像我所希望的那样感兴趣。当然，我们双方都应告知美国。

2．把法国的东部边界改到莱茵河左岸，或是另换一个方案：

建立一个国际管制的莱茵兰—威斯特伐利亚省，以及其他方案，这个问题有待于和平会议来解决。召开三国首脑会议时，对所有这一切，我们没有理由不作出比迄今为止更为接近的结论。你已知道，总统不希望戴高乐前来参加三方会议。我希望等我们讨论到特别影响到法国的决议时，情况会有所改变，让法国参加进来。

3. 与此同时，让在伦敦召开的欧洲咨询委员会（法国是会员国）去为我们大家探讨这个问题，就不必交政府首脑去讨论，这不是很好吗？

4. 我将把以上情况通知总统。

罗斯福先生也和我保持密切联系。

罗斯福总统致首相　　1944年12月6日

今天，我给约大叔发去以下电报：

“感谢你12月2日和3日两份电报通知。”

“关于按照英苏互助条约的精神缔结法苏条约的建议，如果你和戴高乐将军认为这样的条约总的说来有利于你们两国以及整个欧洲的安全，本政府原则上不反对。”

“我完全同意你给戴高乐将军关于战后法国边界问题的答复。我认为在现阶段试图解决这个问题，对我们的共同作战努力没有裨益；等德国崩溃以后再来解决较好。”

这以后又来一封电报：

罗斯福总统致首相　　1944年12月6日

从我给斯大林的复电里，你一定会看到我们对戴高乐在和斯大林会谈中提出的两个问题的见解是完全一致的。

我仍然坚持我的看法，即：任何想让戴高乐参加我们三人会

谈的企图，只能是使情况复杂化和令人不愉快的。 226

你向约大叔建议把法国战后边界问题提交欧洲咨询委员会讨论，我认为委员会正忙于讨论关于德国投降等问题，所以，现阶段如果在委员会上提出战后边界问题是错误的。我看还是把这个专门问题留待以后在我们中间再进一步探讨。

你认为可能缔结的英法苏三国条约有好处，我充分理解你的这种看法。但我有点怀疑：这样的安排对国际安全组织问题会有什么效果！你知道我是非常重视这样一个组织的。我担心这里的舆论会认为这个三国条约是未来世界组织的敌手，反之，类似英苏条约的苏法双边协定较能被人理解。无论如何，我觉得这主要是一个和三个国家有关的问题。

翌日，斯大林发来电报：

斯大林元帅致首相　　1944 年 12 月 7 日

接到你就法苏条约和法国在莱茵河边界问题的复电，感谢你提出的意见。

接到你的复电时，我们已经开始同法国人讨论条约了。你希望把英苏条约向前推进一步，扩大为英法苏三国条约，我和我的同事们同意这个建议。我们已向戴高乐建议缔结三国条约，但尚未得到他的答复。

我没能及时答复你其他的来电。我希望能尽快作答。

但是，情况略有变化。法国人由于国内种种原因，决定离开莫斯科时要带走一个严格地局限于法苏的条约。12 月 10 日签订了该条约。当天斯大林发来电报：

斯大林元帅致首相　　　　　　　　　　　　1944年12月10日

227 我通知戴高乐将军有关你希望签订英法苏条约的意见，并表示我赞成你的提议。但戴高乐将军坚持签订法苏条约，认为三国条约应在下阶段签订，因为这个问题需要作准备。同时，我又接到总统来电，说他不反对法苏条约。于是，我们达成了签订这一条约的协议，并于今日签字。该条约将在戴高乐将军回到巴黎后公布。

我认为戴高乐将军的访问有积极的成果，它不仅将有助于加强法苏间的友好关系，而且对我们盟国的共同事业都将作出贡献。

要是法国人愿意的话，现在该是他们和我们签订这一类协定的时候了。我诙谐地通知斯大林签订这一协定的可能性。

首相致斯大林元帅　　　　　　　　　　　　1944年12月19日

1．昨晚第二次观看你馈赠的影片《库图佐夫》。看第一遍时，我就非常赞赏它；但由于是俄语对话，我不懂每个场面的确切意思。昨晚我看了附有英语字幕的影片，使我能真切理解影片的全部内容。我必须告诉你，我认为这是我看过的最出色的影片之一。从没见过两个意志力之间的矛盾这样淋漓尽致地揭示出来。从没见过这样有力地运用电影画面谆谆教导指挥官和士兵忠心为国的重要性。英国人从没在银幕上见过如此光辉的俄国士兵和民族的形象！我也没见过比这部电影运用得更精湛的摄影艺术了！

2．如蒙私下转达我对努力创造这部具有高昂士气的艺术作品的人们的赞赏和谢忱，则不胜感激。同时，谨向你祝贺。

3．我喜欢回顾我们在那殊死的战斗中共同作战的经过，就像在影片所表现的这场三十年战争中一样。我想你不会给戴高乐看这部电影吧！如果他来我这儿签订像他和你或我们之间所签订的那样的条约的话，我也不会给他看《汉密尔顿夫人》的！

敬礼！

12 月 25 日，斯大林复电说，他“当然欢迎签订英法条约”。我认为此事不必操之过急，应等法国人提出这个建议时再说。12 月 31 日，我给艾登先生一份节略：

你可能愿意看看提到谈判桌上成为英法双边条约之前的建议 228
是怎样形成的。你对我讲，倘若戴高乐提出，等解决了叙利亚的所有问题以后才签订英法条约，那就让他等吧！这个建议应由他而不是由我们来提。

同时，从安全的观点看，我们没什么损失，因为法国人实际上没什么军队；而所有其他有关的国家不是被打败了就是仍然受奴役。我们务必谨慎，不要承担我们做不到的义务，也不和其他国家签订得不到对等报酬的条约。我不知道战后我们的财政情况将会怎样，但我确信：即使所有这些无助的国家作出要重建他们自己军队的姿态，我们也无法维持那么多的军队来保护他们。总之，首先要建立一个世界性组织，一切全靠它了。

229

第十七章　阿登的反扑

陆军元帅迪尔之死——美国的哀悼——向莱茵河挺进——鲁尔河坝——巴顿大军受阻于齐格菲防线——11 月 23 日斯特拉斯堡解放——12 月 3 日我将战局告知史末资——西线战略上受挫——12 月 6 日我给总统的电报——12 月 10 日他的乐观的回电——12 月 16 日阿登高地的危机——德国人的突破——艾森豪威尔迅速采取行动——布雷德利将军指挥的战线被切断，任命蒙哥马利陆军元帅指挥北线——12 月 22 日我给史末资的电报——马尔什的苦战——12 月 23 日天气转好——巴斯托尼的争夺战——1 月 3 日我军开始从北方反攻——1 月 6 日我给总统的电报——美国人的英勇——1 月 6 日我以个人名义向斯大林呼吁——1 月 7 日他的令人感动的回电——1 月 16 日盟军占领乌法利兹——对斯特拉斯堡的威胁——蒙哥马利对美国士兵的赞扬——1 月 18 日我在下议院的演说

11 月我们派驻华盛顿的三军代表团团长陆军元帅约翰·迪尔爵士去世，这是同盟国事业的损失。约翰·迪尔从南非战争起，从军整整四十年，1940 年 5 月任帝国总参谋长。在担任这一重要职务期间，他秉性坚定，判断事物不偏不倚，在我们危难的岁月里是个有力的支柱。珍珠港事变后，他调到华盛顿，负责向美国参谋长联席会议解释我们的观点。他很快就博得那里的人们的欢心，并和马歇尔将军结下了牢

固的个人友谊，这对克服同盟国之间不可避免的摩擦是非常宝贵的。 230
这也是他事业上的最高峰。如果不是因为他忘我操劳，忠于他的职责，他的寿命本来会远远超过六十三岁。即使当他病重的时候，他仍然不向病魔屈服。为了最后表彰他以及他毕生致力的一切，他被安葬在美国伟人安息的阿林顿国家公墓。美国军队还为他立了一尊骑姿铜像以示纪念。

总统致电给我："美国像英国一样哀悼你的杰出战士，在我国钦佩他的人是非常多的。"我很感谢他。我对马歇尔将军说："我激动地看了美国参谋长联席会议给他们的英国同事们的关于我们的朋友约翰·迪尔逝世的讣告。感谢你们的善意，他生前竭尽全力想把工作搞好，工作确实搞得很好。"

为了填补这一空缺，需要在我们的若干指挥机构内部作一些重要的调整。

首相致威尔逊将军（驻意大利）　　　　1944年11月21日

1. 陆军元帅迪尔的位置要有人接替，这个人得时常接近总统并处在一个能和马歇尔将军经常接触的地位，这件事非常重要。不用说，一定要选一个和美国人合作得好，并对整个战局的大方向有充分了解的军官。我看只有你具备这些必要的条件和品德。因此，我已向总统提议由你继迪尔担任英国军事代表团团长以及我个人驻华盛顿的正式军事代表。总统已亲切地表示同意，保证你在华盛顿受到欢迎。我希望你能够马上告诉我你愿意接受这一极端重要的委任。

2. 我已向总统提议亚历山大将军接替你担任同盟军驻地中海最高司令，麦克纳尼将军为副司令，马克·克拉克将军接管意大利前线的集团军群。

3. 总统回答说美国参谋长联席会议和他本人完全同意以上提议。

4. 我要你下星期回来一两天，初步讨论一下。我想你是能够做到的。我的“约克”马上去接你，希望你把麦克米伦带来。

231 在这以前总统来电说：“我很感谢你对克拉克将军的夸奖并建议他继亚历山大将军接管意大利的集团军群。”

* * *

与此同时，在西线为进军莱茵河作了许多准备工作。11 月的雨天是多年来最糟糕的一次，河川泛滥，形成沼泽地带，使步兵通过极为费力。在英军的战区里，邓普西率领的第二集团军把敌人从他们在文洛以西的宽大的突出阵地赶过默兹河。更南面我们的第三十军开进马宰克和盖伦基尔亨之间的战线，在这里和美国第九集团军会师。在密集的炮火开路之后，这两支部队于 11 月 19 日攻克盖伦基尔亨，涉过泥泞的乡村向鲁尔河进发。第九集团军的右翼于 12 月 3 日到达于利赫附近的河流，而他们侧面的第一集团军在休特根森林遭遇到苦战。盟军十七个师参战，敌人的数量差不多相等，战斗异常激烈。

这个时候如果渡河那是很鲁莽的，因为水位的高低是由这里以南二十英里的一些巨大拦河坝控制的。这些拦河坝仍在敌人手里，一打开闸门，就可以把我们的军队切断在遥远的对岸。重型轰炸机试图炸掉大坝放水，虽炸中了几次，但没有炸开一个缺口。12 月 13 日美国第一集团军不得不再一次进军去占领这些拦河坝。

与此同时，阿登高地以南的巴顿的第三集团军已在蒂翁维尔的两侧渡过摩泽尔河，向东挺进至德国边境。11 月 20 日他们即已进入梅斯，虽然德国人仍然据守周围的堡垒群，直到 12 月 13 日才放弃最后一个堡垒。第三集团军从梅斯和南锡转向萨尔河，并占领沿河广阔的阵线，然后，于 12 月 4 日在萨尔劳顿附近渡河并迅速建立桥头阵地。他们在这里碰到了齐格菲防线中最强的一部分，沿河北岸是前沿战线，后面

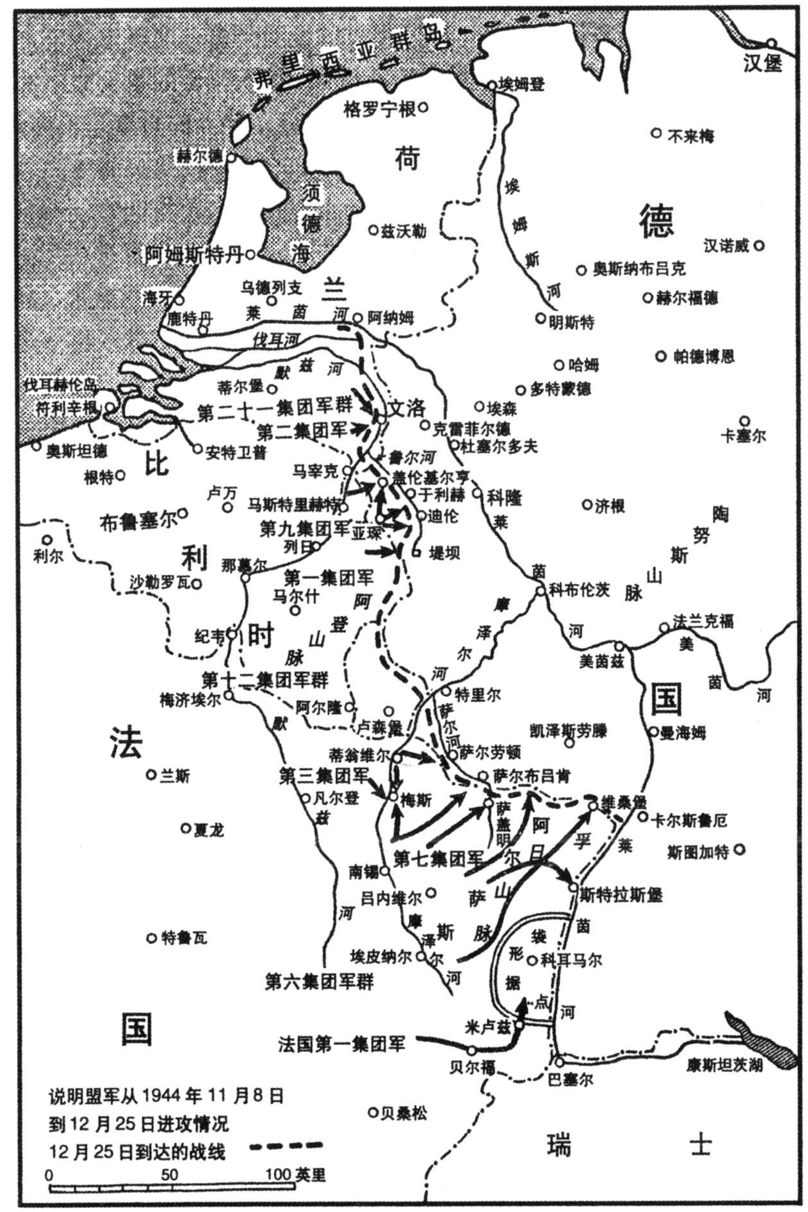

边境地区　　（照原图译制）

232

纵深两英里的地带都设有互相支撑的钢筋水泥工事。敌人据险顽守这
233 些堡垒，第三集团军无法前进。

在战线右边，德弗斯将军的第六集团军群从吕内维尔和埃皮纳尔强力通过孚日山区和贝尔福豁口。美国第七集团军争夺山头时打了一场硬仗。但法国第一集团军经过一星期的战斗（就是我曾经想看看怎样打响的战斗），于11月22日攻克贝尔福，到达巴塞尔以北的莱茵河段。从那里他们转了个方向顺河而下向科耳马尔进发，这就包抄了孚日的德国人侧翼，敌人撤退了。11月23日我们进入斯特拉斯堡。接着几星期第七集团军肃清整个北阿尔萨斯，然后，转而到达第三集团军的右面，在宽阔的阵线上越过德国的边界，穿过维桑堡附近的齐格菲防线。但在法国境内的科耳马尔方圆三十英里的地方还有一大股德国孤军，法国人没能将其消灭掉。几星期后这成了祸害。

* * *

我给史末资写了一份关于整个形势的评论：

首相致陆军元帅史末资　　1944年12月3日

……2. 虽有梅斯、斯特拉斯堡和其他的胜利，但在西线我们在战略上还是遭受了挫折。在发动这次攻势之前，我们的观点记录在案：全线进攻是错误的，在计划要突破的点上应该集中远为优势的部队。蒙哥马利事前的评论和预料都已证实。我猜想会作一些调整，归还一部分在蒙哥马利诺曼底获胜后，从他那里划出去的地域。你必须记住我们的军队只有美国军队的一半，不久就将等于三分之一强一些。在军事方面，虽然受到挫折，但大家都互相友好忠诚。我们必须重新组织和加强军队，准备一场春季攻势。我们至少还得进行一场大规模的战役才能打到在北方的莱茵河，那里是我们进军路上的关键，同时，我准备肃清我们后边荷

兰的残敌，但现在办事可不像过去那样容易了。

3．我们在意大利的军队被“铁砧”作战行动耽误了，并因为它而大大地削弱了。因此，我们肃清了亚平宁山脉之后，却陷入波河流域的一片沼泽地带。这样一来，不管在山上或在平原，我们在装甲设备上的强大优势就显示不出来。加之现在意大利的坏天气就像在西线一样，大大降低了我们非常优越的战术空军力量。234
迄今为止，我们在意大利拖住了二十八个德国师，因此，我们的行动是无可指责的。相反，我们干得这么好使马歇尔将军很惊讶。不过，这仅仅是因为德国人大概要从巴尔干半岛各国撤军，拖延了经过勃伦纳和卢布尔雅那的撤退的缘故。目前，在意大利北部，我们虽然还在进攻……，但我们不可能取得极为满意的战果。

5．在缅甸我们也不得不从北面向南进军，要经过我希望避开的丛林。蒙巴顿一直干得很好。然而，现在中国国内，灾难已降临到昆明，而且不久可能就会波及重庆。蒋委员长正撤回他在缅甸南进的最精锐部队，以保卫他的首都、他的空运终点站。据我推测，还要保卫他的生命和政权。我不能责怪他，但这严重地影响了蒙巴顿那指挥得利但已失去吸引力的战役的胜利。看来，我们注定了只能用慢速勉强打通这片丛林，而我到现在还不能够争取到同意从孟加拉湾彼岸发动一个具有战略意义的广泛的两栖作战行动。每一件事都得经过联合参谋长委员会的再三考虑。而“安全第一”的考虑凌驾于每一项计划之上。美国人正在莱特湾艰苦作战，但他们今年在太平洋的进展是令人钦佩的。我希望 1945 年我们的舰队将参加他们的作战以不断增强实力。正如老费希尔所说的：“皇家海军一出动总是第一流的！”你可以想象到海军部会高高兴兴地提出人力、辅助船舰以及这样那样的物资准备的大量要求。

6．大选的阴影又接近了，不需几个月就会拆散英国至今曾组成的或今后可能组成的最能干的政府。总的来说，明年是个愉快的年头。我们财政的前景并不是已被乌云所笼罩。即使我们没有强调存在极大的危险，不过我确信我们仍将能够克服一切困难，不管它们是单独地或同时地向我们袭来。

7. 忠诚可靠的老朋友！在所有给我的生日贺电中你的来电使我最感动，给我的鼓舞也最大。

三天后我致电总统。

首相给罗斯福总统　　　　1944年12月6日

1. 由于我们不能碰头，我感到现在应把今年年底我们所面临的使人失望的严重的战争局势向你提出来。虽然在西线我们赢得了不少战术性的胜利，像梅斯和斯特拉斯堡就是战利品，但事实上我们并没有达到五个星期前给我们军队定下的战略目标。我们
235 还没有到达莱茵河北段这个战线中最重要的战区。我们还得继续大战好些个星期，才有希望到达莱茵河并建立我们的桥头堡，然后，我们才能再向德国深入挺进。

2. 在我们的意大利战场上，德国人还有二十六个师——相当于十六个或更多一些的整师。他们可以随时经由勃伦纳和卢布尔雅那撤退，据守加尔达湖至例如阿迪杰河口一带地方，这样就大大缩短了他们的战线。这样，他们就可以腾出一半的意大利军队去保卫德国本土。以后他们甚至还可以退到阿尔卑斯山，又可以节省一些人力。我想他们之所以在意大利呆得那么久，可能是让巴尔干半岛等地的十二个师逃出来，现在这些师正向匈牙利和奥地利逃窜。除了空军、游击队和小量的突击队以外，无法阻止这一招。我看大部分会逃脱。其中大约有一半可能会用来加强从意大利腾出来的军队。这样，他们就会成为德国本土一支强大的援军，随着事态的发展既可用于东线也可用于西线。

3. 在主要战线的战争中我们从“龙骑兵”作战行动（在法国

南部登陆）中得到很大的好处。但第十五集团军群不能给凯塞林以决定性的打击，是因为“龙骑兵”削弱了我们的力量，因而误了战机。等到我们通过亚平宁山脉时,波河流域已经是遍地泥泞了。因此，在山区和平原我们都没能发挥装甲部队的优势。

4．由于德国在所有战线上的顽抗，我们没有从欧洲抽调五个英国师和英印师来帮助蒙巴顿在3月里进攻仰光，再加上其他原因，这一攻势实现不了。因此，蒙巴顿按照我们在魁北克所一致决定的，开始顺着河流从北面和西面在缅甸境内发动全面进军，这一路的进展令人满意。目前由于日本人在中国境内挺进，严重威胁昆明甚至重庆，威胁大元帅和他的政府，因此两个或更多的中国师不得不撤回去保卫中国。我不怀疑这样做是对的和不可避免的。但就蒙巴顿的情况来说，这样的后果是很严重的，他至今
还没有决定怎样对付这一新的灾难。这灾难不但使中国也使你的 236
航运终点站以及缅北的战役一下子陷入危险。我本想以横渡亚得里亚海或孟加拉湾来给敌人以真正沉重的打击，这些想法也都同样受挫。

5．你们所进行的大规模的太平洋战役，目前是我们作战中暂时没有受挫的唯一部分。

6．幸好，我们也必须将俄国人的行动考虑在内。斯大林答应发动一个冬季战役，我估计约在1月开始。在他那大部分广阔的战线上，斯大林一直在休整、准备，虽然只有三四个德国师开过来对付艾森豪威尔。我现在不便于衡量他最近发动的对布达佩斯西南的进攻。不过，我认为，我们可以期望这场战役和俄国人其他的行动对我们的帮助会比最近所得到的更大。德国的情况已经到了精疲力竭的地步，只要有重兵深入敌后，就可使他们纵然不全部至少也要局部垮台。

7．我曾力图从范围和比重两方面来对战争的全局加以审视。很清楚的是，我们在不同程度上可能不得不面临这样的情况：

(1) 我们会大大推迟到达，更不要说强渡，在通往柏林最近的道路上的莱茵河的时间。

(2) 在意大利会受到明显的挫折。

(3) 很大一部分德国军队会从巴尔干半岛逃回去。

(4) 在缅甸受挫。

(5) 中国不再能够成为一个作战国了。

我们的人的美好愿望和这些现实相差甚远，尽管我们一起努力不让他们头脑发热，但问题还是非常明确地提了出来："我们该怎么办？"我们三人及早会见的希望破灭了。你、我以及我们的参谋人员的会面也无限期延迟，这使我更加焦虑。我们英国的计划是靠着你们的。我们英美的问题至少必须作为一个整体来考虑。过多的电报电话反而使事态更加混乱，所以，我想2月份之前你如果不能亲自来的话，请派你的参谋长们尽早来这里。到了这里他们和你们的主力部队以及艾森豪威尔将军之间很近，我们就可以对整个激烈的战场形势进行平心静气的研究，目的是寻求一种双方紧密协作的行动，正如我们在1944年各战役中所表现的那样。

罗斯福先生虽然表示了同情，但并不像我那样焦虑。

罗斯福总统致首相　　1944年12月10日

也许是因我离战场较远，或是六个月前我对时间方面的估计不像你那样乐观，因而对战争局势的看法也就不像你那样失望。

在欧洲战场上，我总感到要想一直打到莱茵河的左岸占领德国，非打一场硬仗不可。早年我曾骑自行车经过大部分地区，我从来不像许多指挥官那样认为我们的联合军队能轻而易举地渡过莱茵河，因而我不那么乐观。

不过我们制订的一般战略正在按计划进行。我们两人身居统帅地位，已经制定了作战方案，发布了命令，并根据这些方案和命令把物资送上了战场。纵使战斗的进展或许一时赶不上原来的进度，我想这些具体战役要如何进行，结果怎样，仍是前线指挥官的责任，我对他们是完全信任的。我们要记得冬季正给我们带来巨大的困难，但我们的陆军和空军正在一天天地吃掉敌人日益衰竭的人力和资源。随着安特卫普港的开放，我们补给物资的运转大大改善了。艾森豪威尔将军估计，在西线上他给敌人造成的伤亡已经超过敌人组织新队伍来进行弥补的能力。对我们有利的决定性突破不久一定会到来，虽然在什么时候到来我现在还不清楚。

至于意大利战场，亚历山大的军队正在尽力把那些德国师牵制在意大利。我们要记住，如果这些德国人想撤到阿尔卑斯山战线上去的话，他们是完全办得到的。

巴尔干半岛各国的德国军队情况也是如此。我从不敢想象，在巴尔干半岛各国，如果没有俄国人帮助，我们就能俘虏大量的德国军队。

在苏联战场上，我们也要充分估计到坏天气。看来，俄国人目前也在尽自己的一份力量。这一点当然你知道得比我多。

远东的形势当然有些不同，我丝毫不乐观。

从长远的观点看，我们除了采取魏德迈现在所采取的措施外，没什么办法使中国进行像样的抵抗。不过在太平洋地区日本在人
力、物力、舰只方面所遭受的损失比我们大很多倍，他们也无法 238
维持下去。连上帝都在帮助我们，这次壮观的地震和海啸就是一个证据。

从现在到春天，解冻后，很多事情将会发生。到那时，很多情况会比现在清楚得多。

我的参谋长联席会议正在全力以赴地指挥他们的机构执行我们所制订的计划，支持我们在全世界的军队。几乎所有这些军队一时都使用上了。我认为现在无须作很大的战略性决定以指导我们的战地指挥官，因此，我的参谋长们不应离开他们的岗位……

* * *

一场严重的打击逼近了。不出六天，一场危机突然出现在我们面前。盟军决定从北方的亚琛以及经由南方的阿尔萨斯狠狠进攻敌人，这就使我们的中央极为空虚。在阿登战区，由四个师组成的美国第八军，单独据守着七十五英里长的一条战线。我们明知危险而又甘冒这种危险；但后果是严重的，而且本来可能还要更严重。敌人在他们的西线出奇地聚集了约七十个师，其中有十五个是装甲师，但有不少是兵员不足，需要休整和重新装备的。不过第六装甲集团军是一支大家公认的劲旅，士气也很旺盛。当这支具有充当先锋潜力的部队还驻扎在亚琛以东作为后备队时，就已受到我们的严密关注了。12 月初那条战线的战斗沉寂下去时，它也暂时逃脱了我方情报部门的监视。天气坏，飞机不能飞行，阻碍了我们对它的侦察。艾森豪威尔怀疑敌人在蠢蠢欲动，但其规模和迅猛程度却很出人意料。

德国人真的有一个大计划。龙德施泰特集合了第五和第六两个装甲集团军以及第七集团军，一共十个装甲师和十四个步兵师。这支大军以装甲部队开路企图突破我们阿登地区直达默兹河的薄弱中心，再转向北方和西北方，把盟军战线切成两半，攻占安特卫普港，把我们北方军队的生命线切断。这大胆的一招是希特勒策划的，虽然他手下的将军有疑虑，但他不肯改变。为了支持这个冒险的行动，德国空军的残部被集中起来，作孤注一掷。伞兵、破坏分子和穿着盟军军服的特务一起出动。

12 月 16 日在猛烈的炮火掩护下，这一进攻开始了。第六装甲集团军在向鲁尔河坝进发时，北侧翼冲进美国第一集团军的右侧。经过反复激战，敌人被阻止住了。更南面德军从一条狭窄的战线上突破冲入，但美国装甲第七师打得特别出色，坚决守卫圣维特，在危急的几天里顶住了他们的进攻。德国第六装甲集团军伸出另一个矛头向西，然后，向北直指列日市上面的一段默兹河。同时，德国第五集团军冲过美国第八军防线的中心，绕过圣维特和巴斯托尼，深深插进马尔什，直逼迪南境内的一段默兹河。

虽然这次进攻的时机和份量出乎盟军最高统帅部的意料之外，但 239
他们很快就意识到它的重要性和目的。他们决定加强防卫突破口的“两肩”，守住那慕尔东面和南面的默兹河渡口，集中机动部队南北夹攻，歼灭突入之敌。艾森豪威尔迅速地行动起来。他停止盟军的一切进攻，调上来四个美国后备师，又从南面调来六个师。从英国调来两个空降师，其中一个就是英国第六师。在敌人突出阵地以北，由四个师组成的英国第三十军才从鲁尔河战线上开出来，集中在美国第一和第九集团军背后的列日和卢万之间。这两个集团军后来把所有的后备部队都派上了用场，组成了从马尔梅迪以西的侧翼防线。

德国人切断了布雷德利将军的第十二集团军群的阵地，使他无法在卢森堡司令部里有效地指挥突出部队以北的他那两个集团军。艾森豪威尔将军因而非常明智地命令蒙哥马利暂时指挥北面所有的盟军，而布雷德利仍然指挥美国第三集团军，负责从南面堵住并反攻敌人。对战术空军部队也作了相应的安排。

我打电报给史末资。

首相致陆军元帅史末资　　　　1944年12月22日

1．你知道蒙哥马利和我们在英国的这些人，几个月来一直强调进攻鲁尔以北，一再提出我们的力量不允许采取两个主要的攻势，像现在这样一个针对科隆，另一个要渡过萨尔河。虽然天气条件很坏，我们的朋友却很自信地向前推进了。当敌人开始反击时，他们从北到南力量很分散。20日下午我打电话给艾森豪威尔，建议他让蒙哥马利指挥突破地区以北的部队，让奥马尔·布雷德利指挥突破地区以南的部队，他自己掌握两者间的协作。他回答他已于上午发出了内容刚好完全相同的命令。蒙哥马利现在实际上

> 240 指挥十八个美国师，加上他的第二十一集团军群约十六个师。他正在组织坚强的后备部队，并担负他所指挥的地区的全部作战任务。他应该能够以不可撼动之势挡住敌人。迄今还没有迹象说明德寇有力量发动对第二十一集团军群正面阵地的大规模进攻。
>
> 2. 突破口以南的情况就不这样清楚了。美国人正在顽强地抵抗，但混乱状态很严重。当然由巴顿率领的一支军队已从梅斯地区集合，向北挺进。我觉得敌人的情况也不妙。我和平常是一样乐观的。这只乌龟已经把头伸得太长了。

* * *

我们赶来增援的三个师在那慕尔以南沿着默兹河防守。布雷德利在阿尔隆集中一个军，派遣美国第一百零一空降师守卫巴斯托尼的重要交叉路口。德国装甲部队转向巴斯托尼以北，企图朝西北方向突破，留下步兵攻占巴斯托尼。第一百零一空降师以及一些装甲部队被分隔开来了，他们在与外界隔绝的一星期中打退了所有的进攻。

德国第五、六两个装甲集团军的旋转运动引起了敌我之间的马尔什周围的大激战，一直打到 12 月 26 日。尽管德军一度离默兹河只有四英里，并已深入达六十英里以上，但这时他们已经精疲力竭。坏天气和地面上的低雾使我们的空军第一星期无法参加战斗，但到了 12 月 23 日飞行条件转好了，它们便参加作战，发挥了很大的作用。重型轰炸机袭击敌人战线后方的铁路和行动中心，战术空军部队严重破坏敌人的前沿地区，断绝其援军、燃料、粮食和军火。对德国炼油厂的战略性空袭使其缺乏汽油，延缓其前进步伐。

敌装甲兵进攻他们最主要的目标默兹河受挫后，疯狂地扑向巴斯托尼。12 月 26 日美国第四装甲师的一部分增援了美国第一百零一师。虽然敌人的力量大大超过他们，他们又坚守巴斯托尼一个星期。12 月
241 底以前，德国最高司令部不管怎样不情愿，也一定意识到这场战争输

定了，因为巴顿22日从阿尔隆开始的反击战虽然缓慢，但却稳步前进越过冰雪封冻的乡村向乌法利兹进发。敌人作了最后一次挣扎，这次是空袭。1月1日敌人出其不意地猛烈低空袭击我们前沿所有的飞机场。我们的损失是惨重的，虽然恢复得很快，而德国空军却在他们这场战争的最后一次集中袭击中遭受了无法弥补的损失。

*　　*　　*

1月3日蒙哥马利从北配合巴顿从南对乌法利兹发动反攻。这时我到前线视察，并打电报给总统。

首相致罗斯福总统　　1945年1月6日

1. 帝国总参谋长和我这两天和艾森豪威尔、蒙哥马利在一起，他俩感到战争很吃紧，但相信一定会胜利。报刊可能会引起麻烦，我希望你知道英国政府完全信任艾森豪威尔将军，任何对他的攻击都使我们非常敏感。

2. 艾森豪威尔和蒙哥马利合作得很好，布雷德利和巴顿也合作得很好。如果拆散这种联合作战就会产生灾难。1944年就是这种联合作战使我们获得了意想不到的军事上最大的成果。今天蒙哥马利告诉我幸亏英美军队团结一致，不然敌人的这场突破对整个前线会产生极为严重的恶果。

3. 虽然我很遗憾我们只有十七又三分之二个师，但所有这些师都是绝对足额的。此外，我们在法国还有七八千名援军已作好一切准备，等待调遣。我们又调了另外二十五万军队到前线或前线附近，这一措施使我充满信心，我敢说在即将来临的严酷的战役中我们至少可以始终保持现有的力量。

4. 我深深感到需要支持步兵，他们承受了三分之二的损失，却常常最后才得到补充。保持业已投入战斗的师的步兵实力甚至

242 比派去新的大部队还重要。因此，我们正在准备相当数量的步兵旅，包括从海军的八万名陆战队中抽出来的。这些步兵旅将把若干机动师从半静止的战区中解放出来，同时，他们要做需要他们做的特殊工作。就第二十一集团军群来说，蒙哥马利极其热烈地欢迎这个主意。我从艾森豪威尔将军那里了解到他也持同样的看法，他渴望得到更多步兵分遣队——即步枪兵和刺刀冲锋兵——以维持美国师的适当建制。

5．我最热烈地向你祝贺。你的军队在这场战役中表现得非常英勇，特别是在巴斯托尼和蒙哥马利阵线上的两个地方（这是他告诉我的）——一处是在敌人突入阵地的制高点上，美军第一师和第九师在这里连续战斗，遭受非常重大的损失后，才赢得胜利；另一处是和美国第七装甲师有关的地方，这个师看来表现出了军人至高无上的献身精神。还有第一集团军的许多部队都坚持到底，守住敌人进犯地区的十字路口，以自己的重大牺牲，使北面的全部军队免遭严重的危险。

6．我看到美国报纸曾批评我们的部队没参加这次战役。我乘此机会在这里向你保证，我们的部队已作好充分准备，随时服从艾森豪威尔将军的指挥调遣。我相信他和他的下级蒙哥马利陆军元帅在使用军队进行反攻和针对纵横交错的交通线进行侧翼运动时，是完全按照严格的军事需要来部署的。在英美司令部里我没发现一点儿不和睦的迹象。不过，总统阁下，无情的事实是我们需要更多的战斗部队来推动战事。

7．我感到现在需要一种新的强烈的推动力——发自内心的友谊和竭尽所有的努力。任何你认为我们能做的事，务请立即告知。

*　*　*

这时艾森豪威尔和他的参谋部当然非常急于知道俄国人在哪方面能做点事以减轻对我们西方的压力。我们驻莫斯科的联络官员们虽作 243
了种种努力，却无法从他们身份相等的对手那里获得任何回答。为了把这一问题以最有效的方式向苏联总参谋部提出来，艾森豪威尔派他的副司令特德空军上将率领一个特别使团去苏联。由于气候关系，他们耽误了很久。我一听到这个情况，马上对艾森豪威尔说："在参谋部这一级时间可能会拖得很久，我想如果我问斯大林，他可能会告诉我。要不要我试试？"他要求我试试，因此，我发了如下电报：

首相致斯大林元帅　　　　1945 年 1 月 6 日

西线的战斗非常激烈，最高统帅部随时都得作出大量的决定。你从你切身的经验也知道，暂时失去主动权后而不得不防守一条很长的战线时，这种处境是多么令人焦急。艾森豪威尔非常想也非常需要知道你大体上的行动计划，因为这显然关系到他的和我们的一切重大决定。昨晚接到报告说，我们的特使空军上将特德因天气受困在开罗。他的行程已耽误了很久，这不能怪你。如果他还没到你那里，请告诉我：我们能否指望苏联于 1 月份在维斯杜拉河战线或其他地方发动一次重大攻势？如承告知以上消息附以其他你愿意说明的细节，则感谢得很。除布鲁克陆军元帅和艾森豪威尔将军外，我绝不把这一最机密的情报告诉任何人，而且只有在最保密的情况下才能告诉他们两人。我认为这件事是很迫切的。

当时人们想到我们要求他作出的决定有多么重大，而且牵涉到多少人，然而复电竟在第二天就收到了，这真是一件了不起的事情。

斯大林元帅致首相　　1945 年 1 月 7 日

我于 1 月 7 日傍晚收到你 1 月 6 日的来电。

不凑巧得很，特德空军上将还未抵达莫斯科。

利用我们在炮兵和空军方面对德军的优势，甚为重要。这就要求有适合飞行的晴朗天气和地面没有阻碍炮火瞄准的雾气。我们正准备一场攻势，但目前天气不利。然而，考虑到我们的盟军在西线战场上的情况，最高统帅部决定加速完成准备工作，并决定，不管天气如何，最迟在 1 月份的下半月，沿着整个中央战线向德国人发动大规模进攻。你尽可放心，我们一定尽一切可能来帮助我们光荣的盟国部队。

244 首相致斯大林元帅　　1945 年 1 月 9 日

1. 非常感谢你的令人感动的电报。我已经转给艾森豪威尔将军一人过目。祝你们的高尚的进军一切顺利！

2. 西线战事进行得不太坏。很有可能从突出阵地上把德军击溃并使他们受到严重损失。这场战斗主要是美国人打的，他们的军队打得很出色，损失也很重。我们双方把所有的力量都投进去了。你告诉我的消息对艾森豪威尔将军会是很大的鼓舞，因为这将使他放心，这样一来德国增援军将不得不分用在两条战斗激烈的战线上。据负责指挥战斗的将军们报告，西线战斗将继续下去。

我引用这样的来往电文是为了举例说明盟国首脑之间解决问题神速，也是为了说明俄国人和他们的领袖显然不顾重大牺牲提早发动大攻势的义举。艾森豪威尔看到我转给他的消息当然很高兴。但他要求给他调去一些可能抽调出来的援军。三个星期前，我们向英国全国宣布说政府还要征募二十五万人来做供应给养的工作，以支援在前线同敌人对阵的部队，并且在我们长期的战斗中，英国政府第一次援引它的职权去强迫我们各战斗军种中的妇女到海外服务。其实不需要什么强迫，到处一片热情。不过这种非常措施需要时间才能成熟。我们虽能弥补秋天在战场上的损失，并维持充足的物资供应，但我们手头已经所剩无几了。美国方面除六万步兵的增援部队以外，还准备从美国再调九个新的师上来。

*　　*　　*

两个美国军团，连同西侧的英国第三十军从北面向敌人进逼。1 月 7 日他们切断拉罗什－维尔萨尔姆公路，这是德国人准备逃跑的重要道路。这两翼的盟军进攻部队一面和暴风雪搏斗，一面徐徐地推进，于 1 月 16 日在乌法利兹会师。德国人被迫节节东退，沿途受到我方空军的不断袭击。到月底，他们退到了边界之后，虽尽了最大的努力，所得到的除了毁灭性的物资损失和十二万人的伤亡之外，什么也没有。

这场战役中发生了一个难以处理的情况，虽然幸而没有影响大 245
局，但必须提一下。艾森豪威尔为了从第三集团军里抽出几个师，命令德弗斯的第六集团军群接替巴顿的一部分战线，并批准如果必要的话，可以从莱茵河撤至孚日山脉。这样就等于敞开斯特拉斯堡的门户让敌人可以自由进入，在法国政界和军界里引起一片可以理解的惊慌。敌人将会怎样对这些热烈拥护他们的解救者斯特拉斯堡人民进行报复啊！这当儿，我碰巧在艾森豪威尔设在圣日耳曼的总部里。他和比德尔·史密斯倾听了我的呼吁。敌人的确在这个集团军群的正面突然活跃起来，特别是在科耳马尔孤立据点，但总算被击退了。艾森豪威尔取消了他的命令，因而急切要求放弃斯特拉斯堡的军事形势并没有发生。戴高乐对此表示感激。

这是敌人在这次战争中最后的一次攻势。在当时曾使我们很担心。我们的进攻不得不推迟了，但最后还是对我们有利。德军无法补偿他们的损失，而接下去我们在莱茵河的各个战役，尽管还很激烈，但毫

卢万
蒂尔蒙
圣特朗德
布鲁塞尔
英国第三十军的集中地区
列日
比
默
兹
于伊
河
美国第
桑布尔河
那慕尔
沙勒罗瓦
第二十九
装甲旅
美国第七军的集中地区
锡内
利
迪南
马尔什
拉
第五十三师
罗什福尔
默
第六空降师
圣于贝尔
兹
时
阿
纳夫夏托
河
梅济埃尔
色当
美国第八军的正面宽度，12月16日
德军的突破
突破最深入的线
集中地区——英军　美军
盟军展开反攻
英军　美军
0　10　20　30英里

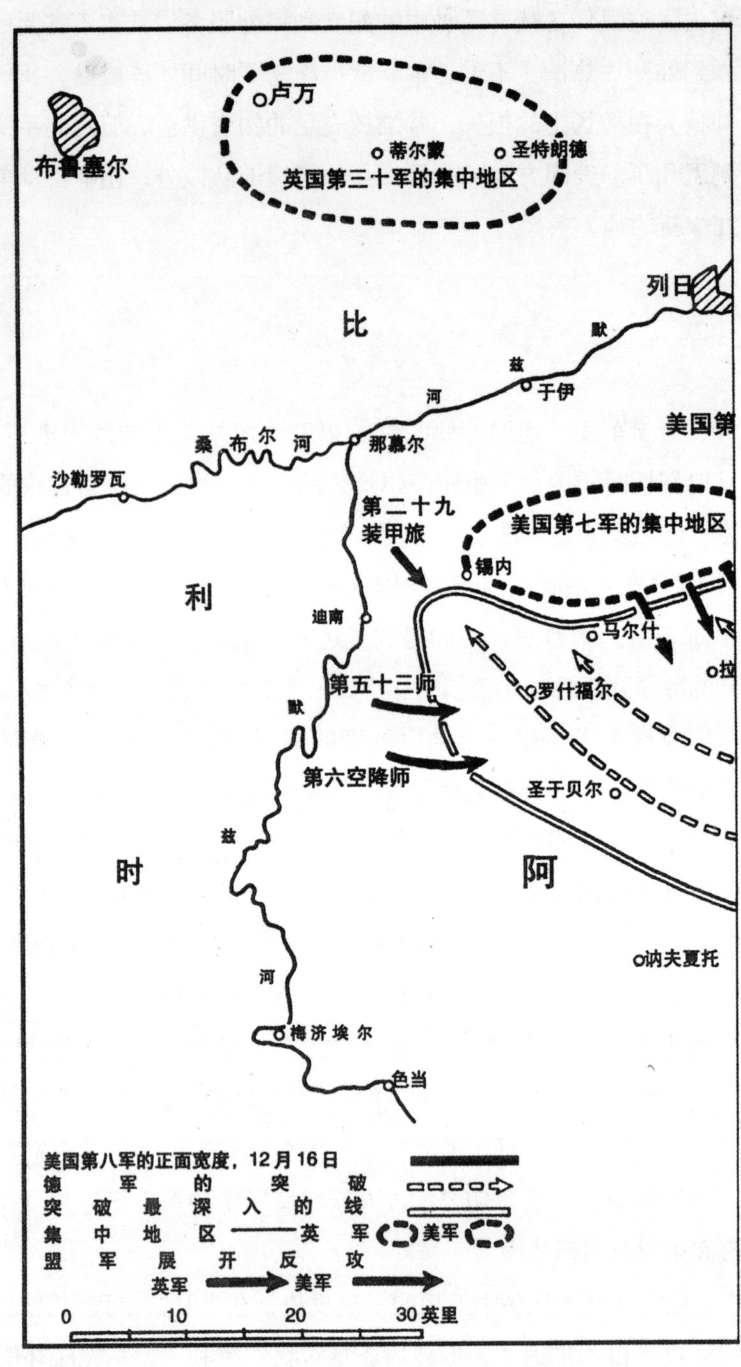

龙德施泰特的反攻

荷　兰
马斯特里赫特
亚琛
鲁
迪伦
尔
河
休
特
根
森
林
欧本
维尔维埃
蒙绍
德
一集团军
马尔梅迪
美国第十七
空降军
斯塔佛洛
德国第六装甲集团军
维尔萨尔莫
圣维特
美
国
第
八
军
普吕姆
罗什
乌法利兹
美国第五装甲集团军
登
巴斯托尼
美国第七集团军
埃赫特纳赫
卢　森　堡
美国第三军
国
阿尔隆
摩
泽
尔
河
卢森堡
美国第三集团军

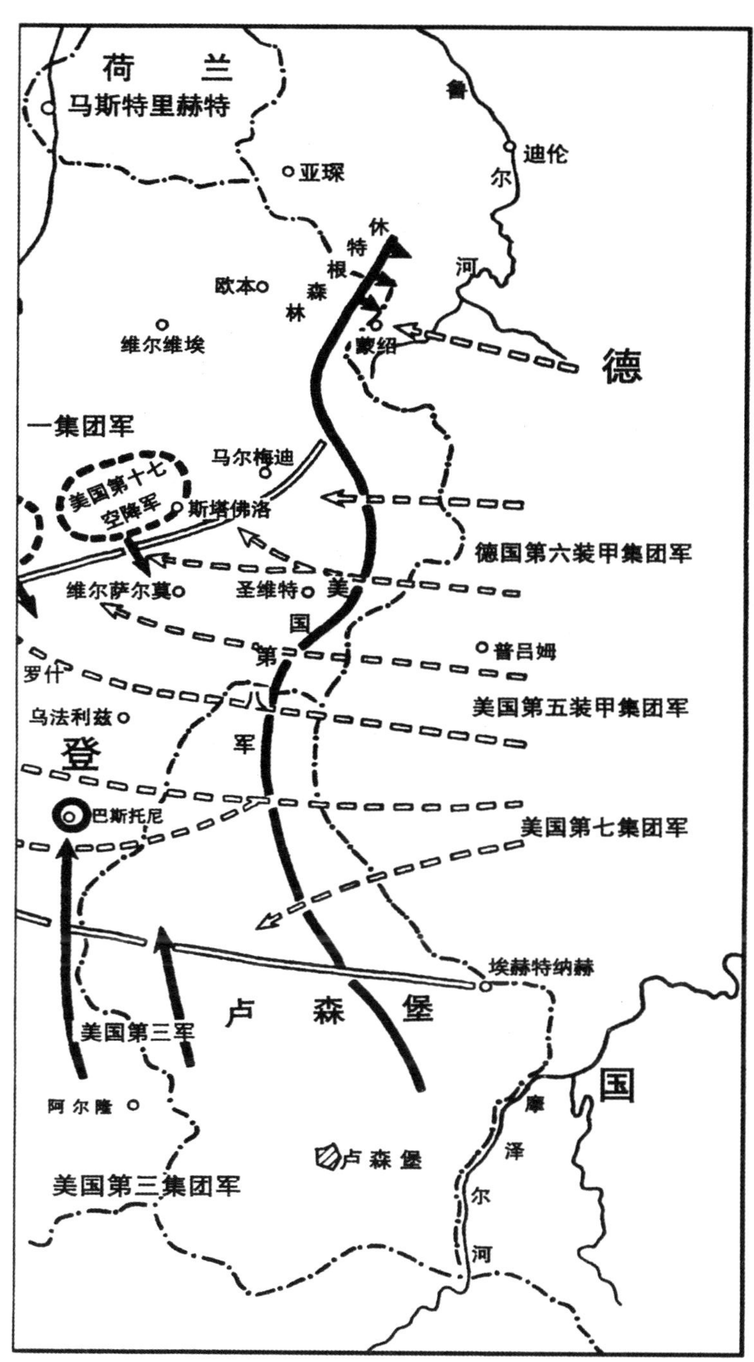

（照原图译制）

无疑问变得轻松得多了。德国最高司令部，甚至希特勒的幻想一定已告破灭了。艾森豪威尔和他部下的指挥官们曾一时措手不及，但马上采取了对策。然而，他们会同意这主要应归功于别的方面。用蒙哥马利的话来说："阿登战役的大捷主要是因为美国士兵具有忠实坚定的战
246 斗素质。"[1]

至于我的看法，则可摘引1月18日我在下院讲话中的一段话：

> "我以为12月16日以来在美军战线上展开的激烈战役是英美联合的战役。虽然几乎全部是美国军队在作战，并承受了几乎所有的损失……但如果我们士兵的成绩受到冷淡的对待、忽视或抹杀（这种情况时有发生），我会毫不迟疑地起来为他们辩护……不过我们不要忘记上个月有关个人伤亡和引人焦虑的电报是送往一个个美国家庭的……从我所掌握的军事材料来看，对付冯·龙德施泰特的反攻措施是坚决的、明智的、正确的。在一条几百英里长的战线上，总可以打开一个缺口。缺口一打开，艾森豪威尔将军马上命令蒙哥马利元帅指挥缺口以北，命令奥马尔·布雷德利将军指挥缺口以南。战争的结局证明，这两位具有雄才大略的司令员对他们手下的百万大军指挥若定。我可以毫不夸张地说，他们的调度方略堪称后代兵家的楷模。"

注释：

[1] 蒙哥马利陆军元帅著：《从诺曼底到波罗的海》，第181页。

第十八章　英国对希腊的干涉 247

"灵粮"作战行动——德国人拖延撤离雅典——卡塞塔协议——10月14日雅典解放——废墟中的希腊——艾登先生访问雅典——混乱的滋长和蔓延——斯科比将军奉命对"希腊民族解放阵线"作反击的准备——游击队的遣散——"民族解放阵线"的部长们辞职——12月3日内战开始——我命令斯科比将军镇压叛乱——雅典的激烈战斗，国内和美国的猛烈攻击——12月8日我在下院的发言——美国人的意见——在希腊建立摄政机构的建议——哈罗德·麦克米伦先生和亚历山大元帅到达雅典——亚历山大奉命放手行事——一个惊人的泄密——英国工会代表大会的忠诚——12月13日美国总统来电——12月14日史末资元帅来电——12月17日我给罗斯福先生的答复——给加拿大总理的电报——我们的政策得到英语世界的拥护

我于8月底离开意大利之前，曾要求帝国总参谋长拟订一份英国远征希腊的详细计划，以便一旦德国人在希腊崩溃时即可付诸实施。[1]在密电的电码中，我们给这个计划起个代号叫"灵粮"。因为我们的物资紧张，又因为德国在巴尔干半岛各国中的战略地位动荡不定，所以，拟订这种计划变得颇为复杂。但是，我命令我们的军队必须在9月11日之前作好行动准备，在意大利的希腊首相和希腊政府的代表们也应毫不迟延地作好进入雅典的准备。在9月份的第一个周末，他们在卡

248 塞塔附近的一个别墅里安顿下来。帕潘德里欧和他的希腊“民族解放阵线”的新同事们就在这里开始工作。重要的是，在希腊不应该有政治上的真空。正如我在8月29日的备忘录中所写过的，“最好是晴空一志霹雳猛然一击，连个初期的危急动荡局面都没有，这是先发制人，对付‘民族解放陈线’的无上策略”。那个计划的要点是，用一个伞兵旅去占领雅典和它的飞机场，调进去四个战斗机中队，清除比雷埃夫斯港的障碍物，以便从埃及进行增援，并保证希腊部长们早日到达。然后，我们将加速运进救济物资，并从意大利把希腊旅运过来。

德国人拖延撤离雅典，使我们不得不修改计划。一万守军没有开拔的迹象，因此，9月13日我打电报给威尔逊将军，指示他准备在伯罗奔尼撒半岛预先降落，因为那儿的德国人正在向北撤退到科林思地区。从9月13日半夜起，担任“灵粮”作战行动的部队奉命四十八小时以内开始行动。他们归斯科比将军指挥。最初一批军队包括从意大利派去的第二伞兵旅、作为步兵部队的第二十三装甲旅、从埃及去的后勤部队，以及希腊的得到承认的政府所能派出去的任何希腊部队。配有扫雷小舰队的第十五巡洋舰中队、四个英国的和三个希腊的飞机中队，再加上美国的运输机队将支援这支远征军。

德国人拖延从雅典撤退，却使我们能够在作出决定性一击的前夕加强对希腊事务的指导。我很高兴，因为希腊政府现在近在意大利。9月底，威尔逊将军召集了“人民民族解放军”[2]的将军萨拉菲斯和他的敌手民族主义者泽尔瓦斯，跟帕潘德里欧在卡塞塔会见。当时麦克米伦先生以驻地中海国务大臣的身份和我们驻希腊政府的大使利珀先生也出席了会议，以便在这个重要会议的政治问题方面，当参谋作指导。这个会议必须为意大利境内和希腊国内的一切可用的希腊部队以及现在正在等待登陆的英国部队建立一个统一指挥机构。

9月26日签订了一个广泛的协议。协议中规定在这个国家内的一切游击部队都应该执行希腊政府的命令，而希腊政府则又将这些部队置于斯科比将军的指挥之下。希腊游击队的领袖宣称他们的部下谁也

不会私设刑堂，任意治罪。在雅典的任何行动只有英国司令可以发号 249
施令。这个文件，通称为卡塞塔协议，制约着我们后来的行动。

直到10月份希腊才开始解放，当时一些突击队被派到希腊南部去,10月4日清晨我军占领了帕特雷。自从1941年悲剧性的撤退以来，这是我们的第一个立足点。这支军队随后沿着科林思海湾的南岸奋力前进。10月12日威尔逊将军得悉德国人正在撤离雅典，于是，第二天英国的伞兵在首都以西约八英里的梅加腊机场着陆。14日，其余的伞兵随后到达，紧跟在撤退的德军后面占领了雅典。我们的海军部队进入了比雷埃夫斯，随同进入的还有斯科比将军和他的主力部队。两天后希腊政府和我们的大使也都到达。

*　　*　　*

现在到了考验我们的协议的时候了。在莫斯科会议上，我曾经以极大的代价换得了俄国人的不加干涉。我们保证支持帕潘德里欧的临时政府。在这个政府里，“民族解放阵线”有着充分的代表。一切党派都受卡塞塔协议的约束，我们希望把政权及时交给一个稳定的希腊政府。但是,希腊已成废墟。德国人向北撤退时,把公路和铁路都毁坏了。在他们撤走的时候，我们的空军曾加以袭扰，但是，在陆地上我们却无法去干涉他们。“人民民族解放军”的武装队伍填补了正在撤离的侵略者所留下的空隙，他们的指挥中心不曾努力遵守他们所作出的庄严的承诺。到处都是贫困和纷争。财政紊乱，食物匮乏。我们自己的军事物资也紧张到了极点。

10月底，艾登先生在从莫斯科回国的途中访问了雅典，受到了热烈的欢迎以纪念他1941年为希腊所作的努力。同他在一起的有驻开罗的国务大臣莫因勋爵和麦克米伦先生。当时曾讨论到整个救济问题，凡是人力所能做到的事情都已做了。我们的军队自愿减去定额口粮的一半来增加食物的供应，英国工兵也开始建造紧急交通线。到了11月

1日，德国人已经撤离萨洛尼卡和弗洛里纳。十天以后，他们最后一
250 批军队已经越过了北部的边界。除了少数孤立的岛上还有德国驻军以外，希腊已经完全解放。

但是，在雅典的政府并没有足够的兵力控制全国和迫令“人民民族解放军”遵守卡塞塔协议。混乱日益滋长和扩大。11月7日我致外交大臣的备忘录如下：

首相致外交大臣 1944年11月7日

1. 照我的意见，我们既已对俄国付出代价以换取在希腊的行动自由，我们不应迟疑直接用英国军队来支持帕潘德里欧先生所领导的希腊王国政府。

2. 这种主张的含义是，英国军队对目无法纪的行动当然应该出来制止。帕潘德里欧先生当然可以封闭“民族解放阵线”的报纸，如果他们号召报界罢工的话。

3. 我希望希腊旅能够尽快到达，而且必要时毫不犹豫地开枪镇压。为什么印度师中仅有一个旅将被派到那边去？为现政府保卫首都和萨洛尼卡起见，我们还需要八千到一万步兵。以后我们必须考虑扩展希腊政权的势力。同希腊“民族解放阵线”发生冲突，完全在我的意料之中，而且只要能找到充分根据，我们就不应回避这种冲突。

第二天我又发出了如下电文：

首相致威尔逊将军（意大利）和利珀先生（雅典）

1944年11月8日

鉴于希腊共产党分子的威胁日增，而且有种种迹象表明他们计划用武力夺取政权，我希望你们考虑立即派遣第四印度师的第三旅或其他编制的部队增援我们在雅典地区的部队……

*　*　*

“民族解放阵线”的叛乱已经迫在眉睫，因此，11 月 15 日斯科比将军奉命采取应急的反措施。雅典被宣布为军事区，我授权他勒令希腊“人民民族解放军”的军队全部撤离雅典。第四印度师从意大利调往萨洛尼卡、雅典和帕特雷。希腊旅也从意大利调来，并且成为帕潘德里欧和他的“民族解放阵线”同僚之间争执的焦点。唯一能避免内战的方法，是通过双方协议解除游击队及其他部队的武装，建立一支新国军和警察部队，直接归雅典政府统率。此外，还商定征集和装备“国 251
民警卫大队”，每队拥有五百多人。最后我们一共编成了三十个这样的警卫大队；它们对围捕敌视我们的有武器的市民和保卫我军所肃清的地区，起了很大的作用。

经帕潘德里欧先生的要求，“民族解放阵线”的部长亲自草拟了遣散游击队的命令草案并提交给混乱的内阁。根据这个草案，正规的希腊山地旅和神圣中队将保留下来。希腊“人民民族解放军”可以保留他们的一个旅，希腊“民族民主军”可以允许其有一支小部队。但是，到了最后一刻，“民族解放阵线”的部长们对他们自己费了一周宝贵的光阴所起草成的提案，竟然反悔而要求把山地旅予以解散。共产党正在全力施展他们的策略。12 月 1 日，参加“民族解放阵线”的六个部长提出辞职，宣布第二天雅典城内要举行总罢工。留下来的内阁成员通过了一项解散游击队的命令，共产党于是将其总部迁出首都。斯科比将军发表了告希腊人民书，说明他坚决支持由宪法产生的现政府，“直到一个拥有合法军队的希腊国家能够建立起来，自由选举能够举行之日为止”。我在伦敦也以个人名义发表了一个类似的声明。

12 月 3 日，星期日，共产党的拥护者不顾禁令举行了示威游行。他们跟警察冲突起来，从此爆发了内战。第二天，斯科比将军命令“人民民族解放军”立即撤离雅典和比雷埃夫斯，然而，他们的军队和执有武器的市民不仅没有撤离，反而试图用武力夺取首都。

在这个时刻，我对这件事情采取了更直接的指挥。当我得悉共产党已经占领了雅典几乎所有的警察局，杀害了其中大部分已声明不再抵抗的人员，而且距离政府机关只有半英里时，我就命令斯科比将军和他的五千英军（十天前他们作为拯救者受到人民的热烈欢迎）出来干涉，并且向背信弃义的攻击者开火。做这样的事情，半途而废是没有用处的。共产党试图以暴力征服雅典并向世界表明他们才是希腊人民所要求的政府，对暴徒的这种暴力我们只能用枪杆子来对付。时间上来不及召集内阁讨论。

我和安东尼在一起，直到大约深夜两点钟，我们俩完全同意，必
252 须开火。我看到他十分疲劳，对他说，“如果你要去睡的话，留给我来解决好了。”他于是就寝去了。我大约在三点钟的时候，拟好了下面的电报：

首相致斯科比将军（雅典），抄送威尔逊将军（意大利）[3]

1944 年 12 月 5 日

1．我已经指令威尔逊将军务必把所有的部队都交给你，并把一切可能的增援部队都交给你。

2．你得负责维持雅典的秩序，并且排除或歼灭逼近雅典的一切“民族解放阵线”和“人民民族解放军”的队伍。你可以按照自己的愿望订出任何条例以严格管制街道或围捕暴徒，有多少捉多少，在可能发生开枪射击的地方，“人民民族解放军”必然会把妇孺放在前列。为此，你必须运用机智，以免造成过错，但是，在雅典，对袭击英国当局或同我们合作共事的希腊当局的任何武装暴徒不必迟疑，径予开枪。当然，最好是你的指挥部能得到希腊政府当局的授权而加强权力，至于帕潘德里欧也正由利珀通知他停止其他工作专门协助靖乱。无论如何你必须毫不迟疑地立即行动起来，好像你处在一个已经被征服而局部叛乱正在进行的城

市里一样。[4]

3. 对从外面迫近的“人民民族解放军”的队伍，你一定要用你的装甲部队给其中的一部分人一点教训，从而使其他人不敢再来尝试。你在这个基础上所采取的一切合理而明智的行动我是坚决支持的。我们必须保住并控制雅典。你如果能不经流血而完成这个任务，当然是一大好事，但必要时，即使流血也是做得对的。

这个电报是在5日清晨4点50分发出的。我必须承认，这个电报语调有点刺耳。我觉得很有必要给军事指挥员以坚强的领导，因此，我有意用上最尖锐的措词。他手里有了这样一个命令，不仅能鼓励他采取果断的行动，而且给了他一定的保证，就是他所采取的任何经过周密考虑的行动，无论后果如何，一定能得到我的支持。我对整个局势感到严重不安，但我深信没有丝毫犹疑或回避的余地。我记得阿瑟·鲍尔弗在八十年代[5]给爱尔兰的不列颠当局一封有名的电报中说：“不必迟疑，立即射击。”这个电报是在公开的电报局中打出去的。当时在下 253
院引起了一场狂烈的风波，但确实因此而防止了生命的损失。鲍尔弗之所以能在权势之路上登堂入室，这正是一个重要的进身之阶。今日政治舞台的背景固然完全不同，然而，“不必迟疑，立即射击”这句话，从那遥远的日子起一直在激励着我，使我久久不能忘却。

在同一天，我又发了一封电报给我们的大使：

首相致利珀先生（雅典） 1944年12月5日

1. 现在不是泛泛地研究希腊政局或推测各种不同色彩的希腊政客对局势能发生什么影响的时候。你不必操心希腊政府的组成。事情已经到了生死关头。

2. 你必须劝帕潘德里欧坚守他的岗位，并向他保证，如果他这样做，就必能得到我们的全力支持。以任何一个希腊政治集团来左右这种暴徒叛乱的时日早已成为过去。他唯一可能的出路就是跟我们走到底。

3. 我已经把保卫雅典和维持法律秩序的整个工作交给了斯科比将军，并且已经向他保证我们将支持他采取任何必要的武力。今后你和帕潘德里欧在一切有关公共秩序和安全的问题上当按照他的指挥行事。你们两人都应该尽一切可能支持斯科比，你们如果想到有什么措施能够使他的行动更加果断有力，就应向他提出建议。

祝你一切顺利。

* * *

除了雅典市正中心以外，希腊“人民民族解放军”已经迅速地控制了该城的大部分地区。我军首先在该市正中心控制住他们，然后，转入反攻。斯科比的报告写道：

1944 年 12 月 8 日

由于叛军方面的活动增加以及狙击行动的广泛展开，使昨天一整天的作战，在进展上受到了限制。到中午为止，我军看守下的被俘叛军共有军官三十一名，士兵五百二十四名。这些数字并不包括警察所逮捕的人在内，因为这些人的准确数字不易得到。

第二十三旅在整个下午所作的逐户肃清叛军的活动，略有进展。市中心的另一部分地区则由伞兵旅加以肃清。

渗入利昂托斯港以南地区的叛军对比雷埃夫斯海军大厦进行
254 了严重的狙击战，为了对付这件事，不得不令军舰“猎户星座”号上的海军陆战队登陆增援。在一个地区里，我军因遇到强烈的抵抗，被迫后撤。

希腊山地旅正在肃清的那个地区，受到了来自侧面的叛军的攻击。攻击已被控制住，但是，使得那个旅的进展迟滞了。

这表明了我们当时作战的规模。

首相致威尔逊将军（意大利）　　1944年12月9日

1．你应该火速加派援军到雅典去。战争长期拖下去有许多危险。我警告你，这次冲突在政治上极端重要。至少应该赶紧再派两个旅到出事地点去。

2．除此以外，海军为什么不经常提供协助，只是到了危急时才只有少数人登陆？你曾极力保证过，说你已经派去足够的军队了。

首相致斯科比将军　　1944年12月8日

今晚报纸盛传希腊“人民民族解放军”提出了和平建议。此事如能得到解决，我们固应为此而感到高兴，但是，你必须十分小心，尽你力之所及，务使我们不因仁慈之故，而失去我军已得的或仍可获得的战果。据我看来，现在的条件，如果比叛乱发生以前所达成的协议更加不能令人满意，就不应予以接受。“民族解放阵线”的领袖们，双手沾满了希腊人和英国人的鲜血，就要在内阁官复原职，也是难以说得过去的事情。然而，这一点或许还可以让它过去算了。重要的是应该谨慎行事，订立条件时应向我们请示。我们的明确目标是击败“民族解放阵线”。战事的结束应从属于这个目标。我正调拨大批援军到雅典去，亚历山大元帅可能在几天以内跟你见面。目前，现实的争端还没有解决，我们所需要的是坚定和清醒，而不是热烈的拥抱。

无论在你的方面，或利珀方面，如果要达成妥协，应该事先告诉我们。

共产党及其同伙在伦敦散布谣言，说英国军队同情“民族解放阵线”。这些绝对不确。

有关和平建议的答复如下：

斯科比将军致首相　　1944 年 12 月 10 日

如果“人民民族解放军”提出任何和平建议，我们一定会立刻向你报告，但是，大使和我都不知道有任何这类试探。

255 我十分清楚你所提出的主要目标。当任何一个党派得以把私有的军队作为其政见的后盾时，希腊就永远得不到和平和稳定。我希望战争能局限于从雅典到比雷埃夫斯的范围内。但是，我已有准备，遇必要时，在全国其他地方和他们干到底。可惜的是不许用催泪毒气，它在这种市区战斗中，是大有用处的。

你保证大批援军正在运来，我对此深表欢迎。我从盟军总部得知，首先派来的是第四师。

* * *

目前自由世界对共产党在希腊和其他各地的行为比当初有更多的了解。许多读者对当时英王陛下政府，尤其是为首的我，所受到的猛烈攻击，一定感到惊奇。当时大多数美国报纸猛烈谴责我们的行为，指责这种行为违背了他们为之而参战的事业。如果所有这些出于善意的报馆的编辑们能回顾一下他们当时所写的东西，并且把它同他们现在所想的比较一下，我深信他们也会感到惊讶。由斯退丁纽斯先生负责的美国国务院发表了一份显然含有批评性的声明。对这份东西，在以后的年份中，他们终于感到后悔，或者至少有相反的看法。在英国也颇有混乱。《泰晤士报》和《曼彻斯特卫报》认为我们的政策是反动的并加以谴责。然而，斯大林却严格和忠实地遵守我们的十月协定，在雅典对共产党作巷战的好几个星期中，《真理报》和《消息报》都始终不曾有一字的谴责。

在下院里也引起了很大的骚动。我欣然接受了由理查德·艾克兰爵士（联邦党的领袖，也是该党在议会里的唯一议员）所动议而得到欣韦尔先生和安奈林·比万先生支持的修正案中对我们所提出的挑战。当时有一股出于模糊见解的强烈舆论，甚至爆发为忿怒；这些人以及其他类似的人物便自认为是这股舆论的代表。任何政府，如果没有联合政府那样稳固的基础，这次很可能会经不起动荡而土崩瓦解。但是，战时内阁稳如磐石，一切风浪的冲击，都归于无效。

当我们回忆起后来几年里波兰、匈牙利和捷克斯洛伐克的遭遇时，
我们或许要感谢命运之神在这种紧急关头给了我们各党各派果敢的领 256
袖以应有的镇静和团结的力量。限于篇幅，我只能把 12 月 8 日为反对修正案而由我们要求投信任票前我所作的演说摘引一些如下：

> 请让我先向议会提交一项对我们的指控。内容是我们正在运用英王陛下的军队解除希腊和欧洲其他部分的民主之友的武装，并且镇压曾经英勇地协助打败敌人的那些民众运动。这是一个相当直截了当的问题，也是我们今晚散会前议会必须表态的问题。如果英王陛下政府正在用国家军队解除民主之友的武装，那么，它当然是不配信任的。
>
> 但是，问题就在于（对此，我们不妨思考一下），究竟谁是民主之友？“民主”这个词究竟应该怎样解释？我的意见是那些朴素、卑微、有妻室子女的普通老百姓才是民主的基础。当国难当头，他们就应征入伍为国而战；在适当的时候，他们就前往投票站，在选票上给他希望选进议会的候选人的名字上画个十字。这些人（无论男女）在做这些事的时候，应该无所恐惧，没有人会对他们进行任何形式的威胁或迫害。这对民主的基础也是至关重要的。他们是在严格保密的情况下画选票的。然后，当选的代表开会决定他们要在国内建立起什么样的政府，或者在紧急时期，甚至决定建立哪一类型的政体。如果这就是民主，我向它致敬。我拥护它。

我愿意为它而尽力……我坚持以普选为基础的自由选举，这就是我们所认为的民主的基础。但是，我对假民主有着完全不同的感觉。那就是因为自己是左翼便自封为民主。要想成为民主须具备种种条件，光有左翼还不够，或者甚至有共产党也还不够。我不认为一个政党或团体因为他们愈走愈远，直到采取最极端的革命形式，便可自称为民主派。我不认为一个政党因为它一边行动愈趋激烈，一边人数却越来越少，便必然能代表民主。

我们对民主必须有几分尊重，不可随随便便使用这个名词。跟民主最不相干的是暴民政治。成群的匪徒，拥有杀人利器，靠
257 暴力杀进大城市，夺取警察局和重要的政府机关，力图建立一种运用铁腕的极权统治，并且叫嚣他们如果得势，就会像今日所作的那样……〔中间被打断〕

抱歉得很，是我引起了这个恼人的局面。我有的是时间，如果引起了尊敬的反对党议员的吵嚷不满，我总是能够多花些时间把我所要说的再讲一遍，虽然我将为此感到遗憾。我说最不足以代表民主的是暴民政治和试图建立一种极权统治，这种统治叫嚣着要把政治上对他们碍手碍脚的人，全都枪毙，当做在占领期间同德国人合作的人来进行清算。别对民主作这样低的评价，别把民主看成好像仅仅是窃夺政权和枪毙那些不赞同你的人。那是跟民主背道而驰的。

民主不是建立在暴力或恐怖政策之上的，而是建立在理性、公平竞争、自由和尊重他人的权利之上的。民主不是街头的荡妇，可以同带手提冲锋枪的人随便一拍即合。我对几乎任何一国的人民，广大的人民群众，都表示信任，但是，我得弄清他们的确是人民，而不是一群土匪。土匪以为凭借暴力就能推翻合法的政权，在有些场合是历史悠久的议会、政府和国家……

我们沿着一条艰难痛苦的道路前进。可怜的老大的英国！（或许我应该说“可怜的老大的不列颠！”）我们不得不肩负起最不受

人感谢的重任，并且在肩负这种任务时，遭到各方面的嘲笑、批评和反对。但是，至少我们懂得我们是向哪里前进，知道我们的目的地在哪里，知道我们的目标是什么。那就是，这些国家应该从德国的武装力量之下解放出来，并且在正常的平静的环境中，举行自由的普选来决定他们国家的政府形式（只要不是法西斯制度），并且决定他们的政府应该是左倾的还是右倾的。

还有我们的目的——有人说我们在谋求解除民主之友的武装。有人因为我们不许大批全副武装的游击队从山上下来，用他们擅长的血腥的恐怖和暴力手段到大都会里来夺取政权，就说我们是民主的叛逆者。对这样的说法，我也要加以驳斥。我要请求下院
为表示信任英王陛下政府，信任我们的英勇气概（依靠这种气概 258
我们一再度过危险，取得现已在望的胜利），驳回上面那种虚伪的言词，给予它所应得的轻蔑。

如果我这种行动应受谴责，我甘愿接受下院的撤职处分；但是，如果我不因此被撤职——千万不要听错了——我们将坚决贯彻这个政策，就是要肃清雅典和雅典地区一切反抗希腊立宪政府法令的叛徒——要肃清违抗地中海最高统帅命令的叛军（所有的游击队员曾自愿为该统帅效劳）。我希望我已经把我们的立场——包括它对全世界和战争大局的影响以及它对我们政府的影响——说清楚了。

在投票走廊里只有三十名议员反对我们。投信任票的将近三百人。在这里，下院再一次表示它的坚韧不拔的力量和权威。

第二天我发出下面一封电报：

首相致利珀先生（雅典）　　1944年12月9日

你切勿为了来自下院里各方面的批评而感到不安。对你所必

须应付的困难谁也不像我那样了解。我不屈服于一时的叫罵，而且总是支持那些大胆和正确地执行指示的人。在雅典和在其他任何地方一样，我们的格言是：“没有胜利，就没有和平。”

* * *

毫无疑问，当时美国舆论方面的感情用事和国务院方面一时的思潮，影响到罗斯福总统和他的亲信。我在下院所发表的意见在美国政策和政治学说里，现在已是司空见惯的了，而且还得到了联合国的赞许。但在当时，我的言论被人视为新奇；那些受旧观念束缚而对人类事务中的新逆流的袭击无所感觉的人，便感到惊异。基本上总统和我是站在一起的，霍普金斯还为了我的演说给我发来了一封友好的电报。

哈利法克斯伯爵致首相　　　　1944年12月8日

哈里和吉姆·福雷斯特尔刚才来过电话，表示热烈赞成你关于希腊的演说，他们俩都认为这篇演说将大有好处。我相信他们是对的。

259

首相致哈里·霍普金斯先生　　　　1944年12月9日

我很高兴你喜欢我的演说。我为了斯退丁纽斯的新闻公报的最后一句话而感到烦恼。[6]那句话似乎也牵涉到我们在比利时的整个外交政策，在那边我们是依照你们的命令来行事的；至于在希腊的整个外交政策，我们在那边的行动是在魁北克会议时完全经过大家同意的。当然，在雅典跟“人民民族解放军”战斗的延长和激烈情况使我感到忧虑。

祝你一切都好。

同一天，我又发出如下电报：

1. 我希望你能告诉我们的好朋友，在雅典及其周围建立起法律和秩序，对将来向希腊实行宽大和安抚的一切措施，是十分重要的。等法律和秩序建立起来之后，才会有谈判的时间。我的指导原则是，“没有胜利，就没有和平”。当我们满载着良好的礼物而来，渴望建立一个能掌握自己命运的统一的希腊时，却遭到了“人民民族解放军”这样的攻击，这使我大为失望。但是，我们既然已受到了攻击，就要自卫。我认为我们有权利要求总统支持我们所采取的政策。如果在雅典的街头传说美国也反对我们，那么，英国人将流更多的血，而希腊人流的血还要多。当危险远离，派别兴起，正格外需要团结的时候，看到我们不自觉地分道扬镳的迹象，使我十分忧虑。

2. 下面的话只供你本人参考。不要被昨天我们的多数所迷惑。我如发出了上面划有三条线的紧急出席命令而不是上面只有两条线的普通出席命令，我还会多得八十票。由于目前这里的交通不方便，议员们到了星期五就想外出度周末。谁不想呢？

祝你好。

不列颠军队还在雅典市中心区激烈作战，四面都被包围，而且敌众我寡。我们逐户巷战而敌人中至少有五分之四是穿便衣的。我们的部队不难了解问题的症结所在，这和雅典的许多盟国新闻记者有所不同。

帕潘德里欧和他的留下来的部长们已经失去了一切权力。先前建
议设立一个由大主教扎马斯基诺斯领导的摄政机构，已被希腊国王拒 260
绝，但是，到了 12 月 10 日利珀先生又重申前议。不过，国王乔治仍然反对，而我们那时又不愿加以强迫。

在这些纷扰之中，亚历山大元帅和麦克米伦先生来到了雅典。12 月 11 日我们接到了他们一行人的第一批报告。我们的处境比我们所预

料的还要坏。亚历山大的电报说："不列颠部队实际上是被包围在该城的市中心。"到飞机场的那条路并不安全。比雷埃夫斯港不在我们的控制之下，所以，船只不能在那里卸货。在城内作战的部队只剩有六天的口粮和三天的军火。亚历山大建议立即清除港口和通到雅典的道路上的障碍，马上从意大利调来援军，建立供应站，并且"把哑铃的两头[7]牢牢地连接起来之后，采取必要的行动来肃清整个雅典和比雷埃夫斯"。他又极力主张实行利珀的建议，即：任命大主教为摄政，并要求对叛乱分子采取严厉的措施，准许轰炸雅典城内的地区。

12 月 12 日，战时内阁授予亚历山大以自由采取军事行动的全权。英军第四师正从意大利往埃及开拔，途中奉令改调希腊，因此，当他们在下半月到达目的地时才挽回危局。我告诉亚历山大说，希腊国王不会同意摄政的计划。关于邀请大主教出来组织政府的建议是谁也不会满意的。国内对这些事情的政治反应显出一种更明确和更冷静的看法。

* * *

在这时候发生了一件惊人的公文泄密事件。读者还记得我在 12 月 5 日清晨 4 点 50 分发给斯科比将军的那份电报。电报上标明"极密文件，亲收。首相发给斯科比将军。抄送威尔逊将军"，而且当然用的是密码电报。几天以后，一个美国新闻专栏作家竟能登出一份实际上跟原文完全相同的东西。我们之间的一切函电来往因此受到威胁。

经过调查，我知道凡是通过意大利威尔逊将军最高指挥部发出的电报，除非另有特别限制的标志，都传达给某几个人，包括驻罗马的美国大使在内。美国大使读了我在 5 日天亮以前发给斯科比将军的电
261 报全文以后，就把电报内容报告国务院。他是完全有权这样做的。至于他根据我的原电写成的汇报材料送到国务院之后，发生了怎样的事情，就无从探悉了；至少没有披露出来，但是，到了 11 日那个美国新

闻记者把它公开出来，在当地，真是一桩难以应付的爆炸新闻。恰巧第二天工会代表大会要在伦敦召开。对我们在希腊的政策当然有许多不安，而左翼势力也正在蠢蠢欲动。把我给斯科比将军电报的强烈措词公开出来，可能会产生令人不舒服的感觉。然而，这件事情并没有在工会代表大会上提出来，而且竟然也没有在议会里引起任何注意。贝文先生代表战时内阁出席大会，他以特有的忠诚和勇敢，捍卫和拥护我们的希腊政策。他博得全体出席人员的同情，因此，工会以压倒的多数通过支持政府，这又一次证明他们在大事情上具有坚定和负责的品质。

*　　*　　*

同时，我收到了总统的一份措词非常恳切的电报。

罗斯福总统致首相　　1944年12月13日

你在希腊所遭遇到的令人难堪的困难，我跟你同样地深切关注。你所面临的艰难抉择，我是完全体会得到的。我认为在这件事情上，我是处于一个忠实朋友和同盟者的地位，我唯一的愿望就是在这种情况下能尽力作出帮助。请你相信，当我向你表达己见的时候，我牢牢记着这一点，就是在我们所着手进行的伟大工作中，任何事情都绝对不能动摇我们两国之间的团结和友谊。

我虽然迫切希望在这种困难局面下能给你以最大的帮助，但
是，也受一定的限制，一半由于美国的传统政策，一半由于我国
逐渐高涨的舆论方面的逆流。我无论作为个人还是国家元首，不
得不顾到公众的情绪，这一点，没有人比你更能理解。正是因为 262
这个缘故，在当前的希腊局势中，我国政府还不可能跟贵国采取
同样的立场。即使作了这样的尝试，也仅能对你们暂时有利，而
从长远的利益着想反而对我们两国的基本关系有害。我无需向你

说明我是如何厌恶你我之间所存在的这些情况。我唯一的希望就是这种情况能得到纠正，以便我们可以在这件事情上，跟在其他一切事情上一样，并肩前进。我知道，肩负着这个重任的你，全心全意想给希腊问题找到一个满意的解决方法，尤其是一个能使那个遭到蹂躏的国家得到和平的解决办法。不管是何种解决办法，只要能照顾到我上面所说的那些因素，我就诚恳地支持你。有了这样的想法，并迫切地希望对你有所帮助，我现在随便把一些我所想到的意见告诉你。

我知道你已经派麦克米伦到那边去，授以大权去求得这样一个解决办法，或许在你接到这份电报以前，他已经获得成功。当然，我不知详情，离开当地又十分遥远。但是，据我看来，“民族解放阵线”之所以有此态度，其基本原因——或许是一个借口——在于不信任国王乔治二世的意图。我想，如果国王本人赞成在希腊建立一个摄政机构，并且公开声明，除非由于全民投票的要求，他绝不回来，这样，麦克米伦的工作是否会容易得多？如果再加
263 以保证说，一旦人民有充分的机会来表示自己的意愿时，就会定下日期，进行选举，无论那日期是多么遥远，这或许更为有效。

同时，是否也有可能做到使大家同意把现在国内的一切武装集团都解除武装，并予以遣散，包括山地旅和神圣中队在内，只由你们的部队来维持法律和秩序，直至希腊全国的武装力量能够在无党无派的基础上配备齐全地重新建立起来？

我将把这一整个问题反复思考，并且希望你把你的想法和顾虑告诉我。

然而，这份电报并没有给我实际的帮助。我的答复如下：

首相致罗斯福总统　　　　1944年12月14日

1. 来电措词恳挚，谨表谢意。过了周末，我将给你一个经过

考虑的答复。我希望现在稳步开进阿提卡的英国援军能在雅典造成一个更健康的局面。你可以体会到，如果我们撤退，这是很容易办到的，但后果有多严重，可想而知。其结果将是一场可怕的屠杀，一个受共产党支配的极左的政权将在雅典建立起来。我的内阁中各党派都不会去干那种对于我们的经历和声名这样不光荣的事。欧内斯特·贝文在工会代表大会上的演说博得了普遍的尊敬。残酷的战斗就在前头，我们在雅典市中心的军队甚至还有危险。根据斯退丁纽斯的新闻公报的最后一句话，有人认为你是反对我们的，这一事实已经（一如我所担心的那样）增加了我们不少的困难和负担。我可能要在星期日晚上向全世界广播，说明我们的动机是完全纯洁无私的，也要表示我们的决心。

2. 同时，我寄给你一封希腊国王的来信。我们曾向他建议任命雅典大主教为摄政的策略。国王对此拒不同意。因此，如果我们坚持这样做，就势必产生破坏宪法的行为。我对大主教一无所知，我只知道我们在希腊的人员认为他或许可以在过渡时期起着看守的作用或在两派之间充当桥梁。

*　　*　　*

同时，我很高兴，接到了这么一个人的来电，他对这些事情的判断和本能的反应是我所倚重的。

史末资元帅致首相　　1944年12月14日

希腊局势使你和内阁焦虑不安和困难，我为此深感苦恼。昨天我在伊丽莎白港发言，极力支持联合王国政府继续执行的政策。我希望我的意见已经扼要电达。如果各党派的军队和地下活动还继续存在的话，恐怕我们会发现和平将沦为社会的紊乱和无政府状态，不仅在希腊如此，在欧洲其他地方也将如此……我希望大主教有可能更决断和更有权威地行事。在现阶段，意志坚定，无论如何都是必要的，对付那些党派利益至上的人们，如果过于软弱，最终反而会在以后一个更不利的阶段里，变成一场真正的内战。

老实说，我们的大使在希腊政府的变动之中担任这样重要的角色，我是不以为然的，因为将来或许有人会以此为借口来反对你，说你不适当地干涉希腊的事务。我自己的看法，不管正确与否，我认为镇压了“民族解放阵线”的叛乱之后，希腊国王应该回来履行他在宪法上的正当职权，而英王陛下的政府不应该再担负实际管理希腊的责任。

我又收到一直和我们在一起忠心作战的希腊第三山地旅的来电。他们既感谢我们为保护他们的国家而出力，又因为不列颠人正在流血而感到难过。他们请我作他们的名誉司令。

但是，从霍普金斯那里来了另一个警告。

264

霍普金斯致首相　　　　1944 年 12 月 16 日

这里的舆论由于希腊的局势和你在议会里有关美国和波兰的讲话而很快地变坏起来了。

由于目前欧亚两洲的战事连接起来，由于每个人的全部精力需用于击败敌人，我承认我为了外交形势的转变而大大地感到不安，这些情况使人们的注意力转到我们的困难上来。

我不知道总统或斯退丁纽斯在公开的场合中或许要说些什么，但是，很可能他们两人，或其中之一，要用毫不含糊的词句来说明我们决心尽力求得一个自由和安全的世界。我们大家在这个目标上是一致的，但是，问题在于我们是否能够完成这个目标，如果让共产党在雅典夺取一切权力的话。这就是得失攸关的问题。

首相致霍普金斯先生　　1944 年 12 月 17 日

1．接到你的来电，我感到苦恼和迷惑不解。我希望你毫不犹豫地来电指出，我们或我个人在哪些地方犯了错误，你有何见教，因为我对你的判断和友谊极为信任，即使我有时从另一个角度来看事情。总统给我的电报向来都是极为恳挚而令人鼓舞的。他给约大叔的电报可能也有很大的好处。

2．美国方面的任何公开声明，只要是提出了在你来电中末一句所说的目标，我当然都表示欢迎。这些目标也就是我们的目标。在这一场斗争中我们不为自己求得什么。

我也给总统发了我以前答应他的电报。

首相致罗斯福总统　　1944 年 12 月 17 日

1．关于希腊。当前的情况是，我们在当地的代表，麦克米伦和利珀，都曾竭力建议由大主教担任摄政。这是帕潘德里欧政府所厌恶的，虽然有可能说服他们采取一个三人组合摄政机构，就是由大主教、普拉斯蒂拉斯将军和德拉古米斯三人组合机构。有人怀疑大主教有独揽大权的野心，而且得到了“民族解放阵线”的拥护之后，他将无情地利用权力来对付现在的部长们。实际情况是否如此，我不得而知。许多事情随时随地都在起变化。究竟建立起一个只有一个人的摄政机构，是不是给希腊强加了一个独裁政权，这一点我觉得毫无把握。

2．还有一件事也得考虑，就是国王拒绝任命摄政，我看这是无可改变的。他当然更不会任命他所不信任而害怕的大主教去单独当摄政。按照希腊的宪法，当国王不在位时，应由皇太子担任 265
摄政。国王又曾说过，帕潘德里欧内阁的全体部长们都劝他不要这样做，而且作为一个立宪君主，他也不能对这种事情负责。

3．战时内阁决定等待三四天看看军事行动的进展如何。我们的援军正迅速地源源到来，而且据英国总参谋部情报处说，在雅典和比雷埃夫斯的“人民民族解放军”不会超过一万二千人。希腊国王的估计是一万五千到二万二千。无论如何，到下星期中，我们的人数将大大超过他们。根据现在的情报，在这种情况下，我不打算屈服于违反宪法的暴力。

4．我们眼前的任务是取得对雅典和比雷埃夫斯的控制。根据最近的报告，“人民民族解放军”可能会同意撤离。这样我们就可以有一个稳固的基础，以便在希腊的交战党派之间谈判出一个最好的解决办法。我们当然必须规定游击队应该解除武装。那支夺得里米尼的希腊山地旅及同英、美军队并肩作战得非常好的神圣中队如果被解除武装，将严重地削弱我们的力量，我们无论如何不能把他们丢开任人屠杀。我们可以把他们转移到别处，作为全盘解决的一部分。

5．我深信你也不愿我们在这个时候放弃我们这桩吃力不讨好的任务。我们是完全得到你的同意而挑起这个重担的。我们不想从希腊得到什么东西，只求对共同事业尽我们的职责。我们在输送食品和救济品以及为一个没有武装力量的政府维持初步的秩序的过程中，已经卷入一场激烈的斗争，虽然还未曾流很多的血。你对我们的行动未能给予片言只语的辩解，使我深有感触，但是，我了解你的困难。

6．同时，战时内阁是团结的，社会主义派的部长们赞成贝文先生在工会大会上的发言，而大会在这件事情上，以二百四十五万五千票对十三万七千票的多数，拥护政府的立场。我相信我在下院中，无论如何，都能得到十与一之比的多数。

我深信你会尽力相助。如有消息，我一定随时奉告。

*　*　*

麦肯齐·金在加拿大听到美国有人在滔滔不绝地发表关于我们希腊政策的谈话后，感到有些不利的反应。他在几份电报中透露出他的不安情绪。

首相致加拿大总理　　1944 年 12 月 15 日

我在议会里已尽力澄清我们的立场。我想，主要的一点是，希腊首相得到了包括“民族解放阵线”的各党派的书面同意后，邀请英军进入希腊以维持秩序和保障供给。我们接受了这个邀请，而且对这种吃力不讨好的任务还必须尽力贯彻执行。但是，出于信誉，我们是不能逃避责任的。既然双方的怒火在雅典燃烧着，局势就不可避免地出现困难。但是，亚历山大的访问极有价值，而且总的来说，最近送来的报告更能令人鼓舞。

我又把 8 月间跟总统来往的电报[8]送给麦肯齐·金，并且叫他注 266
意卡塞塔协议，这个协议现在已经公布出来。我告诉他，我们进入希腊和解放雅典是得到斯大林的口头同意的。末了，我说：“虽然这事的根源在于共产党，但是，直到现在，斯大林对我们的行动还没有作出任何公开的非难。”

麦肯齐·金先生由于尊重这些事实、理由和呼吁，就不再表示任何公开的分歧意见。

回顾这些离现在已经有几年的事情，令人感到奇怪的是，当初我跟我的同僚们为之而作顽强斗争的政策，如今已完全被事实证明是正确的。关于这件事，我自己从来没有过丝毫怀疑，因为我看得十分清楚，在击败纳粹主义和法西斯主义以后，文明所必须面临的危险将是共产主义。完成希腊的任务并不落在我们身上。然而，在 1944 年底，我并没有想到在两年多一点的时间后，美国国务院得到了美国占压倒优势的舆论的支持，不仅采取我们最先采取的行动方针，而且作出了热情的所需代价很高的努力，甚至属于军事性质的努力，来实现我们的愿望。据报导，美国代理国务卿艾奇逊先生，于1947年3月21日向众议院外交委员会作证时，曾有下面的一句话："一个受共产党支配的希腊政府将被认为是危及美国的安全的。"

如果说希腊已经免遭捷克斯洛伐克的命运而今天以自由国家之一存留下来的话，那不仅是由于1944年英国的行动，而且也是由于不久以后便成为英语世界联合力量的那种坚定不移的努力。

注释：

[1] 见第七章。

[2] "人民民族解放军"和"民族解放阵线"都是由共产党控制的。

[3] 当时指挥权还没有移交。

[4] 这儿和下面的着重点全是作者事后加的。

[5] 指十九世纪八十年代。——译者

[6] 发表谈话的日子是12月5日，其内容如下：

国务院接到许多记者的询问，关于本届政府对意大利最近的内阁危机抱什么立场。

"本届政府一贯主张，除了有关重要军事因素的任命以外，意大利政府的组成纯粹是意大利人的事。本届政府绝对没有向意大利政府表示过反对斯福札伯爵。由于意大利是一个共同负责的地区，我们已经向英国和意大利政府再次声明我们期望意大利人遵循民主方式，自行解决他们的政府问题，而不受外来的影响。这个政策将以更明确的程度适用于参加联合国的各国政府的解放区。"

[7] 指雅典和比雷埃夫斯。——译者

[8] 参看第七章，第112—113页。

第十九章　在雅典过圣诞节 267

雅典的巷战——跟亚历山大陆军元帅往来的重要通信——12 月 22 日我给史末资的电报——我对摄政的怀疑——12 月 24 日我和艾登先生飞往雅典——在英国军舰“埃阿斯”号上度圣诞节之夜——给艾德礼先生的一份报告——给总统的一份报告——12 月 26 日我们在希腊外交部会见了共产党人——给丘吉尔夫人的电报——我们同意请希腊国王任命大主教扎马斯基诺斯为摄政——12 月 28 日飞回本国——给总统的电报——一项费力的苦差事——希腊国王的公告——雷金纳德·利珀爵士的评语——1 月 3 日普拉斯蒂拉斯将军出任首相——史末资陆军元帅的忠告——1 月 11 日签订停战协定——希腊“人民民族解放军”被逐出雅典——斗争结束

雅典的巷战在日益扩大的规模上时进时退。12 月 15 日陆军元帅亚历山大告诫我说，最重要的是迅速取得一项解决办法，最好的途径是通过大主教。他在电报中说道：“如果叛乱分子的抵抗继续像现在那样激烈，我恐怕就非得从意大利战线上进一步抽调大量援军不可了，否则，就没有把握肃清整个比雷埃夫斯—雅典地区的敌人，这个地区有五十平方英里是住宅区。”

首相致亚历山大陆军元帅（意大利） 1944年12月17日

1．据我看来，“人民民族解放军”向雅典市中心区推进是一个非常严重的突出事件。因此，我想征求你的意见，凭着现在陆
268 续到达的援军，我们是否可能坚守市中心的阵地，并把敌人击败。除了第四师、坦克团和第四十六师剩余的两旅以外，不知你心目中还有什么其他的援军，现在被围困在雅典城内的英军有没有大批投降的危险，站在我们这一边的希腊人会不会随之而遭受屠杀。战时内阁要求你就这方面的军事形势进行汇报。

2．我们并没有征服或占领希腊的意图。我们的目标是为一个具有广泛阶层参加的希腊政府打下基础，使其能在这个基础上发挥作用，并且建立一支全国性的军队，以便它能在阿提卡维持下去。这个目标达到之后，我们就走，因为我们在希腊除了感情和荣誉之外，没有其他的兴趣。

3．希腊国王曾在一封逻辑性很强的长信里断然拒绝任命摄政，尤其不肯任命大主教，因为国王本人信不过他。我听到过关于大主教的各种说法，说他跟“民族解放阵线”联系十分密切，又说他有强烈的个人野心。我们至今还没有决定是否要去扭转国王的态度。如果要的话，用何办法；如果无法扭转，那么，除诉诸武力以外，找不到什么宪法上的根据；而一旦使用武力，我们就卷入斗争双方的是非中去。如果他的首相和政府劝告他不要任命一个摄政，那么问题就会变得更加复杂（往后的情况会证实这一点，也会像国王所断言的那样）。在这种情况下，我们无异会因为国王遵守宪法上的誓词而惩罚他，并由我们擅自来树立一个独裁者。因此，内阁决定再等待一段时间，看军事形势向前发展的情况，再来作出最后的重大决策。

4．我个人觉得在谈判以前，我们必须在军事上确保占据优势。无论如何，我只愿站在有力的地位，而不愿站在软弱的地位去谈

判。当然，如果你说我们在相当的时间内不可能控制阿提卡，那么，局势显然有困难，但是，其他一切困难我们都已克服过来了，我们就不应该被这个困难所吓倒。

两天以后，我又发去一封电报：

首相致亚历山大陆军元帅（意大利）　　　　1944 年 12 月 19 日

内阁认为与其把我们的全部政治资本投在大主教身上，倒不如让肃清雅典和阿提卡的敌人的军事行动继续进行一段时间。你查过他的详细履历没有？要我抛弃一个不顾英国压力，按照部长们的正确建议行事、依据宪法设立的国王，以便另设一个很可能袒护左分子的独裁者，是一件很难做到的事。我们还要在这里继续等局势更明朗一些，然后，我们将发出一切必要的指示。

亚历山大的答复是严重的。他这时已经继威尔逊将军担任最高司令。

269

亚历山大陆军元帅致首相　　　　1944 年 12 月 21 日

在答复你 12 月 19 日的来电时，我最感关切的是让你确切知道真实的局势，并知道我们能做什么，不能做什么，这是我的职责。你想要知道在希腊的英军实力如何，又要知道我还可能从意大利前线派出多少援军，如果迫于形势一定要这样做的话。

假定“人民民族解放军”继续打下去的话，我估计我们可肃清雅典—比雷埃夫斯地区的敌人，而且以后也能守住它，但这并不能够击败“人民民族解放军”而迫使他们投降。我们的实力还不足以超过这个限度而在希腊大陆上作战。在德国占领期间，他们在大陆上保持六至七个师，另外在希腊几个岛上还有相当于四个师的兵力。即便如此，德军还不能经常保持交通线的畅通无阻。

我怀疑我们对手的实力和决心，是否会比德国所遇到的较差些。

德国人在意大利战线上的动向需要密切注意。西线最近的事态以及跟美国第五集团军对阵的纳粹第十六党卫师的销声匿迹显得有些意外，对此，我们务必严加防备。我提起这些因素是要让你了解军事形势，并强调我的看法：希腊问题不能靠军事手段来解决。一定要到政治领域里去寻找答案。

最后，我想你也知道，你可以永远相信我会尽一切力量去贯彻你的愿望，但是，我恳切希望你对希腊问题能够找出一个政治解决办法，因为我深信在肃清雅典—比雷埃夫斯地区的敌人以后，进一步的军事行动就不是我们目前力所能及的事。

270

我的复电如下：

首相致亚历山大陆军元帅（意大利） 1944年12月22日

1. 我们在雅典—比雷埃夫斯地区以外从事作战的问题是不会发生的，然而，我们在那里必须奠定一个军事基础，以便某种希腊政府能据以行使它的职权。我个人对大主教有很大的怀疑，因为他很有可能成为一个受到左翼拥护的独裁者。不过，这些怀疑在几天以后可能就会消除。我觉得很有希望，我们将在这几天内控制阿提卡，肃清雅典敌人。

2. 在这之后，我们无意再留在希腊，除了下面这样一个必要的相当时期以外，即：使政府（无论是什么样的政府）能够建立一支全国性的军队或民兵，以便指导选举及全民投票等事宜。如果我们在一个软弱和失败的基础上进行谈判，就得不到政治上的解决。在目前的形势之下只有通过胜利之门才能进入政治领域。

我把我对希腊事务的见解告知史末资元帅。

首相致史末资元帅 1944 年 12 月 22 日

对我来说，希腊已经证明是无穷烦恼的来源，而我们确已在我们朋友的家里受到创伤。全世界的共产党和左翼势力都在利用这个新的机会煽动人们的同情心，而我们在希腊的声誉和威望却在某种程度上被美国新闻界发回国内的新闻报道所损害。希腊国王重返国内，不能作为英国政策的基础。我们必须不惜一切代价避免给人一种印象，以为我们利用刺刀来把他强加在希腊人民头上。

我对摄政权有重大的怀疑，它很可能采取一种独裁的形式。我不能说它是否会成为一个左派的独裁政权，因为我对大主教没有足够的认识。所有的左派势力和我们在当地的人员当然都支持这个摄政权。亚历山大当然全副心神都倾注在北线，因此，对整个希腊事务极不喜欢。但是，这一势力如果在希腊占了上风（看来很有可能），我们就得准备对付一个半布尔什维化的、由俄国人领导的巴尔干半岛，而且这种局势可能发展到意大利和匈牙利。因此，我预见到这些地区对世界有着很大的危险，但是，除非给这个政府施加重大压力，并同美国吵架之外，我无力去做任何有效的事情。我希望几天以后能看到阿提卡方面军事行动有所进展，从而导致一种健康的气氛。同时，我们的援军即将到来。就人数来说，当然已经大大超过了“人民民族解放军”。不过，局势还不能十分乐观。

* * *

两天以后，我决定亲自去看看。

那天是 12 月 24 日，我们在圣诞节前夕举行了一个家庭和儿童的晚会。我们有一棵圣诞树——是美国总统送给我们的——大家都在期

待着一个欢乐的夜晚的到来，或许因为周围都是黑影笼罩，所以，它
271 显得格外明亮。但是，看完电报后，我深信我应该飞到雅典去看看当地的局势，特别是要去认识一下大主教，有许多事情都跟着他转。我打电话叫人准备好一架飞机，那天夜里在诺索尔特机场等着。我向艾登先生建议要他和我一块儿去，他立刻答应，这就又把他的圣诞节破坏了。我因丢开晚会而受到家人多方责备后，乘车到诺索尔特机场去和艾登会合。在那里有最近由阿诺德将军拨给我的一架空中霸王式飞机在等着，机上服务殷勤，效率高。我们睡得很好，直睡到八点钟左右才在那不勒斯着陆加油。这里有几个将军，我们大家有的在一起，有的在邻桌上吃早餐。早餐不是我一天中最好的时间。从意大利前线和雅典来的消息都是令人沮丧的。一小时后，我们又起飞了。天气良好。我们飞过了伯罗奔尼撒和科林思海峡。雅典和比雷埃夫斯就像一幅大地图展开在我们下面，我们向下注视，不知道谁控制着什么地方。

大约在中午时分，我们在卡拉梅基机场降落，那边由大约两千名英国空军守卫着，都是全副武装，精力充沛。亚历山大陆军元帅、利珀先生和麦克米伦先生都到这里迎接。他们登上了飞机，我们花了差不多三个小时把整个军事和政治局势作了一番热烈的讨论。最后我认为我们的意见完全一致，并且同意了应立即采取的步骤。

我和我的一行人准备睡在停泊在比雷埃夫斯港外海面上的“埃阿斯”号军舰上。这条船是普拉特河口战役[1]中著名的轻巡洋舰，那场战役距离现在好像已经很久了。沿路，据称是平静的，我们有几辆装甲车保护着，走了几英里没有出什么事故。我们在夜幕降临之前登上了“埃阿斯”号，这时我才初次想到今天是圣诞节。船员们已经作好一切准备，来欢度节日之夜，我们当然尽量不去打搅他们。

海员们打算以十二个人穿上各色服装，化装成中国人、黑人、红色印第安人、伦敦人、小丑——大家唱着夜曲来让将校和准尉们开心，而且一般是以适合于这种场合的欢宴开始的。大主教和他的随员也来了——他的个子非常高大，所穿的长袍，所戴的高帽，都是希腊教会

中高贵人物才有的。两批人碰在了一起。海员们以为他是来参加他们的节目表演的（虽然事先他们没有得到通知），因此，围绕着他，热烈地跳起舞来。大主教以为这一批穿着各种颜色衣服的小丑是存心侮辱他的。如果不是舰长及时赶到，很可能他已经登岸而去。舰长起初有些窘迫，但终于把事情解释清楚了，结果令人满意。我一直在等待着，不知出了什么事，幸好最终达到皆大欢喜。

*　*　*

我给战时内阁送上一份我们讨论各种问题的报告。 272

首相（雅典）致副首相及其他人员　　1944 年 12 月 26 日

1. 我们一到达雅典机场，外交大臣和我就跟亚历山大元帅、麦克米伦先生和利珀先生开了一次会。

2. 陆军元帅亚历山大对当前的军事形势作了一个令人鼓舞的报告。两星期以前形势是严峻的，但是，现在已经有很大好转。不过，陆军元帅已有一个明确的看法：就是在“人民民族解放军”部队的背后，有一个顽强的抵抗核心，性质上是属于共产党的。它要比我们所预料的更为坚强，要消灭它是十分困难的。即使能够把“人民民族解放军”的部队逐出雅典周围地区，我们也仍然面临着一项艰巨的任务，如果我们想把他们完全消灭的话。

3. 麦克米伦先生和利珀先生告诉我们，他们一直在考虑召集所有的政治领袖来开会，把“人民民族解放军”也邀请来。我们觉得召集这样一个会议，目的很明确，就是要终止希腊的自相残杀的斗争，即使“人民民族解放军”拒绝邀请，也可使我们的意图大白于世。我们还同意由大主教来担任这个会议的主席，这是个很好的办法。我们在会议上（在飞机上）起草了一个公开的声明。麦克米伦先生和利珀先生打算把这份声明送给希腊首相和大主教。

声明的原文已经用电报发给你了。

4. 我们曾表示了我们的愿望，就是这个会议应该很快地成为一个希腊人自己的会议，虽然我们也愿意留在那里，只要对会议能有所帮助。我们把这件事向大主教提出之前就已接到消息，知道他会同意发挥他的作用。当他来看我们的时候（在“埃阿斯”号上），他谈到“人民民族解放军”的暴行和“民族解放阵线”后面那只阴险的黑手，表示深恶痛绝。听了他的话，不用怀疑，他是十分惧怕共产党（或者像他所称呼的：托洛茨基派）跟希腊事务纠结在一起。他告诉我们，他今天发表了一份通谕，谴责“人民民族解放军”的一伙人绑走了八千个人质，都属中产阶级，其中有许多是埃及人，并且每天枪毙几个。他又说道，他曾经声明：如果不把妇女们释放，他将把这些事件公诸全世界的报界。经过
273 一场争论以后，他认为，妇女们将被释放。总体说来，他给我的印象是大可信任的。他仪表堂堂，立刻接受了担任这次会议主席的建议。我们将邀请美国和苏联在雅典的代表们以观察员的身份前来列席。会议定于 12 月 26 日下午 4 时举行。

5. 大主教应我的请求，将送给我一份关于这次会议议程的提案。我不能预言会议会产生什么样的结果。当然，“人民民族解放军”也许会拒绝邀请。他们如果这样做，就将在世界面前显出他们对权力的贪得无厌。如果他们接受的话，我也不指望组织联合政府会有多大的可能性。我的印象是希腊国内对共产党的怨恨很深，特别是从大主教的话里我也得到了这种印象。在来到这里以前，我们对这一点已经没有怀疑。当前的形势，因我们目前所听到的一切而得到证实。毫无疑问，雅典人民会知道怎样投票，如果他们有机会这样做的话。我们会见了“人民民族解放军”之后，当续有报告，如果他们明天来的话。

我当然也把情况转告了美国总统。

首相致罗斯福总统　　1994 年 12 月 26 日

我和安东尼正走出来看看我们能为解决希腊这次的纠纷做点什么。此行的原因：国王非要等到全民投他的信任票不可，否则就不肯回去。此外，我们不能抛弃那些为了我们的事业而与我们共同作战的人。若有必要，我们一定和他们共同战斗到取得胜利。必须时常使人了解，我们对希腊，无论是在领土上，还是在其他利益上都毫无所求。我们已经付出很多东西，今后我们还要力所能及地付出更多的东西。在这样困难的时候，我希望你能帮我们的忙。我尤其希望你通知你们驻雅典的大使同我们保持联系，并且根据上述原则尽力帮助我们。

第二天他发来了复电。

罗斯福总统致首相　　1944 年 12 月 27 日

我已经要求我们的大使尽快去拜访你，我也准备在这样困难的局面下尽力帮助你们。

我希望你莅临现场后，一切问题都会得到十分满意的解决。

*　　*　　*

在 26 日，“馈赠日”[2] 的早晨，我动身到大使馆去。我记得当我
们正要登岸的时候，有三四颗炮弹从我们左面一英里外的战地飞过来，
就在十分靠近“埃阿斯”号的地方，掀起了好多水柱。这里有一辆装
甲车和武装护卫队在等待着我们。我对我的私人秘书乔克·科尔维尔说： 274
“你的手枪在哪里？”他回答说没有带来，我责备了他。因为我当然随
身携带着我自己的手枪。隔了一会儿，当我们挤进我们的钢制车厢里

去的时候，他说："我得到了一支汤姆冲锋枪。"我问："你从哪里弄来的？"他回答说："跟司机借的。"我问："那他怎么办？""他忙着开车。"我说："麻烦是不会有的，除非我们被迫停车。不过，到那时候，他怎么办？"乔克没有作声。给他记上一过！一路上车声隆隆，终于到了大使馆，没有出什么岔子。

在那里我又会见了大主教。在他身上我们将下一笔很大的赌注。他对我们所提的一切建议表示同意。我们计划了将于下午举行的会议的程序。我相信他是希腊混乱中的一个突出人物。除其他事情以外，我还得知他在进入希腊正教教会以前是个角力选手。利珀先生曾注意我说过这句话："大主教阁下以摄政的地位担任的任何新任务，无论如何总会妨害你的宗教职务。我一想到这一点，就苦恼不安。"他给了我一切必要的保证。

12月26日晚上大约6点钟左右，在希腊外交部里举行了会议。夜幕降临之后，我们在一间宽大而寒冷的房间里就座。雅典的冬天是寒冷的，室内没有取暖的设备，几盏风灯在会场上发出暗淡的光芒。我和艾登先生坐在大主教的右边，亚历山大陆军元帅坐在他的左边。美国大使麦克维先生、法国公使巴朗先生和苏联的军事代表都接受了我们的邀请。三位共产党领袖迟到。这不是他们的过失，在前哨发生了较长时间的争吵。过了半小时，我们着手进行工作。他们进入会议室时，我已经在讲话了。他们都是相当漂亮的人物，穿着英国式的军服。在我的演说中，除了其他事情之外，我还说：

> 昨天来到这里的时候，我们认为能够坐下来谈谈是一件好事。最好是让每一分努力都用于重建希腊，使它成为胜利中的一个因素，而且现在就动手去做。因此，我们跟帕潘德里欧首相谈了一
> 275 下……我们向他建议应该召开这样一个会议。虽然大战还在比利时和德国边界猛烈进行，但我和艾登先生到这里来了，想要作这样的努力来把希腊从悲惨的命运中挽救过来，而且把它抬高到享有

盛名的地位。帕潘德里欧先生立刻向我表示，他欢迎这样一个会议，因此，我们大家现在才会聚集在此地，聚集在这个每分钟都可以听到离此不远发出的枪炮声的城市。英国方面的下一个步骤是邀请大主教担任这个希腊人会议的主席。我们不想妨碍你们的讨论。我们英国人和其他联合在一起的胜利大国的代表们将让你们希腊人自己在这个最卓越和最可敬的公民的领导下，进行讨论。我们不来打扰你们，除非你们再请我们来。我们可以等待一会儿，但是，在这个狂风暴雨的世界里，我们还有许多其他的任务要完成。无论如何，我的希望是，今天下午在雅典这里开始的这个会议，将会使希腊在同盟国和全世界爱好和平的人民中间，再次恢复它的声誉和力量，会保障希腊的国境不受来自北方的任何危险的侵扰，并且会使每一个希腊人在全世界面前，善于发挥他个人和国家的力量。因为全世界的眼睛此刻都在注视着这张桌子，而我们英国人相信无论在激烈的战争期间曾经发生过什么事情，无论可能会有什么样的误会，我们将保持希腊跟大不列颠之间的传统友谊，这友谊在希腊取得独立之际，发挥过十分显著的作用。

亚历山大将军补充了一句尖锐的插话。他说，希腊军队应该在意大利作战，而不应该在希腊跟英国军队打仗。

既然我们已经打破了开头的难关，使本来自相残杀的希腊人在大主教的主持下，围在一张桌子上谈判，并且已经作了正式的发言，会场上的英国人员即行退席。

*　*　*

我高兴地回到了大使馆。那边有几只从总司令部里借来的油炉子，供我在访问期间使用。当我们在等待会议消息和晚餐的时间里，我发了下面的电报给我的妻子，因为圣诞节前夕未能与她团聚而觉得抱歉：

首相致丘吉尔夫人　　　　　　　　1944年12月26日

1. 我们度过富有成果的一天，而且到目前为止，没有必要放弃会得到某些重要成果的希望。英国军舰“埃阿斯”号极为舒适，我们可以在相当近的距离内看到北比雷埃夫斯的战斗情景，我们不得不再移远一英里，因为他们投掷的炮弹落在我们附近的太多了。我乘坐了护卫周密的装甲车，沿着从比雷埃夫斯到雅典的漫长公
276 路到大使馆去，并对使馆里全体勇敢的女职员讲了话，她们已经在不断的危险和艰难中度过了好多个星期，但还是心情非常愉快。利珀夫人鼓舞了她们。

2. 你或许已经看到关于阴谋爆炸设在大布列塔尼旅馆内的司令部的消息。我想这不会是为了我的缘故吧。还有一吨炸药是在知道从我到达时起到天亮以前这一段时间内，由技术非常熟练的人运用德国的机械设备放进阴沟里的。我已经跟大主教交了朋友，并且认为像我们这样做法，把他拉进来是很明智的，宪法的问题留待以后再行处理。

3. 在希腊外交部里的会议是非常富有戏剧性的。围桌而坐的尽是那些面容憔悴的希腊人，还有大主教。据我看来，连他所戴的高帽子算在一起，他应该有七英尺高的身材，他是我们请来当主席的。美国、俄国和法国的大使们全都高兴地应邀出席。你一定会在无线电里听到他们的演说，或在星期三的报纸上看到刊登出来的演说稿。“人民民族解放军”来了三个人，迟到了。希腊政府建议，对我们到这里来表示感谢，说了许多恭维的话，而且得到“人民民族解放军”代表的附议。他们谈到大不列颠的时候称为“我们的伟大盟国”——所有这一切和就在不很遥远的地方还在进行的互相炮击形成了鲜明的对照。

4. 经过一度考虑之后，我跟“人民民族解放军”代表握了手。从他们的反应来看，他们显然感到满意。他们都是头号人物。我们

现在让他们在一起，因为这是一场希腊人的戏。这场戏随时都可能散场。必要时我们将等一两天看看。我们至少已经尽了我们的力量。

* * *

希腊党派之间激烈的讨论占去了整个第二天的时间。那天傍晚五点半，我跟大主教作了最后一次讨论。由于他跟“人民民族解放军”代表们进行了几席会谈，其结果是，大家同意要我去请求希腊国王任命他为摄政。他将着手组织一个没有共产党参加的新政府。我们承担继续全力作战的任务，直到“人民民族解放军”接受停战，或者把他们从雅典地区清除出去为止。我告诉他，我们不能承担雅典和阿提卡以外的任何军事任务，但是，我们将尽量把英国军队留在希腊，直到希腊全国性的军队组成为止。

就在这次谈话开始以前，我接到共产党代表们的一封来信，要求 277
同我秘密会谈。大主教则请求我不要答应他们。我的答复是，会议的性质既然完全是属于希腊人的，我认为同意他们的请求是不合适的。

在下一天，12 月 28 日的早晨，艾登先生和我乘飞机到那不勒斯和伦敦去。动身前，我没有机会向帕潘德里欧先生告别。他大概即将辞职。就整个事务来说，他是一个严重的失败者。我关照我们的大使跟他保持友好的接触。

我给参谋长委员会发出下面的电报：

首相（雅典）致伊斯梅将军转帝国总参谋长及参谋长委员会

1944 年 12 月 28 日

1．我看得很清楚，如果我们不能赶快——就是说，在这两三个星期内——使局势明朗化，雅典这里将发生足以影响我们在全世界地位的大灾祸。据亚历山大说，这需要从第四十六师调来两个旅，他们已经奉命待发。另一方面，亚平宁西部的军事形势是这样的：任何严重削弱第十五集团军群的后备队都会导致危险。

2. 在这些情况下，我希望你们加以考虑，并且准备好等我一回来就和我讨论，让第五师的先头旅在第四师改调到希腊去以前，按照预定日程从巴勒斯坦开往意大利。如果我们明天，星期四，能够得到关于这件事情的答复，将有很大的便利。我在午夜前不会离开卡塞塔。这当然意味着，在周围的形势缓和下来以前，不能在巴勒斯坦采取暴力的行动去激怒犹太人，例如大规模地搜查武器。

在刚要离开雅典以前，我又给总统发出下面一封电报，因为我曾收到他的亲切来电，向我询问情况。

首相（雅典）致罗斯福总统　　1944 年 12 月 28 日

1. 多谢你的来电，使我在许多困难之中得到了鼓舞。麦克维大使昨天来看我，我们重新开始了上次的谈话。他像此地的任何人一样，深信在大主教领导之下的一个摄政机构是当前唯一行得通的途径。我曾经跟大主教见过几次面，他所表现出来的权力感，以及他的果断和敏锐的政治判断力，给我一种良好的印象。你不能指望我在这里告诉你关于他的精神上的品质，因为我实在没有充分的机会来衡量这些事情。

2. 希腊会议（你会从别的文件得到有关它的详细报道）一致主张建立一个摄政机构。“民族解放阵线”大力支持这件事。然而，
278 我认为大主教绝对不是共产党所指的左翼。相反，他似乎是一个极端果断的人物，一心要在希腊建立一个小而有力的行政机构，以防止内战继续打下去。

3. 因此，我即将和安东尼回国以力劝希腊国王任命大主教为摄政。如果国王同意的话，其结果当然是大主教将建立一个由十来个具有“充分善意”的人组成的政府。我猜想他将任命普拉斯

蒂拉斯为首相，而帕潘德里欧将不包括在内。当这些事情还只是推测的时候，就自然不能推测得过远。

4．我们一回去，就要和我们的倾向于这条途径的同僚们商量，我们应该对希腊国王施加最大的压力，要他接受他的首相帕潘德里欧先生的劝告。此人的主张一日三变，但是，现在他已经答应发出一份亲自拟稿的电报。

5．如果麦克维大使关于这些事件的报告跟我所说的相符合，那么，我极希望你能在以后的几天里，发一封私人电报给希腊国王，以支持我们将对他提出的建议。这个建议，我们当再行奉告。我的想法是，摄政的时间应以一年为期，或者等到全民投票能在所谓“正常平静”的条件下举行的时候。

大主教已经把这件事完全交托我去办，因此，我能够以最适宜的方式向国王提出这个问题。当然，在这些困难已经克服而大主教当了摄政之后，你如果觉得能给他发一封支持的电报的话，我们的工作就会更容易进行。总统先生，我们已经损失了千人以上。在雅典的大部分地区，敌人虽然已经肃清，但城里的巷战还在激烈进行，时而在这里，时而在那里。这种景象令人痛心，而可怜的人民都很贫困，在许多情况下仅靠我们冒着生命危险在各仓库发给他们口粮，以维持生命。当时机到来时，凡是你所能说的足以鼓励和支持这个新计划的话，都将是很珍贵的，并且可能促使“人民民族解放军”接受斯科比将军所提出的停战条件。至于其他方面，我们因有必要，正在增援，而军事敌对行动将继续进行。绝大多数人民渴望得到一个解决方案，使他们能从共产党的恐怖中解放出来。

6．我们必须考虑一个临时的安排，等到我们盼望已久的会晤实现时，就可以加以研究。这个日期现在应该不会离得太远了。到那时就有可能把我们的意见和行动联系起来。在这期间，我们没有选择的余地，只有建议创立一个由大主教当摄政的能力更强

279 的新政府，同时，我们还得继续担负起并非我们自己招来的沉重的任务，即把那些正在进逼这个地区的十分危险、强大，而在组织和指挥上都很完善的分子驱逐出雅典。星期五早晨我回去时，如蒙电复，至感珍贵。

* * *

12月29日我们回到了伦敦，我又发了一封电报给罗斯福总统。

1. 怀南特大使已经送给我一份你发给希腊国王的电报复本。你的行动如此迅速，我们大家都十分感激。安东尼和我刚刚回来。战时内阁已经批准我们的行动，并且授权我们今晚力促希腊国王任命大主教为摄政。大主教听凭我去跟国王商讨摄政的任期，因此，我的行动比较自由些。

2. 如果得不到国王的同意，我国政府将建议大主教就任摄政之职，并向他保证，我们决定承认他和他所组成的政府为希腊政府。

当天夜里，我又告诉他更确切的消息。

首相致罗斯福总统　　1944年12月30日

安东尼和我跟希腊国王一直谈到今天凌晨4时30分，最后，国王对下面的公告，表示同意。我已经把它送给在雅典的利珀大使，以便大主教立即开始工作。希腊文的文本正在翻译中，我当尽快送一份给你。

对我来说，这是一项十分费力的苦差事。我不得不告诉国王说，如果他不同意，这件事没有他也得解决，我们将承认新政府而不承认他。我希望你能对大主教和他的政府给予全力支持和鼓励。

公告如下： 280

我，希腊国王乔治二世，考虑到我所热爱的人民由于空前的和不能控制的局势而陷入可怕的境遇中，因而决定，除非得到全国自由和公正的民意的召唤，不再回到希腊；我对你，大主教扎马斯基诺斯的忠诚具有充分的信任，现在通过这个公告任命你在这个紧急时期担任我的摄政。为此，我授权与你，并要求你采取一切必要的措施在整个王国境内恢复秩序和安宁。我还要进一步表示愿望，即等到这阵风潮过去之后，应该通过民主政治的手段来探知希腊人民自由发表的愿望，从而减轻我所热爱的国家所经受的令人心痛的苦难。

我立刻把这份王室的公告送给驻雅典的利珀先生，说明大主教从收到这份公告时起，就应该认为自己可以利用一切职权，大胆工作，并确信英国政府会坚决予以支持。

罗斯福总统当天答复道："得悉你已平安到达，甚为高兴，并祝你在解决希腊问题上大获成功，看起来你的希腊之行卓有成效。"

我的复电如下：

首相致罗斯福总统　　1944 年 12 月 31 日

希腊国王的行为颇有君子之风，而且具有高度的尊严，我深信你如给他一封私人电报，一定会让他得到安慰。对"人民民族解放军"寄给我的那封公开信，我将只给他们一个礼节上的答谢，而把这件事交给大主教。现在这显然是他的事情了。

西线的大战似乎正稳步地转变为于我方有利。我仍然认为龙德施泰特的反击与其说是延长战争，毋宁说是缩短战争。

281

土耳其
土麦拿（伊兹密尔）
达达尼尔海峡
罗得岛
利姆诺斯岛
伊姆罗兹岛
莱斯博斯岛
开俄斯岛
安德罗斯岛
纳克索斯岛
爱琴海
雅典
比雷埃夫斯
米洛斯岛
基西拉岛
阿提卡
科林思湾
伯罗奔尼撒半岛
帕德雷
萨洛尼卡
弗洛里纳
塞萨利
拉里萨
南斯拉夫
阿尔巴尼亚
都拉斯
科孚岛
克法利尼亚岛
爱奥尼亚海
0　40　80　120 英里

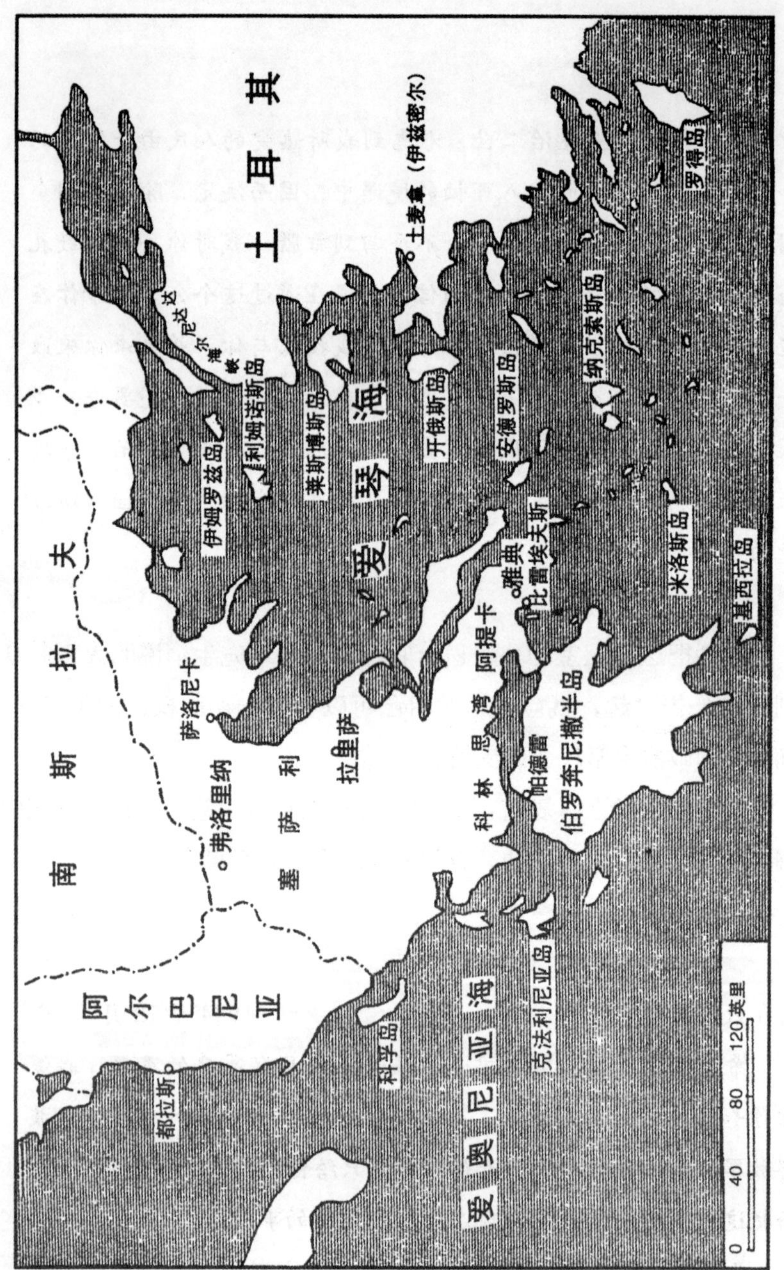

希腊

（照原图译制）

利珀先生（现在是利珀爵士，荣获英帝国大十字勋章、圣迈克尔和圣乔治大十字勋章）在他的《当希腊人和希腊人碰在一起》一书中记述这些事迹时有如下的评论：

> 国王的公告批准了会议全体一致的主张，这是丘吉尔先生访 282
> 问的直接结果。这终于攻破了一种流言，就是说英国人试图把国王重新强加于他的人民的头上。即使仅仅为了这个缘故，丘吉尔先生到雅典访问也是很有道理的。如果他的本能不在那个时候驱使他到有纠纷的地点去的话，那么，我就会十分怀疑是否有别的影响力能够诱导各方面凑集在一起来向国王建议那个摄政机构。[3]

“人民民族解放军”在 12 月 30 日发了一封电报给我，宣称他们已经履行了斯科比将军所提出的一切停战条件。这是不真实的，因此，英国司令官坚持要求正式接受他的条件。

大主教答复国王，表示接受他的命令而担任摄政。希腊有一个生气蓬勃的新政府。1922 年曾领导及叛国王康斯坦丁的军队领袖，激烈的共和主义者普拉斯蒂拉斯半军于 1 月 3 日作了首相。

* * *

我又从史末资将军那里得到一些明智的建议。

> 史末资元帅致首相及外交大臣　　1944 年 12 月 30 日
>
> 我们以深切的兴趣和极大的不安注视着你们的雅典之行。这件事将对世界舆论发生深刻而有益的影响。希腊的实际情况不幸被报界描绘成一幅完全歪曲的图画。因此，“人民民族解放军”——

> “民族解放阵线”被当做与支持王室事业的英国人作斗争的民主战士。这虽然是捏造的，但是，世界的反应对我们非常不利。我建议，应该趁此机会，把局势的真相揭露出来，而报界也应该把“人民民族解放军”的真正面目描绘出来。这样，全世界就会看清楚，大不列颠处于朋友和盟国的地位，没有选择的余地。我们应该把希腊人民所受的极度痛苦加以真实的暴露，像炸毁人民的财产，无情的破坏和勒索，逮捕和处决无辜的人质，用地地道道的纳粹式的恐怖方法来压制平民等。你此次勇敢地执行使命以后，随手把事实作一详细而正确的说明，可以有益地扭转舆论。我们在伦敦和雅典的情报和新闻机构现在就应该把他们已经掌握的材料公布出来。

我们自己的部队并没有什么错觉。亚历山大将军以前曾寄给我一份关于他们的家信检查的报告，我读了之后十分感动，所以，叫人把它印出来，分发给战时内阁。这完全攻破了共产党集团里流传的谎言，说我们的部队同情“人民民族解放军”那一边。

* * *

12 月在雅典的继续战斗终于把叛军驱逐出首都。到了 1 月中旬，英国军队完全控制了阿提卡。共产党在开阔的乡村对我们的部队是无
283 能为力的，因此，在 1 月 11 日签订了停战协定。“人民民族解放军”的全部军队都应撤出雅典、萨洛尼卡和帕特雷。在伯罗奔尼撒的一部分人，可以发给他们通行证，让他们回家去。英国军队将停止开火，但仍固守着。双方的战俘应予以释放。这些协定在 15 日开始生效。

这样结束了六个星期的雅典争夺战，当三百万人正在西线的两边作战，而大量的美军正在太平洋上向日本展开阵势的时候，希腊的突发事变看起来也许是微不足道的，然而，须知这个事变可是处于西方

世界的权力、法律和自由的神经中枢啊！

注释：

[1] 参看《晦暗不明的战争》第八章。

[2] “馈赠日”指圣诞节的次日，英俗于该日赠礼品给邮递员及送货员等。——译者

[3] 见该书第127页。

附 录

587 (1)

缩写表

A.D.G.B.	大不列颠防空
A.F.H.Q.	盟军总部（地中海战区）
A.K.	波兰地下军
A.R.P.	空袭预备警报
A.T.S.	本土防卫妇女辅助服务队
C.A.S.	空军参谋长
C.I.G.S.	帝国总参谋长
C.-in-C.	总司令
C.O.S.	参谋长委员会
D.D.tanks	“两栖”坦克
D.U.K.W.	水陆两用车辆
E.A.C.	欧洲咨询委员会
E.A.M.	希腊“民族解放阵线”
E.D.E.S.	希腊“民族民主军”
E.L.A.S.	希腊“人民民族解放军”
G.H.Q.	总司令部
G.O.C.-in-C.	将级总指挥官
M.V.D.	波兰“内政部”

N.K.V.D. 俄国秘密警察

N.S.Z. 波兰右翼地下军

O.K.W. 德国武装部队最高统帅部

P.M. 首相

S.C.A.E.F. 盟国远征军最高统帅

S.E.A.C. 东南亚战区 588

S.H.A.E.F. 盟国远征军最高统帅部

S.S. 纳粹党党卫队

U.N.R.R.A. 联合国善后救济总署

V1 飞弹（“战车”）

V2 喷气式火箭弹

V.C.A.S. 空军副参谋长

V.C.I.G.S. 帝国副总参谋长

V.C.N.S. 海军副参谋长

V.E. 欧洲的胜利

V.J. 远东的胜利

588

(2)

代 号 表

Admiral Q（海军上将Q）：	指罗斯福总统
Anvil（铁砧）：	指1944年盟军在法国南部的登陆。后来改为“龙骑兵”
Argonaut（阿果诺特）：	指1945年2月在雅尔塔举行的“三国会议”
Buffalo（水牛）：	指一种两栖运兵坦克
Capital（首都）：	指从缅甸北部向缅甸中部进军
Colonel Warden：(沃登上校)	指首相（丘吉尔——译者）
Crossbow（石弓）：	指为对付无人驾驶的武器而设立的委员会
Crossword：(纵横字谜)	指德国人打算通过意大利中间人同盟军接触
Culverin（长炮）：	指对北苏门答腊的军事行动
Dracula（吸血鬼）：	指占领仰光并切断日军同他们在泰国的基地和交通线的联系
Dragoon（龙骑兵）：	指盟军在法国南部的登陆。原称“铁砧”
Manna（灵粮）：	指1944年英国远征希腊
Mulberry（桑葚）：	指人造港
Octagon（八边形）：	指在1944年举行的第二次魁北克会议
Omaha Beach：	指贝叶西北的一片海滩，就是美

(奥马哈海滩)	军在 D 日登陆的地点
Overlord（霸王）：	指 1944 年诺曼底登陆
Phoenix（不死鸟）：	指作防波堤用的钢筋混凝土沉箱
Pluto（冥王星）：	指越过英吉利海峡输送汽油的海底油管
Quadrant（四分仪）：	指 1943 年的魁北克会议
Terminal（终点）：	指 1945 年的波茨坦会议
Tube Alloys：	指原子弹研究（合金管）
Whale（鲸鱼）：	指在建筑码头中所用的浮水行车路
Window（窗户）：	指扰乱德国雷达用的锡箔带

(3)

656 **向法国南部进攻**[1]

欧洲战场上的作战行动

首相兼国防大臣的备忘录

1944年6月28日

第一部分

1．我想应当把在我看来十分重要的几点写下来。

2．在欧战的现阶段，我们的全局战略概念应该是，同敌人进行最大规模的、最猛烈的和最持久的交战。只有这样做，我们才能促使敌人早日崩溃。这就是首要的考验。

3．为了这一目的，我们必须得到足够的港口，以便直接、迅速地把尚在美国的三十个师或更多的师调到欧洲来部署阵地。

4．在选择登陆或攻击的地点时，应该注意到，首先，同艾森豪威尔将军在法国西部进行的主要计划和战役之间的战术上的关系。其次，对德国的权力中心，德国武装部队最高统帅部所产生的紧张效果。最好是两者结合起来。

5．政治上的考虑，诸如人民反对敌人的起义，又如卫星国的降服与归顺，都是一种有效的和重要的因素。

6．最好是在两处冒险进攻而不是三处。当然，现有的坦克登陆艇等等也不够作为两处以上主要冒险进攻之用。

7．在可以选择的各种办法之中应按上述的要求加以审议。

第二部分

8．对“霸王”行动的支援，自然应该赋予最优先的考虑，因为目前指定用于这一进攻的师的数目，到8月底也只有四十多个师，肯定还不足压倒敌人在法国西部所能获得的兵力（且不说心理上的瓦解，那是不应指望的）。据了解，到了8月以后，美军将一直可以每月出动五个师直接增援“霸王”行动。在这期间， 657
能提供支援“霸王”的师的数目，只是受到航运能力和法国西岸各港口设备的限制。盟国远征军最高统帅部的根本问题在于如何最大容量地接纳从各地来的师及其必要的后勤部队。

9．为了这一目的，我们不应该仅仅考虑到现在所着眼的一些港口。此外，还有许多小港，如波尔－安－贝散、库尔塞尔和伍伊斯特朗等，每天共可卸货四千吨，这些港口甚至在极缜密研究“霸王”作战行动实际进攻海滩时，即已有所发现。登陆艇的使用会极大地增加这些小港口的卸载量。因此，如把大批登陆艇从这一跨过海峡的最重要的作战行动中转移到与这一战役并没有战术关系的任何别的地方去，看来是一个错误。问题在于如何立即在最短期间内给艾森豪威尔将军以最大限度的支援而又不致在别处造成不必要的大损害。

10．在法国大西洋沿岸接受军队和车辆的一应设备，应该按照新近吸取的经验予以重新审查。此外，有了很快就可供我们利用的法国沿岸基地机场或加油站，就大大有助于取得在我们目前“霸王”目标以南和以北的新港口。必须拿下勒阿弗尔港和圣纳泽尔港，对这一战役来说，这比地中海沿岸的任何港口都有远为密切的关系。总之，“霸王”行动的主要利益就在于把现在在美国待命的大量部队接过来；如果港口能够容纳得下，部队又能够更快一些参加作战，还可以把地中海的部队也引进来。如果放过一切可能来扩大容纳直接从美国或分阶段地通过联合王国运到法国西岸的美军部队，那将是十分可惜的事。

11．不但容纳的数量要扩大到最高限度，而且其质量也要与今后几个月内作战的形势联系起来。本文附表系根据为我准备的一份材料，从中可以看到5月份到达联合王国的人数，以及6、7、8三个月内估计到达的人数。从这上面可以

658 看出在这四个月里已提及将到的美国士兵，其数目为五十五万三千三百五十六人。但是，他们只组成七个师。七个师的野战部队，每个师约有两万人，连作战的附属部队，像坦克旅及独立旅等等，每个师作二万五千人计，七个师的总数就有十七万五千人。从五十五万三千三百五十六人减去这个数目，尚有三十七万八千三百五十六人。产生的问题是，到底有没有可能通过严格调整，在目前航运安排的许可限度以内，至少给另外的四个或五个作战师以运输的更高优先权，而减少包括在那个三十七万八千三百五十六人的庞大数字内的后勤部队的许多分遣队。这个期间的法国战局，可能取决于这些增援的作战部队能否迅速到来。这样一来，还剩有二十五万人的后勤部队。这里有一点也必须注意，在法国的伤亡人数幸而比为集结的进度所准备的人数少得多，单就5、6两月的结果来说，我们当时不派五万名替换的士兵，而派出另编的两个师的做法是对的。

12．有三个法国师可以从北非撤回来，另有四个法国师或许可以从意大利撤回来，如果能为他们准备好港口、航运和后勤部队的话，艾森豪威尔显然预见到这种可能性是他的第二步的选择。

13．因此，今后三个月中，在“霸王”作战行动的地区以内，存在着部队到达进程将有大幅度增长的可能性。当我们放弃这些可能性而改采取其他比较不明确的代替办法以前，我们必须确有把握那样做是正确的，因为肯定没有其他办法能够给予“霸王”作战行动这样大和这样及时的增援。

第三部分

14．现在我们必须考虑如何把这一部分中所开列的原则联系到第二部分中关于从西方增援“霸王”作战行动的说明而运用于地中海方面。在当前的作战季节里，如果有办法冲进利翁湾去夺占波尔多，从而打开波尔多及附近其他较小的港口，供横渡大西洋的美国主力军进军之用的话，那么，这样的考虑显然要优先于纯粹针对地中海地区而可能发动的任何作战计划。

因此，让我们在这样的背景之下，把好多个月来曾吸引住我们的思想的“铁砧”作战行动的种种变动进行一番检查。曾经提出过两种计划，一种是，比方

说，用十个师登陆，三个师先开拔，七个师随后跟上来，其地点在塞特或在马 659
赛。塞特有很大的优点，它离波尔多只有二百二十五英里，没有什么大山阻挡。据我了解，各方面都认为8月1日登陆是不可能的，最早也要到8月15日，就是8月15日也还有疑问。如果我们在8月15日到30日之间进攻塞特，据说可能在9月底或10月中登陆十个师之多。即使不管敌人可能会作出的抵抗，也得要走完长达二百二十五英里的进军路线才行。倘若遇到名副其实的抵抗，一支扎实的军队能每天保持多于五英里的进度就是很惊人的了。这样，我们就不能指望在12月初或中旬以前从背后去夺占波尔多。之后还得把那个港口整理好，因此，即使海军对登陆地点的反对意见被压下，塞特的作战行动也将无从影响1944年的战局，除了至多能把现在里维埃拉的德军或由德国武装部队最高统帅部派遣的德国部队牵制在“霸王”作战行动的战场以外。根据这个计划不能够大量地把从美国渡海而来的军队接引过来。这样步伐滞重地向波尔多逼近的办法是不能同从巴荣纳或从邻近的若干小的登陆点直捣波尔多所能获得的结果相比的。说不定用突然袭击的办法，可以得到一个港口和桥头堡，从那里使从非洲和地中海来的法国部队可以进入法境，同时，又可以在大西洋沿岸直接开辟另一个大港口。无论如何，由于海军方面的反对，塞特登陆计划已经被排除掉了。

15．因此，剩下来要讨论的是土伦－马赛的作战计划。这一计划我愈考虑愈觉得它更加黯淡而没有效果。要推进到波尔多还得再加上一百三十英里的路程，总共是三百五十五英里。这一推进将是侧面进攻北面的任何德国军队。就登陆本身而言，非要等到8月30日不能开始，而且只有坦克登陆艇等能在7月10日左右从“霸王”方面匀让出来才行。上面所有关于反对以塞特作为进军波尔多的途径的种种理由，加上这些事实，越发加强了反对从马赛登陆的论据。的确，从马赛向波尔多进发，如以十个师的兵力计，非要等到9月30日不能开始，而且大概非再过三个月不能完成。为此种种理由，我不相信从利翁湾登陆以进攻波尔多是件切实可行的事情。

16．但是，如果8月30日能攻取土伦和马赛，并且十个师能于9月30日登陆成功，就可能以直趋罗纳河流域为目标，而以迤北一百六十英里的里昂作为第一个目标。如果能成功的话，那就会有一种好处，就是把可调用的全部法国军队，

660 以及从意大利和非洲撤出的美国师，或在损及“霸王”作战行动下而从美国挪调过来的美国师，统统投到这方面来。我们还应当同法国境内已在山区发展中等规模游击战的抗德游击队加强联系。应有一个头等的港口，以便遇有需要或按照需要把美国部队通过该港倾注到法国这一部分地区来。向罗纳河流域前进正同从意大利向维也纳进军一样，谈起来是容易的。但是，有很大的风险、困难和耽搁，都可能威胁着这些计划。我们一旦决定在马赛登陆，所有沿里维埃拉的敌军，目前有七八个师，将能够调来抵抗我们。德国武装部队最高统帅部经常有可能通过阿尔卑斯山中的隧道，或等到冬天，沿着山上所筑的大公路，抽调出他们在意大利的任何部队，选择在任何一个地带来堵截我们的北进。这个地带是难对付的。敌人可以不必从“霸王”战役方面调一个师过来，而我们在向罗纳河流域的推进中，步步都会遭遇优于我们的兵力。敌人从皮埃蒙特撤走，只需要防卫沿里维埃拉的科尔尼希公路和山间隘口就行，这在冬天来临时是不难办到的。敌人经常可以随意炸毁隧道。如果我们从空中加以炸毁，除冬天以外，敌人总可以从山顶上或沿着里维埃拉的海岸逃出来。

17．据我看来，很难证明塞特或马赛的军事行动，对我们现在直到今年夏秋两季为“霸王”作战行动所必须进行的战役会有什么战术上的关系。如果循一直线计算，那么，从马赛到瑟堡是六百英里，从马赛到巴黎是四百英里。事情似乎很明显，即使大获成功，无论哪一项行动，都不能直接影响1944年当前的战局。

18．不仅如此，无论我们采用“铁砧”行动两种方式的任何一种，原期望其有助于“霸王”行动，因此，在着手进行之前，最好预先估计一下分别应付的代价是多少。

第四部分

19．来自威尔逊、亚历山大和史末资陆军元帅的电报，向我们提出了越过亚得里亚海或并沿海岸向东进攻的计划，而且威尔逊将军认为根据这个计划，他和亚历山大将军有可能在9月底攻占的里雅斯特。这个行动当然同“铁砧”作战行动的变种一样，对“霸王”作战行动没有什么战术上的关系。

20．自从为了有许多局限性的“铁砧”计划而把我们正在如此迅速推进通
过那个半岛的这支优良盟国军队拆散以后，我们应否断送在意大利及其全线的一
场大胜利的所有希望，并让我们自己沦为该战区的一个消极角色，这的确是一个 662
应由英国政府、美国总统及其联合参谋长委员会来作出决定的严重问题。拿我来
说，虽然极愿就力所能及对“霸王”行动做出有效和及时的支援，但是，我非常
遗憾地看到，为了在“霸王”的主要行动以外，要向罗纳河流域进军，亚历山大
将军的军队被剥夺了在北意大利进攻的大部分力量。而向罗纳河进军一事，联合
参谋长委员会自身也说是无益的。

1944年5月至8月到达联合王国的美国陆军（包括空军）的人数

序数	细　目	1944年5月到达人数	6,7,8三个月估计美军到达联合王国的人数		
1	美军陆军（不包括空军）	88,432	135,775	107,639	189,541
2	美军陆军的空军部队	16,257	7,196	3,301	5,215
3	美国陆（包括美国空军）	104,689	142,971	110,940	194,756
4	步兵师数	1	1	–	2
5	装甲师数	–	1	–	1
6	空降师数	–	–	–	1

21．小结：

（1）让我们直接给“霸王”作战行动以增援，从西面作最大限度的登陆。

（2）其次让我们充分利用地中海各司令官们所遇到的大好机会，而我方在这一阶段仅略作牵制攻击和威胁行动，把敌人拖在利翁湾附近。

（3）让我们把所有登陆艇留给艾森豪威尔将军，他要使用多久就使用多久，使之扩大他的登陆能力。

（4）让我们查明，在“霸王”作战区内港口的吐纳量是否提高到最大的限度。 663

（5）让我们作出决定，不要为了一个大战役而搞毁另一个战役。两个战役都是能得胜的。

罗斯福总统致首相电 1944年6月29日

1．我已经亲自仔细考虑你的备忘录，并且已经请我们的联合参谋长委员会就整个问题再作进一步考虑。

2．我同意你的说法就是我们的全面的战略概念应该是同敌人进行最大规模的、最猛烈的和最持久的交战，但是，我深信这必须以主要力量为根据，再配合着密切协调的支援力量直指德国心脏。

3．“霸王”作战行动的开展，我们在意大利的胜利前进，对法国南部的提早进攻，配合着苏联的向西推进——一切都如德黑兰时的预见一样——肯定可以帮助我们实现我们的目标，即德国的无条件投降。在这一方面，又使我想起我们与斯大林一致同意进攻法国南部。他对这一行动时常表示赞成的意见，把地中海方面所有其他军事行动一概列入对欧洲战役的主要目标是次要的一类。

4．我同意你所说的政治上的考虑是重要的因素，但是，基于那些考虑的军事行动，比起攻击德国心脏的首要的军事行动来说，肯定应该居于从属地位。

5．我同意“霸王”的集结必须给以继续关注，但是，也认为这明确地是艾森豪威尔的责任。现在从美国派到他那里去的部队是按照他的要求派的。如果他要先派作战师后派后勤部队，他只要提出要求就行，那些师都会做好准备。

6．直到我们把美国的部队调派完了，或者当艾森豪威尔需要他们的时候，我
664 们实在无法把部队调到他那里去，我反对用浪费的办法把地中海的部队调到“霸王”作战行动方面去。如果我们利用航运和港口容量把一个战区（地中海）的部队转到另一个战区（“霸王”）去，那肯定削弱从美国直接支援“霸王”作战行动的集结，其唯一结果恰恰是我们所要避免的东西——使各作战区的兵力减少了。

7．我的兴趣和希望集中于击败艾森豪威尔面前的德国人，以长驱直入德国，而不在于把这一行动局限于在意大利境内使出全部的主要力量。我相信，在把“铁砧”作战行动所需兵力撤出后，我们在意大利还会有充分的兵力可以在比萨–里米尼线以北追击凯塞林，并且对他的军队保持沉重的压力，至少达到足以

牵制他现有兵力所需要的程度。我想德国人不会像威尔逊将军所估计的那样，为了把我们抗拒于北意大利之外，而另外付出十个师的代价。

8．我们能够——威尔逊也证实了这一点——为协助“铁砧”作战行动而立即从意大利抽出五个师（三个美国师，两个法国师）。剩下的二十一个师，再加上数量甚多的独立旅，肯定可以为亚历山大提供充分的地面的优势。由于我们空军的优势，显然在地中海有足够的空军力量能为意大利和“铁砧”两方面作战行动提供支援，并且在任何一个行动的危急的时刻，还可以提供压倒优势的空军力量，而且我们在地中海还具有实际的制海权。

9．我也认为将地中海部队用于波尔多或塞特的作战行动，是不合适的。至于伊斯的利亚半岛，我觉得亚历山大和史末资，由于若干自然而很合乎人情的理由，而有漠视两种至关重要的考虑的倾向：即我们坚信的为早日结束战争所需要的伟大的战略，以及从卢布尔雅那山峡进军到斯洛文尼亚和匈牙利很可能是一场旷日持久的战役这里面所包含的时间因素。这一段进军的困难，似乎要比你所想象的罗纳河流域进军的困难大得多，即使不考虑到后者在法国存在有组织的抵抗的影响，及与“霸王”行动部队的接近的因素，我听说纯从后勤方面的理由来看，在一个决定性的时间内能否把六个师以上的兵力输送到卢布尔雅那山峡那一边去作战，也还是有疑问的。与此同时，我们还得努力把目前尚在美国大陆的三十五个师的美军，加上相当于此数的军和集团军的直属战斗部队调遣到法国去，且不提必要的后勤的附属部队了。我不能同意使用美国部队去进攻伊斯的里**亚并攻入巴尔干各国**，[2]我想法国人也不会同意把法国部队作这种用途。

10．土伦地区内的滩头、出口、交通和掩护都是非常适宜的。罗纳河走廊有 664
它的局限性，但是，比卢布尔雅那好，当然，更远胜于我们一直在意大利作战的那一带的地形。

11．艾森豪威尔的报告给我留下了深刻的印象。他说“铁砧”行动极其重要，他能够而且一定要对威尔逊提供他所需要的额外的协助，只要不过分妨害“霸王”的行动；威尔逊的报告则说，命令何时下达，他可以立即开始行动。

12．威尔逊关于“铁砧”的计划已准备就绪，因此，可以随时发动，不要耽搁。

13．在德黑兰既已达成协议要发动“铁砧”作战计划，如不先与斯大林会谈，我自不能同意放弃这个计划，而任意采取其他行动方针。如果你和我到了7月1日还不能同意对威尔逊将军发出指示，命令他尽快发动“铁砧”，那我们就必须立即通知斯大林。还有，我觉得如果我们放弃“铁砧”的话，我们就必须立刻跟法国人会谈关于他们部队的使用问题，他们的部队可能由于这个决定的影响而被摈于法国的战役之外，却在意大利或巴尔干的次要作战中遭受损失。

14．我再度敦促把美国参谋长联席会议所建议的命令立即发给威尔逊将军。这样拖拉的讨论如果继续下去，将使“铁砧”可以及时给予“霸王”巨大帮助的前景丧失，这是十分明显的。

15．在德黑兰我们同意了一个确定的进攻计划。到目前为止，这个计划进行得非常顺利，并未发生需要改变的事情。现在我们正全力以赴准备重大决战，如果犹豫不决争辩不休，以致丧失宝贵的时机与生命，历史绝不会宽恕我们。亲爱的朋友，我请求你让我们按照我们原定的计划进行吧。

16．最后，由于此间有一些纯政治上的理由，如果人们知道有相当大的兵力被转调到巴尔干方面去的话，[3]“霸王”作战行动如果有丝毫挫折，我也担当不起。

注释：

[1] 见本书第四章《向法国南部进攻？》

[2] 我加的着重号。——丘吉尔

[3] 我加的着重号。——丘吉尔

图书在版编目（CIP）数据

胜利的浪潮 ／（英）丘吉尔（Churchill，W．L．S．）著；张师竹等译．—南京：译林出版社，2013.9
（世界大战丛书）
书名原文：The Tide of Victory
ISBN 978-7-5447-3518-6

Ⅰ．①胜… Ⅱ．①丘… ②张… Ⅲ．①第二次世界大战－史料②丘吉尔，W.L.S.（1874～1965）－回忆录
Ⅳ．①K152 ②K835.617=5

中国版本图书馆CIP数据核字（2012）第295712号

书　　名 胜利的浪潮
作　　者 〔英国〕温斯顿·丘吉尔
译　　者 张师竹等
校　　译 许崇信　林纪焘　陈加洛　郭舜平
责任编辑 王振华
特约编辑 江　汀　郭挚英
原文出版 Cassell，1948
出版发行 凤凰出版传媒股份有限公司
译林出版社
出版社地址 南京市湖南路1号A楼，邮编：210009
电子信箱 yilin@yilin.com
出版社网址 http://www.yilin.com
印　　刷 三河市祥达印装厂
开　　本 700×1000毫米　1/16
印　　张 22.25
字　　数 277千字
版　　次 2013年9月第1版　2013年9月第1次印刷
标准书号 ISBN 978-7-5447-3518-6
定　　价 38.80元

译林版图书若有印装错误可向承印厂调换